# ENCYCLOPÉDIE-RORET.

## BIBLIOTHÉCONOMIE

OU

NOUVEAU MANUEL COMPLET

POUR

L'arrangement, la construction et l'administration

## DES BIBLIOTHÈQUES.

### PARIS.
LIBRAIRIE ENCYCLOPÉDIQUE DE RORET,
RUE HAUTEFEUILLE, N° 10 BIS.

# ENCYCLOPÉDIE-RORET.

# BIBLIOTHÉCONOMIE.

# AVIS.

Le mérite des ouvrages de l'*Encyclopédie-Roret* leur a valu les honneurs de la traduction, de l'imitation et de la contrefaçon. Pour distinguer ce volume il portera, à l'avenir, la *véritable* signature de l'Éditeur.

# MANUELS - RORET.

## BIBLIOTHÉCONOMIE,

OU

NOUVEAU MANUEL COMPLET

POUR

L'ARRANGEMENT, LA CONSERVATION
ET L'ADMINISTRATION

DES

## BIBLIOTHÈQUES,

PAR L.-A. CONSTANTIN.

NOUVELLE ÉDITION,
*Revue, augmentée et ornée de figures.*

---

PARIS,
A LA LIBRAIRIE ENCYCLOPÉDIQUE DE RORET,
RUE HAUTEFEUILLE, N° 10 BIS.

# PRÉFACE.

De nos jours, où le goût de la lecture se répand de plus en plus, les livres occupent, par leur influence sur toutes les classes de la société, une place importante dans les relations des hommes, et les bibliothèques publiques et particulières se multiplient et s'agrandissent proportionnellement. La nécessité de mettre en ordre ces collections, et de rendre leur usage plus commode et plus utile, doit donc se faire sentir comme un des premiers besoins dans toute bibliothèque. Cependant, en France, où, de l'aveu de toute l'Europe, la bibliographie a été portée le plus près de la perfection, la partie technologique a toujours été trop dédaignée pour qu'aucun des bibliographes se soit occupé d'un travail spécial sur cette matière, si indispensable cependant pour la conservation et pour l'utilité de la plus petite comme de la plus grande bibliothèque.

La bibliographie proprement dite a été traitée avec trop de savoir par des auteurs d'une expérience reconnue, pour vouloir entreprendre la même tâche qu'ont remplie les Denis, Schelhorn, Panzer, Ebert, De Bure, Peignot, Brunet, Renouard, etc.; je me résigne donc volontiers au rôle subordonné et dédaigné d'auteur technologique, et j'en trouverai le dédommagement dans l'espoir d'avoir entrepris un travail utile, qui peut être consulté avec profit même par des savants; car on possède sur la disposition et la classification des cabinets de médailles, de gravures, d'histoire naturelle, les excellents ouvrages des Eckhel, Mionnet, Heinecken, Hubert, Linnée, Blumenbach et autres; les bibliothécaires seuls, en France, manquent encore d'un guide didactique dans leurs travaux.

M'adressant principalement aux personnes qui, sans s'être livrées à des études spéciales pour ce genre de travaux, se trouvent dans la nécessité de ranger et de surveiller une collection de livres assez nombreuse pour avoir besoin d'une classification et d'une disposition convenables, j'ai cru devoir entrer dans de petits détails souvent méprisés, qui échappent à l'attention des personnes les plus instruites, et qui, cependant, sont d'une utilité réelle.

Ceux qui, faute de connaître la méthode de se rendre une pareille besogne facile, se trouvent embarrassés dans l'arrangement de leurs collections, et qui finissent par s'en dégoûter en les voyant s'augmenter sans pouvoir en rendre l'usage commode, accueilleront peut-être volontiers ces feuilles : quel est le propriétaire d'un millier de volumes seulement, qui n'a pas senti le besoin de les voir former un ensemble rationnel, tant par leur disposition sur les rayons que par la rédaction d'un catalogue? Mais souvent l'idée seule de mettre en ordre un nombre de volumes un peu considérable et d'en dresser le catalogue, suffit pour l'effrayer et lui faire abandonner une telle entreprise. Les exemples n'en manquent pas, non-seulement chez les particuliers, mais même dans les bibliothèques publiques en province.

J'ai donc cherché à présenter ici, sur la *Bibliothéconomie*, cet ensemble de l'administration, du mécanisme dans le maniement des bibliothèques et de leur matériel, quelques vues fondées sur une conviction que j'ai obtenue par une longue pratique, dans l'espoir que ce petit volume pourra être de quelque utilité; car quel est l'auteur qui ne suppose pas de bonne foi, dans la persuasion seule que son livre est utile, de trouver des lecteurs?

L. A. CONSTANTIN.

Paris, 15 Janvier 1839.

*P. S.* L'accueil dont le public bibliophile a bien voulu honorer mon travail, a certainement dû me surprendre, lorsque je vois d'autres publications, d'un mérite plus important, se succéder et se faire réciproquement oublier avec tant de rapidité. Cependant, j'avoue que j'avais la conviction de l'utilité pratique de cet opuscule, et je ne désespérais point d'une bonne réception de la part de ceux qui possèdent une bibliothèque grande ou petite, et qui tiennent à sa conservation.

Aujourd'hui qu'il en paraît une nouvelle édition, revue et augmentée, je m'estimerai heureux si le public veut bien me continuer cet accueil bienveillant.

L. A. C.

Paris, 31 août 1840.

# BIBLIOTHÉCONOMIE.

## I.

## DE LA BIBLIOGRAPHIE.

1. Notre siècle est non-seulement plus riche en livres qu'aucun de ceux qui se sont écoulés, mais la littérature elle-même a pris un immense développement, et surtout une part directe aux révolutions politiques et scientifiques par lesquelles le passage du dix-huitième siècle au dix-neuvième s'est si remarquablement manifesté. Toutes les sciences ont reçu, sinon une nouvelle forme, du moins une nouvelle vie, qui se distingue par une activité plus réelle et plus étendue, et les productions littéraires se sont augmentées en quantité et en force agissante sur notre génération; car, malgré la masse de livres médiocres ou insignifiants, le nombre des bons et importants ouvrages l'emporte toujours comparativement sur celui des époques antérieures, et les progrès des lumières et leur influence avancent sans cesse malgré les efforts de ceux qui les redoutent.

2. Cette influence de la littérature, cette estime que les nations ont appris à accorder au mérite scientifique des hommes et des livres, n'ont pas laissé d'agir également sur les bibliothèques publiques et particulières : on a compris qu'il ne suffit pas de réunir un grand nombre de volumes, mais qu'il faut qu'ils soient établis en un ensemble rationnel par leur arrangement matériel et par la rédaction de catalogues; on veut que ces établissements soient au niveau des besoins de notre temps.

3. C'est en France où on s'est le premier spécialement occupé de la bibliographie : *De Bure* publia, en 1763 (1), son ouvrage, d'un mérite réel, et le *Manuel de Brunet* (2) est sans contredit le plus utile et le plus étendu que nous possédions dans ce genre : les Anglais, les Italiens, les Espagnols n'en n'ont aucun qui puisse lui être comparé ; les Allemands n'en possèdent un supérieur, dans le *Lexicon* d'*Ebert* (3), que parce que l'auteur a pu se servir de *Brunet* pour base de son travail.

4. Toutefois, on doit faire une distinction entre la bibliographie littéraire et la bibliographie matérielle : celle-ci intéresse le libraire et l'amateur qui fait collection de livres ; l'autre est pour le littérateur et le savant. Le but de l'une est de faire connaître le matériel des livres, leur rareté et leur prix ; celui de l'autre, de traiter le mérite des ouvrages et leurs rapports littéraires entre eux.

5. La bibliographie, dans son ensemble, s'est élevée au rang des sciences, et la connaissance des livres et de leur conservation est devenue l'objet des études de gens savants et zélés à répandre les lumières. Les livres de bibliographie ne sont plus de simples compilations et des nomenclatures réimprimées pour la vingtième fois ; mais ils sont le résultat de l'examen et des études de

---

(1) Bibliographie instructive, ou Traité de la connaissance des livres rares et singuliers, disposé par ordre de matières, par *G.-F. De Bure* le jeune. 7 vol. 8º. Paris. 1763-1768.

Supplément : ou Catalogue des Livres du Cabinet de feu M. *L.-J. Gaignat*, disposé par *G.-F. De Bure*. 2 vol. 8º. *Ibid*. 1769. (Ou 8 et 9e vol. de la Bibliog. instr.)

Table destinée à faciliter la recherche des livres anonymes cités dans les 9 vol. de la Bibliogr. instr. de *G.-F. De Bure*, par *J.-F. Née-de la Rochelle*. 8º. *Ibid*. 1782. (Ou 10e vol. de ladite Bibliographie instructive.)

(2) Manuel du Libraire et de l'Amateur des Livres, par *J.-C. Brunet*. 3e édit. 4 vol. 8º. Paris. 1820.

Nouvelles Recherches Bibliographiques, pour servir de supplément au Manuel du Libraire, par *le même*. 3 vol. 8º. *Ibid*. 1834.

(3) Allgemeines Bibliographisches Lexikon, par *F.-A. Ebert*. 2 vol. 4º. Leipzig. 1821-1830.

leurs auteurs mêmes : le véritable bibliographe n'a plus honte d'être connu comme tel.

Sans doute, si, avec la sévérité du rigoriste, on ne cherche que l'utilité directe et positive de chacune de nos occupations, on ne la trouvera probablement que dans celles dont le but immédiat est la subsistance et la conservation de l'homme ; mais que deviennent alors les sciences, les arts, les métiers, avec toutes leurs branches qui sans cesse s'étendent? La bibliographie est une de ces branches dont l'utilité n'est pas plus apparente que celle d'une infinité d'autres travaux ; cependant elle l'emporte sur bien d'autres, ne serait-ce que sur les recherches infatigables et passionnées des amateurs de coquillages, de papillons, d'antiquailles, etc. ; « car la connaissance des livres abrège le chemin de la science, et c'est déjà être très-avancé en érudition que de connaître les ouvrages qui la donnent. »

## II.

## DE L'ÉTUDE DE LA BIBLIOGRAPHIE.

1. Celui qui se livre à l'étude sérieuse de la bibliographie doit s'attendre à n'avoir pas même la satisfaction que l'on reconnaisse dans ses travaux l'assiduité et les recherches sans nombre qu'ils lui ont coûtées. On ignore toutes les difficultés que présentent l'histoire littéraire et la bibliographie à ceux qui les cultivent : ces travaux sont minutieux, pénibles, sans profits, sans éclat, sans gloire ; on ne peut se figurer combien de temps et de recherches a coûtés quelquefois la collation d'un seul titre, si on ne tient le livre même, avant de parvenir à la conviction de son exactitude dans tous les détails, et on ne pense guère à la persévérance qu'il faut au bibliographe pour ne pas renoncer à sa tâche, lorsque d'avance il ne peut espérer d'y atteindre la perfection ; car, chaque jour, il fera de nouvelles décou-

vertes ou trouvera des corrections à faire. Si l'étude de la bibliographie n'exige pas ce génie et cette élévation d'idées qui produisent les chefs-d'œuvre qui illustrent un siècle, les connaissances d'un bibliographe ne peuvent cependant se borner au matériel des livres et de leurs éditions; il lui faut une lecture étendue et encyclopédique, la connaissance de l'histoire littéraire, la possession des langues classiques et des principales langues vivantes, l'esprit de critique, et surtout le don de l'assiduité.

2. La bibliographie a, au reste, en elle-même un attrait particulier pour les personnes instruites, et plusieurs ouvrages démontrent que des hommes éminents et d'un esprit élevé, tels qu'un *Haller* (1), un *Meerman* (2), un *de Bosch* (3), un *Dupin* (4), et autres, n'ont pas dédaigné de s'en occuper; il y a même peu de savants ou propriétaires de bibliothèques qui n'en éprouvent la tentation, empêchés qu'ils sont par des occupations obligatoires. Les ouvrages remplis de renseignements instructifs, fruits des longues et nombreuses recherches des *Peignot* (5), des *Renouard* (6), des

---

(1) *A. de Haller*; Bibliotheca botanica. 2 vol. 8º. Tiguri. 1771–1772.
———————— Bibliotheca anatomica. 2 vol. 8º. *Ib*. 1774–1777.
———————— Bibliotheca chirurgica. 2 vol. 4º. Bernæ. 1774–1775.
———————— Bibliotheca medicinæ praticæ. 3 vol. 4º. *Ibid*. 1776–1779, et 4e éd. *J.-D. Brandis*. 4º. Basilæ. 1784.

(2) *G. Meerman*; Origines typographicæ. 2 vol. 4º. Hagae Comm. 1765. (c. fig.)
———————— Admonitio de chartæ nostratis, seu lineæ, origine. 8º. Rotterdam. 1762.

(3) *H. de Bosch*; Adversaria bibliographic. 8º. Amsterdam. 1796.

(4) *A. M. Dupin*; Bibliothèque choisie, à l'usage des étudiants en droit et des jeunes avocats. 8º. Paris. 1828.
———————— Notices hist. crit. et bibliograph. sur plusieurs livres de jurisprudence, remarquables par leur antiquité ou originalité. 8º. *Ibid*. 1820.

(5) *G. Peignot*; Dictionn. de Bibliologie. 3 vol. 8º Dijon. 1802–1804.
———————— Essai de Curiosités bibliographiques. 8º. *Ib*. 1804.
———————— Dictionnaire crit. littér. et bibliograph. des livres condamnés au feu, etc. 2 vol. 8º. *Ibid*. 1806.
———————— Répertoire de Bibliographies spéciales. 8º. *Ib*. 1810.
———————— Répertoire Bibliographique universel. 8º. *Ib*. 1812.
———————— Manuel du Bibliophile. 2 vol. 8º. Dijon. 1823.

(6) *A. A. Renouard*; Annales de l'Imprimerie des Alde. 3 vol.

*Barbier* (1), des *Ebert* (2), etc., et les importants services qu'ont rendus au public studieux les *Van Pract*, les *Beuchot*, les *Heeren*, etc., placés à la tête de l'administration des grandes bibliothèques publiques en Europe, sont encore une preuve de l'intérêt que présente la bibliographie.

## III.

## DES BIBLIOTHÈQUES EN GÉNÉRAL.

1. Que deviendraient ces magnifiques bibliothèques, et à quoi serviraient-elles, si elles n'avaient de ces conservateurs qui, par leurs connaissances et par leur zèle obligeant, les rendent utiles à tout venant et en facilitent tout le service par une organisation méthodique et bien entendue? Ce seraient des mines d'or sans exploitation !

2. Pour que la réunion d'un grand nombre de livres mérite le nom de bibliothèque, il faut qu'ils soient classés d'après un système quelconque, arrangés de manière que l'on puisse s'en servir, et surveillés avec soin. Le principal moyen pour rendre une bibliothèque vraiment utile, est de pouvoir satisfaire le plus promptement et le plus facilement possible aux recherches littéraires; et, pour y parvenir, il faut de bons catalogues et une disposition bien raisonnée des livres. Quant à l'étendue, il y a une grande différence entre une biblio-

---

*A. A. Renouard;* Annales de l'Imprimerie des Estienne, 2 parties. 8o. *Ibid.* 1837-1838.

——————— Catalogue de la Bibliothèque d'un amateur. 4 vol. 8o *Ibid.* 1819.

(1) *A.-A. Barbier;* Dictionnaire des Ouvrages anonymes et speudonymes, etc. 4 vol. 8o. Paris. 1822-1827.

——————— Catalogue de la Bibliothèque du Conseil d'Etat. 2 vol. in-fo. *Ibid.* 1803.

(2) *F. A. Ebert;* Bibliogr. Lexikon. v. page 6.

——————— Die Bildung des Bibliothekars. 2 vol. 8o. Leipzig. 1820-1825.

thèque publique et une bibliothèque spéciale ou particulière : celle-ci a besoin d'un choix de livres ; dans l'autre, au contraire, destinée à répondre aux prétentions du public, dont le goût est aussi varié que les besoins, c'est le nombre, plus important que leur choix, qui ne peut être pris en considération que lorsque l'étendue est proportionnée aux personnes qui la fréquentent.

## DES BIBLIOTHÈQUES PUBLIQUES.

1. De tous les établissements qui conviennent à un pays éclairé et à un peuple civilisé, le plus distingué, le plus utile est certainement une bibliothèque où tous les matériaux de la science sont déposés de manière à être continuellement à la disposition des hommes studieux. Quelque fortune qu'un particulier puisse posséder, il ne peut avoir qu'une bibliothèque circonscrite, et, eût-il même l'argent et le temps suffisants pour réunir l'immense quantité de livres nécessaires aux études qui remplissent la vie des hommes, ce serait encore la place qui lui manquerait pour les loger. Ce sont donc de nobles et généreuses institutions que celles qui mettent des centaines de milliers de volumes à la disposition de quiconque veut en feuilleter un seul.

2. Le premier mérite d'une bibliothèque publique est dans sa richesse en livres et dans l'ensemble le plus complet de leurs classes ; le second, dans la facilité et dans la liberté pour le public d'en jouir ; et le troisième, c'est sa conservation pour les temps futurs. La beauté de son local et autres propriétés tant recherchées par les bibliomanes, sans être à mépriser, ne sont que des accessoires ; l'utilité publique et leur durée, voilà le grand et l'unique but de ces collections ; car les bibliothèques qui appartiennent à l'État, ou à un établissement constitué indépendant, ou à un corps savant, sont les seules que l'on puisse regarder comme permanentes. En remontant à leur origine, on trouvera que le plus grand nombre la doit ou aux anciens couvents, ou au don de quel-

que amateur, qui, bien avec l'intention que la bibliothèque qu'il a réunie avec soin reste utile pour toujours, la légua à une autre déjà existante, ou comme souche, pour être continuée, étendue et élevée en un grand monument qui maintenant est un sujet d'admiration. Cependant les premières bibliothèques créées dans le but précis d'*utilité publique* ne datent que de la fin du XVI<sup>e</sup> ou du commencement du XVII<sup>e</sup> siècle :

La *Laurentienne* à Florence, de 1571,
La *Vaticane* à Rome, de 1588-1590,
L'*Ambroisienne* à Milan, de 1604-1609,
L'*Angélique* à Rome, de 1605,
La *Bodleïenne* à Oxford, de 1612,
La *Mazarine* à Paris, de 1648,
Celle *du Roi* à Paris, de 1737.

## DES BIBLIOTHÈQUES PARTICULIÈRES OU SPÉCIALES.

1. Les bibliothèques particulières sont à considérer sous un autre point de vue, parce qu'elles sont circonscrites par la fortune, le goût ou les études de prédilection de ceux qui les forment; mais, par le zèle et par la persévérance d'un propriétaire éclairé, elles peuvent, sans être aussi étendues que les bibliothèques publiques, acquérir le mérite d'être plus complètes dans certaines parties de la littérature, et de présenter par là plus de ressources aux recherches que ces collections publiques, qui, malgré leur immensité, ne peuvent posséder un ensemble aussi complet sur chaque spécialité. Plus d'un exemple nous prouve ce que peut la constance d'un homme qui, pendant toute sa vie, a en vue le but de former une collection quelconque; il est rare qu'elle ne finisse par offrir, dans son genre, des renseignements et des matériaux que l'on chercherait vainement dans les grandes galeries de l'État. Cependant, il ne suffit pas qu'une bibliothèque particulière se distingue par l'ensemble au grand complet sur une science, on exige en-

core que, par le choix des exemplaires, elle mérite le titre de bonne et belle bibliothèque.

2. Ce goût de former des bibliothèques n'est pas également prononcé et répandu chez les gens riches de tous pays, et l'on ne peut contester qu'on le trouve plus chez les Anglais que partout ailleurs. Leurs fortunes leur permettent de ne reculer devant aucune dépense, et les ventes publiques témoignent qu'ils n'hésitent point à payer des ouvrages très-cher pour empêcher qu'ils ne sortent de leur patrie. Les lois et les usages de ce pays conservent, en outre, les propriétés de toute espèce plus long-temps dans les mêmes familles ; aussi l'Angleterre possède-t-elle beaucoup d'anciennes bibliothèques particulières, et sur tout le continent, à l'exception des États d'Autriche, il n'en reste que peu, ou peut-être aucune.

## IV.

## DE LA BIBLIOMANIE, ET DE LA BIBLIOPHILIE.

1. La biblio-*manie*, proprement dite, est, sans doute, un ridicule que beaucoup de personnes se donnent en se formant des bibliothèques par vanité, par luxe, ou par ton ; mais ces personnes sont-elles plus à blâmer que celles qui achètent des tableaux, des antiquités, des pendules, de la verroterie, ou tout autre objet de fantaisie ? Les unes comme les autres contribuent de leur fortune à alimenter l'industrie intellectuelle et commerciale, et sans ces amateurs de beaux volumes et de belles éditions dotées de tout le luxe imaginable, la librairie, l'imprimerie, la papeterie, la reliure, etc., seraient réduites à la fabrication très-médiocre des ouvrages d'un mérite et d'une utilité reconnus, qui seuls sont achetés par les savants et par les personnes qui *lisent* les livres de leurs bibliothèques.

2. Que l'on compare enfin, sous le rapport de la morale, le *collectionneur de livres* avec le *collectionneur d'écus* : l'avare est sans cesse dans une agitation fébrile de sa mauvaise et stérile passion, il est inquiet, il est malheureux, il a toute la conscience de son vice, il sait la réprobation dont il est entouré, il est seul, il cache ses trésors pour être heureux. Le biblio-*phile* au contraire est fier de sa joie ; il étale son bonheur, il le raconte à qui veut l'entendre ; ses livres, c'est son orgueil, ce sont ses titres d'honneur, il jouit avec bonheur de leur possession et des éloges qu'ils lui attirent.

3. C'est à l'amour du luxe, à la vanité, quelquefois même au manque d'instruction, que ce genre d'industrie doit son entretien, ses progrès, et rend les riches ses tributaires. Que l'on se contente donc de sourire de la satisfaction de ceux qui ne possèdent des livres que comme meubles de pure curiosité; et si le propriétaire d'une belle bibliothèque ne l'a que par ostentation, ou ne peut même en faire aucun usage personnel, le ridicule est pour lui seul ; mais l'industrie n'a pas moins prospéré par l'acquisition qu'il en a faite, et le savant ou l'amateur éclairé, mais peu fortuné, en saura aussi profiter, en y trouvant ce qu'il ne possède pas lui-même.

4. Cette passion, sur laquelle on se récrie tant, et que l'on regarde presque comme un sujet de mépris, tombe cependant plus ou moins en partage même aux amateurs les plus instruits, les plus raisonnables, leur donne des jouissances sans regrets et fait leur bonheur de chaque instant : s'ils possèdent des collections ou des séries d'éditions d'un ouvrage ou d'un imprimeur célèbre, un volume qui leur manque pour compléter leur recueil les contrarie souvent plus qu'une chose beaucoup plus sérieuse. Un bel exemplaire de ce livre, objet de leurs désirs et de leurs longues recherches, se trouve enfin chez un libraire ou dans une vente ; est-ce étonnant s'ils le paient un prix qui paraît *exorbitant*, et qui est souvent bien au-dessus de celui qu'il vaut ? Beaucoup de personnes trouveront peut-être que c'est plus qu'une folie de payer souvent au poids de l'or tel

petit volume que l'on ne voudrait pas acheter quelques sous, si ses marges ont 7 ou 9 millimètres (3 ou 4 lign.) de moins que l'autre. Sans doute, cela doit paraître déraisonnable, mais pareille folie est toujours plus excusable que bien d'autres passions humaines ; elle est du moins du nombre de ces fantaisies qui ne sont pas nuisibles.

5. Un vieux livre parfaitement conservé, qui réunit la rareté au mérite littéraire, est donc une espèce de bonne fortune pour un amateur ; mais ici, comme en toutes choses, on rencontre l'exagération : on voit montrer avec emphase tel volume, muni de *témoins*, et dont les feuillets ne sont pas encore séparés, sans penser que cette espèce d'inutile virginité d'un vieux livre n'atteste rien, sinon qu'il ne méritait pas d'être lu, ou que ses possesseurs n'en ont été que les gardiens. Cependant, il y a de ces sortes de raretés plus curieuses qu'utiles dont on fait l'acquisition à haut prix pour les conserver avec complaisance, les montrer avec vanité, et qu'on ne lit presque jamais, soit à cause de leur contenu, qui a perdu son intérêt, soit parce que leur richesse extérieure les rend presque hors d'usage. Mais avec ces joyaux on se pare les jours de fête ; et ils contribuent à rendre une belle bibliothèque plus belle encore et plus complète. Un de nos bibliographes les plus instruits dit avec beaucoup de vérité, au sujet de ces curiosités : « Les livres, comme les hommes, ont leurs titres de noblesse, et les *d'Hozier* bibliographiques suppléent les quartiers d'un volume par les célébrités de toute espèce auxquelles il a appartenu, depuis les maîtresses des rois jusqu'aux prélats ou aux modestes hommes de lettres. Armoiries, chiffres, devises, signatures et même traditions, tout est preuve dans cette justification, et l'on sait ce qu'elle ajoute à la valeur des livres, et à quels prix élevés se portent les volumes décorés de la devise de Grolier, du chiffre de Henri II ou de Diane de Poitiers ; les armes de De Thou, de Colbert, d'Hoym, de Soubise, ou de la signature de Racine, de Bossuet et d'autres personnes célèbres. »

6. Il en est de même des anciens manuscrits et des livres des premiers temps de l'imprimerie : leurs caractères et leurs ornements, qui font les délices des bibliophiles et des bibliomanes de nos jours, seraient certainement en grande partie, pour leur mauvais goût et pour leur médiocre exécution, désapprouvés, méprisés et rejetés, s'ils n'étaient entourés de l'auréole de l'antiquité. Mais il faut être indulgent pour ce plaisir très-innocent de les choyer, de les décrire avec une si minutieuse exactitude, de les imiter même par des *facsimile* et par des réimpressions figurées à 50 ou 80 exemplaires. C'est un des côtés faibles des amateurs, qui cependant a toujours l'avantage d'entretenir l'étude de l'histoire de l'art.

7. Les Anglais, qui ont toujours aimé faire des collections de curiosités littéraires, poussent aujourd'hui ce penchant jusqu'à la passion, qui ne connaît point de bornes. Le mot de bibliomanie, qui autrefois n'avait qu'un sens défavorable, est maintenant chez eux une qualification noble et honorable du goût des livres, et le bibliophile anglais qui est parvenu à être publiquement nommé bibliomane, se trouve heureux et considéré.

Ce n'est qu'en Angleterre où la vente d'un livre a pu donner l'idée de former une association : le 17 juin 1812, à la vente de la bibliothèque du duc S. de Roxburgh, le *Decamerone di Baccacio*, un volume in-folio (Venise), Valdarfer, 1471, fut poussé, par le marquis de Blandford, jusqu'à 2260 liv. st. (56,500 fr.). Ce prix, sans exemple pour un seul volume, parut même aux bibliomanes de Londres, une chose si remarquable, qu'ils fondèrent, en mémoire de ce fait, une société sous le titre de *Roxburgh-club*, dans laquelle les membres ne parlent que bibliographie et célèbrent annuellement le 17 juin par un banquet splendide. Chaque membre est en outre obligé, à tour de rôle, de faire imprimer quelque ancienne rareté, à 31 exemplaires seulement, nombre égal aux membres de la Société.

## V.

## DES LIVRES RARES OU REMARQUABLES.

1. Abstraction faite de la bibliomanie, qui ne donne du prix à un volume que d'après le caprice de la mode, lequel, comme pour la toilette des femmes, fait tout-à-coup tomber dans le mépris des classes entières de livres et en relève d'autres, dépréciés jusqu'alors, pour les faire retomber quelques années après; abstraction faite de cette manie, il y a des livres qui, par leur ancienneté reconnue et importante pour l'histoire littéraire, leur exécution typographique, ou par des circonstances particulières, réclament l'attention des bibliophiles et dont la connaissance mérite leur étude. La rareté ou le prix de ces livres leur donne ensuite de l'importance à les consulter ou même à les posséder.

2. Ces livres peuvent être rangés en deux classes : l'une renferme les ouvrages rares et curieux, l'autre ceux qui sont curieux sans être rares.

Les livres rares et, par ce fait même, déjà curieux, sont principalement les ouvrages imprimés dans le xv$^e$ siècle; car les quatre cents années qui se sont écoulées depuis leur publication les ont à peu près détruits, les imprimeurs de ces temps ne faisant que des tirages proportionnés au petit nombre d'exemplaires qu'alors on leur demandait. Plusieurs de ces livres ne sont même connus que par le témoignage de savants contemporains, ou seulement par des fragments qui sont venus jusqu'à nous.

3. Après cette époque, les imprimeurs s'étant considérablement augmentés, et avec eux les amateurs de l'étude et les bibliothèques, les éditions se tirèrent à un plus grand nombre; cependant les livres imprimés jusqu'au milieu du xvi$^e$ siècle sont encore considérés comme rares, et présentent un grand intérêt pour la philologie aussi bien que pour l'histoire littéraire.

4. Sont encore rares, les livres qui ne sont recherchés que parce qu'on les trouve difficilement, et dont le prix est très-élevé à cause de cette difficulté, sans qu'aucune autre raison ne motive l'empressement avec lequel on se les procure. Parmi ces livres doivent être rangés la plupart des facéties et satires des temps passés, les anciennes pièces de théâtre et les écrits polémiques qui ont perdu l'intérêt du moment; tous ouvrages qui ne doivent leur valeur commerciale qu'à la manie des amateurs, pour lesquels le principal mérite d'une chose est la difficulté de se les procurer, le désir de posséder exclusivement, et la somme qu'ils y sacrifient.

Il y a des ouvrages anciens dont la rareté cesse d'être étonnante quand on réfléchit qu'ils sont du nombre des livres qui s'usent et se détruisent par l'usage habituel qu'on en fait. Tels sont les livres, sortis des imprimeries célèbres, qui servent à l'instruction de la jeunesse, les livres d'église, les dictionnaires, etc. Un exemple entre mille de ce genre de rareté, est le *Pâtissier-Français*, petit in-12. Amsterdam, L. et D. Elzevier. 1655, mince volume de 258 pages, dont les exemplaires, échappés aux mains grasses des *cordons-bleus* de ces temps, sont tellement rares qu'ils ont été payés jusqu'à 250 francs.

5. Une autre classe de livres rares et souvent très-intéressants est celle des ouvrages imprimés pour le compte de l'auteur, et tirés à un petit nombre d'exemplaires destinés à être donnés et n'entrant jamais dans le commerce. Les exemplaires tirés sur peau de vélin, sur papier de couleur ou sur grand papier, sont également très-recherchés par les amateurs, qui se procurent quelquefois même de ces exemplaires uniques, en en sacrifiant deux ou quatre pour en faire un seul, dont les marges, prises sur les autres, ont le double de grandeur; et, pour les rendre plus précieux encore, ils les *illustrent* de gravures et dessins convenables, d'autographes, etc.

6. La qualification de *rare*, qui exerce un si grand

pouvoir sur ce qui est *amateur*, étend également sa séduction sur les bibliophiles : l'ancienneté, la conservation parfaite, l'annotation d'une main célèbre, la rareté proprement dite, ne sont pas les seuls motifs qui font regarder comme précieux un livre dont il est quelquefois difficile de soutenir la lecture; la mise au pilon de l'édition, l'existence de doubles cartons ou gravures, ou la preuve qu'il a appartenu à une personne célèbre, le rangent tout aussi bien parmi les curiosités bibliographiques, que mille autres particularités souvent sans importance.

7. Au premier rang des livres précieux, sans être rares, et qui conservent toujours un prix assez élevé, parce que l'on ne peut s'en passer dans les bibliothèques de quelque importance, doivent être placés les auteurs classiques latins et grecs de bonnes dates, d'une belle conservation et imprimés par des typographes célèbres. Viennent ensuite les livres de sciences, ceux d'histoire naturelle, les grands voyages, les collections d'estampes, de galeries, de cabinets d'antiquités, les ouvrages ayant un grand nombre de volumes, les collections spéciales, et enfin ceux qui se distinguent par le luxe de l'exécution typographique. Tous ces livres coûtent des sommes considérables et sont, pour cela seul, curieux, sans que les exemplaires en soient difficiles à trouver.

8. Il est presque impossible de *fixer* le prix du plus grand nombre de ces livres rares et précieux : l'état de conservation, le format, quelques millimètres, plus ou moins de marge laissée par le relieur, le timbre d'une bibliothèque jadis renommée, les eaux fortes, et tant d'autres motifs, peuvent doubler et quintupler le prix d'un volume. C'est ainsi que l'on voit vendre pour 3 ou 4 fr. un même volume d'Elzevier, que l'on paie 125 fr. peu de jours après dans la même salle et devant les mêmes enchérisseurs; mais le premier exemplaire est mal relié, trop rogné et attaqué des vers; le second, au contraire, est relié en maroquin par un ouvrier connu, doré sur tranche, d'une conservation parfaite, et si peu rogné que l'on y trouve plusieurs témoins

Les causes qui peuvent déprécier un livre sont, en outre, si nombreuses et de genres si différents, qu'il serait difficile de les indiquer ; mais la principale de toutes est la réimpression surtout des ouvrages qui sont sujets à des améliorations, augmentations ou nouveaux commentaires, etc., tels que les auteurs classiques, les dictionnaires, les géographies, les livres qui traitent des arts et métiers, etc. Le caprice, la mode et l'intérêt du moment exercent ensuite leur influence en bibliomanie, comme en tant d'autres choses, et mille circonstances inattendues peuvent faire baisser ou hausser le prix d'un livre.

## VI.

## DU BIBLIOTHÉCAIRE EN GÉNÉRAL.

1. Les bibliothèques, la littérature et l'appareil scientifique dans les diverses branches des connaissances humaines, ont gagné, dans toutes les classes de la société, une étendue inconnue jusqu'alors, et ont pris, par les progrès du temps et des lumières, un caractère plus précis, et par là même plus d'importance dans le cercle d'activité de la civilisation. Les soins des bibliothèques publiques, qui autrefois n'étaient connues que des savants, et dont les portes ne s'ouvraient qu'à un petit nombre d'élus, ne peuvent donc plus être confiés qu'à des personnes qui, par une étude assidue, ont acquis les différentes connaissances spéciales aux conservateurs de pareils dépôts.

2. Maintenant on demande à un bibliothécaire des connaissances plus nombreuses et plus importantes que l'on ne croit au premier abord : elles devraient être universelles, si c'était possible ; et ne pouvant les exiger profondes, on demande toujours qu'elles aient au moins assez d'étendue pour qu'il ne soit pas entièrement

étranger à aucune science. Il a surtout besoin de connaître les langues anciennes et modernes.

3. Toutes ces qualités ne suffisent cependant pas pour rendre un bibliothécaire accompli; il faut encore qu'il soit bon administrateur pour gérer avec économie et conscience les fonds disponibles. Enfin, à ces connaissances, à ces qualités, il doit joindre l'esprit d'ordre, l'amour du travail, une grande persévérance, une bonne mémoire, et surtout cette passion pour son état, qui seule peut lui donner la force et le courage pour s'y vouer entièrement.

4. Mais, malheureusement, l'emploi de bibliothécaire est trop souvent conféré, comme une occupation accessoire, à des personnes qui déjà ont d'autres fonctions à remplir. Cependant, si l'impossibilité d'accorder des appointements suffisants aux besoins convenables d'une personne oblige à cette espèce de cumul, il faut du moins en choisir une dont le zèle pour la conservation de ce trésor soit bien connu; mais, lorsque la nécessité d'une pareille économie n'existe pas, et lorsque la présupposition que cet emploi n'exige que peu de temps et de soins, est l'unique cause d'une telle mesure, il n'y a nulle excuse. En tout cas, le cumul est peu admissible pour un bibliothécaire qui veut remplir sa place avec conscience, et nuit inévitablement à la bibliothèque et aux intérêts du public qui la fréquente.

5. D'un autre côté, de même que l'habitude de chercher et de replacer les livres sur les tablettes ne fait pas un bibliothécaire, de même aussi les connaissances les plus élevées dans les sciences ne mettent pas en état d'organiser et d'administrer une bibliothèque étendue, si l'on n'a pas la pratique de la partie technique. L'historique et l'état de tant de bibliothèques fournissent les plus évidentes et les plus déplorables preuves de cette double vérité. Peut-être même qu'un homme doué d'un grand esprit d'ordre, de l'amour du travail et d'assez d'intelligence pour classer les livres, sera d'une plus grande utilité à une bibliothèque qu'un pro-

fond savant ou un grand poète, étrangers aux travaux de ce genre.

6. Des particularités locales ou nationales, l'esprit des gouvernements, ou d'autres circonstances, exercent sans doute une grande inflence sur les bibliothèques d'un Etat; mais, dans le fait, il dépend presque toujours de la capacité et des vues de ceux qui leur sont préposés. De nos jours, malheureusement, on voit encore donner des places de bibliothécaires en chef, avec tous leurs avantages et pouvoirs, comme *sinécures*, à des hommes de beaucoup de mérite, il est vrai, mais n'ayant aucune des qualités indispensables à un bibliothécaire. Heureuse encore la bibliothèque où un tel *sinécuriste* a assez d'esprit et d'abnégation d'amour-propre pour remettre, sans restriction, les rênes entre les mains du sous-bibliothécaire, en se contentant de garder les appointements attachés à son titre.

7. Au résumé, les devoirs et les connaissances d'un bibliothécaire sont plus étendus et plus nombreux que ceux que l'on exige souvent pour d'autres emplois; cependant, le public les apprécie rarement, quoique le conservateur d'une bibliothèque puisse, dans sa carrière, se distinguer aussi bien que tout autre savant, et acquérir une célébrité d'autant plus méritée qu'elle est plus difficile à gagner : car il est à remarquer que mieux il remplit ses devoirs, moins son mérite est apparent; ce n'est que celui qui les fait mal, qui rend sensibles les obligations dont il est chargé.

## VII.

## DU BIBLIOTHÉCAIRE D'UNE BIBLIOTHÈQUE PUBLIQUE.

1. La différence que l'on remarque entre la composition et le but d'une bibliothèque publique et celle d'une bibliothèque particulière existe aussi dans les de-

voirs et les travaux du conservateur de l'une ou de l'autre.

La science du bibliothécaire d'une bibliothèque *publique* se compose des connaissances, principes et moyens éprouvés par l'expérience, qu'il doit employer dans la direction de l'ensemble de l'établissement, qui, sans une parfaite harmonie dans ses parties, perd son but d'utilité et même sa valeur, telle précieuse qu'elle puisse être.

2. Ses travaux sont, partie littéraires et scientifiques, partie mécaniques ; ils demandent une double activité, mais ne peuvent être séparés les uns des autres, parce qu'ils forment l'ensemble cohérent des études de celui qui veut bien remplir sa tâche. Toutefois l'habitude et surtout l'expérience, fondées sur la connaissance parfaite de ses fonctions, lui indiquent ceux qu'il peut confier à chacun des employés ; mais celui qui n'a pas l'amour de la littérature, des livres et du travail, celui sur les soins, l'exactitude et le zèle duquel l'autorité supérieure ne peut compter avec confiance, celui-là n'a point les dispositions requises pour être bon bibliothécaire d'un dépôt public. De même, on ne se fera jamais une idée de tout ce que peut faire un homme doué de ces qualités, et les services qu'il peut rendre dans sa sphère.

## VIII.

## DU BIBLIOTHÉCAIRE D'UNE BIBLIOTHÈQUE PARTICULIÈRE.

1. Le bibliothécaire d'une bibliothèque *particulière*, d'un corps savant, ou de toute autre qui n'est pas publique, même de la sienne propre, se trouve, au contraire, dans une position bien différente : il n'a pas besoin de ces connaissances générales ; tout devient pour lui plus spécial, tout est précis et limité ; car rarement ces sortes de bibliothèques embrassent les di-

verses branches de la littérature ; elles se bornent ordinairement à une d'elles, et leurs disposition et administration sont prescrites ou par des règlements établis, ou par la volonté du propriétaire.

2. Dans une bibliothèque de ce genre, on abandonne ou on écarte les livres reconnus surannés, inutiles ou mauvais ; dans une grande bibliothèque publique, au contraire, on rassemble, on classe, on conserve tout, sans égard à la contradiction ou à la nature des éléments qui la composent. Le sort du conservateur d'une bibliothèque spéciale, si sa composition correspond à son goût ou à ses études favorites, est donc plus agréable et bien préférable à celui du bibliothécaire d'un dépôt public ; et certes plus d'un savant l'envie.

## IX.

## DES DEVOIRS, QUALITÉS ET CONNAISSANCES D'UN BIBLIOTHÉCAIRE.

1. Les connaissances et les qualités qu'exigent les fonctions de bibliothécaire, dont il vient d'être parlé superficiellement, sont si variées, qu'on serait tenté d'en croire la réunion impossible chez une seule personne, si nous ne voyions devant nous des hommes qui fournissent la preuve incontestable du contraire.

2. L'étude de l'histoire littéraire et de la connaissance des livres, celle de leur mérite, de leur rareté, et même des diverses parties de leur matériel, est si importante, qu'elle doit être au premier rang et continuelle, pour marcher pas à pas avec l'expérience de chaque jour, qui l'alimente autant par les nouvelles publications que par l'innombrable quantité des livres qui existent.

3. La connaissance des langues anciennes et modernes est maintenant si répandue, qu'il y a peu de personnes qui, cultivant les sciences, ne la possèdent ; elles

ne peuvent même plus s'en passer si elles veulent être au niveau des lumières du siècle. Le bibliothécaire en a donc plus besoin que qui que ce soit, ne serait-ce que pour classer et cataloguer les livres. Quant aux langues non-européennes, on ne peut exiger de lui qu'il les possède toutes, parce que ces sortes de livres ne se trouvent qu'en petit nombre dans une bibliothèque, si elle n'est pas très-grande et universelle, à moins qu'elle y soit spécialement consacrée : alors il est naturel que les personnes aux soins desquelles ils sont confiés doivent connaître ces langues.

4. La mémoire, cette conservatrice de toutes les connaissances, sans laquelle il n'existe ni science ni art, est plus nécessaire au bibliothécaire qu'à tout autre : à chaque moment il en a besoin, et jamais elle ne lui sera assez étendue ni assez fidèle pour se rappeler avec exactitude des titres, des noms d'auteur, des particularités innombrables du matériel des livres, et pour se souvenir de toutes les petites localités de la bibliothèque. Il est bien à plaindre, si, pour trouver chaque livre, il est obligé de recourir au catalogue, tandis qu'une bonne mémoire lui éviterait de nombreux ennuis, des recherches longues et réitérées pour lui-même et pour ceux qui viennent le consulter.

5. Le bibliothécaire, comme le bibliographe, par la nature de leurs études, ont besoin d'un zèle assidu, studieux et laborieux; celui qui n'est point doué du goût du travail et d'une minutieuse exactitude, au risque d'être qualifié de *micrologue*, ne peut espérer aucun succès, et s'il ne possède pas l'esprit d'ordre dans le sens le plus étendu de ce mot, il lui manque une des qualités essentielles. Ce ne sera que grâce à ces dons qu'une bibliothèque se trouvera constamment dans un état d'ordre tel, que l'absence ou la mort du bibliothécaire ne pourra jamais se faire sentir, et que le successeur ne sera pas forcé, en commençant l'exercice de ses fonctions, de mettre de l'ordre dans l'établissement qui vient de lui être confié.

6. Ainsi, l'activité de celui qui est à la tête d'une bi-

bliothèque doit sans cesse avoir pour but l'organisation, l'augmentation et la conservation bien entendues du dépôt qui lui est confié; ne jamais négliger la classification rationnelle des livres, la bonne rédaction des divers catalogues et les soins les plus attentifs dans l'administration de l'ensemble. Se fier dans ces travaux à sa mémoire seule, telle bonne qu'elle puisse être, c'est s'exposer à mille oublis et à beaucoup d'erreurs; il faut, au contraire, prendre note de tout, même du déplacement d'un seul volume; car jamais on ne peut trop se mettre en garde contre la négligence, l'indiscrétion et quelquefois même l'indélicatesse des personnes qui empruntent des livres. Une sévère surveillance et une grande exactitude dans la tenue des registres de sortie et d'entrée sont les meilleurs moyens pour prévenir les pertes et les abus.

7. Il ne faut jamais laisser accumuler, pour les mêmes raisons, les continuations ou nouvelles acquisitions, mais bien les faire relier le plus promptement possible, les cataloguer et les placer. Ce n'est que par cette activité non interrompue de tenir les travaux à jour, qu'une bibliothèque est toujours en bon ordre : aussitôt qu'on laisse arriérer une des besognes, l'ensemble s'en ressent, et l'utilité en cesse.

8. Le bibliothécaire qui ne voudra consacrer aux occupations de son emploi que les heures de l'ouverture de la bibliothèque publique ne pourra remplir ses devoirs que très-imparfaitement, parce que les plus importants et les plus essentiels de ses travaux demandent à être faits dans les heures où il est certain de ne pas être interrompu. Une autre faute que commettent plusieurs bibliothécaires, c'est de trop compter sur leurs subordonnés pour le travail mécanique, le classement des acquisitions et la rédaction des catalogues.

9. La manie des changements et des innovations sans nécessité et sans résultat utile expose parfois à de graves dangers; elle n'est jamais plus nuisible qu'aux bibliothèques, où l'on doit se les interdire, surtout en entrant en fonction : on doit alors ne pas s'écarter du chemin

tracé par ses prédécesseurs, et ne penser aux véritables améliorations que lorsqu'on connaîtra parfaitement la bibliothèque dans tous ses détails.

10. Outre ces connaissances et les talents que l'on veut trouver chez un bibliothécaire, il y a encore certaines qualités secondaires qui lui sont nécessaires. Une bonne écriture en est une des premières, et, sans vouloir soutenir qu'il soit positivement de bon ton, parmi les gens qui se vouent à l'étude, d'écrire de travers et mal, sinon illisiblement, il est un fait, c'est que le plus grand nombre d'entre eux ont contracté cette mauvaise habitude uniquement pour ne pas avoir l'air d'un homme de bureau, mais bien pour prouver que l'écriture nette et lisible n'est pas digne d'un esprit supérieur. On pourrait citer les erreurs les plus plaisantes et les plus préjudiciables occasionées par cette manie. L'écriture est *la parole fixée sur le papier!* Eh! que dirait-on du plus grand poète, savant ou orateur, qui, en parlant, bredouillerait tellement qu'on ne pourrait le comprendre?

11. Un bibliothécaire, plus que tout autre, doit donc s'appliquer, sinon à une belle main, au moins à une écriture nette et très-lisible; car tous ses travaux, surtout les catalogues, ne sont pas destinés seulement à son propre usage, mais bien à celui de tous ceux qui les consultent, même long-temps après lui. Un moyen assez bon pour donner à l'écriture une certaine régularité, c'est de se servir de papier et de registres réglés en gris : cette réglure, par la distance égale des lignes, rend l'écriture, serait-elle même mauvaise, plus propre et par là plus lisible.

12. Un des devoirs les plus pesants d'un bibliothécaire est l'obligation d'accueillir et de satisfaire aux questions les plus triviales, aux demandes insignifiantes et indiscrètes, avec autant de prévenances et d'indulgence qu'aux plus savantes et aux plus intéressantes interrogations; il doit, pour ainsi dire, faire abnégation de soi-même et s'identifier en quelque sorte avec toute personne qui sollicite des renseignements, et qui sou-

vent abuse de son temps et de son intarissable complaisance. C'est un sacrifice qu'il doit faire à sa situation. Toute son activité devant être dirigée vers l'utilité de sa bibliothèque, il doit s'armer de résignation lorsqu'il voit que le public croit ne devoir de la reconnaissance des bienfaits qu'il tire d'un pareil dépôt qu'à son fondateur, et nullement au bibliothécaire, qui, par ses soins et par son travail seul, sait y faire trouver et en communiquer toutes les richesses.

Le public, en général, sera toujours inexorable pour les vices qu'il découvre dans les établissements publics (qu'il regarde comme les siens), et ingrat envers ceux qui en font disparaître les abus et qui se sacrifient pour les améliorations qui tendent à son profit. Aussi les travaux et la peine du bibliothécaire ne sont-ils guère récompensés que par la reconnaissance de quelques habitués de l'établissement qui lui est confié; les plus grands succès de ses efforts et de son zèle restent inconnus au-delà des limites étroites de sa bibliothèque; tandis que les productions de ceux qui cultivent les lettres et les sciences leur procurent éloges et témoignages d'estime publique.

13. Beaucoup d'administrateurs ou de gérants ont le grand défaut de s'imaginer qu'ils vivront éternellement, et de ne point penser à l'avenir ni à leurs successeurs; se fiant sur leur mémoire, ils gardent dans leur tête la clef de leurs travaux, sans rien confier au papier; et lorsque la mort ou toute autre cause les éloigne de leur place, les affaires qui leur étaient confiées se trouvent dans un tel cahos, qu'on ne peut les débrouiller qu'avec peine et avec du temps et beaucoup de frais.

Plus répréhensibles encore sont ceux qui en font autant par jalousie ou pour se rendre nécessaires pendant leur service et se faire regretter dans leur absence. Malheureusement cette manière d'agir, que l'on pourrait qualifier d'infidélité dans l'exercice d'une fonction, ne se voit que trop souvent.

14. Le bibliothécaire qui a une idée juste de ses devoirs doit constamment avoir en vue qu'il n'exécute pas

tous ses travaux pour lui seul, mais bien pour les autres, et même pour des personnes moins instruites que lui et peu habituées à l'usage des livres ; car, de tous ceux qui fréquentent les bibliothèques et qui consultent les catalogues, il n'y en a qu'un très-petit nombre qui aient l'habitude des recherches, et qui n'ont besoin que de légères indications pour trouver les renseignements qui leur sont nécessaires. Il faut du courage pour semer sans recueillir, pour renoncer à toute activité procréative, et se résigner à un travail assidu, souvent aride et presque toujours ignoré de ceux qui en tirent tout l'avantage.

15. Un autre moyen conservateur, c'est de former des élèves, afin de trouver parmi eux des aides exercés et des successeurs habiles ; car souvent les travaux les plus utiles et les mieux entendus restent en projets, ou interrompus par le départ du bibliothécaire, faute de personnes capables et pénétrées des mêmes vues que celui qui les a commencés.

16. La série des qualités et des connaissances dont on vient de donner le développement n'est cependant pas encore assez complète pour qu'un bibliothécaire puisse, en les possédant, remplir tous les devoirs que sa place lui impose ; il faut encore qu'il sache administrer les diverses parties du personnel, les fonds et le matériel qui composent l'ensemble d'une bibliothèque. C'est un talent tout particulier que celui de chef d'un plus ou moins grand nombre de personnes, de leur assigner leurs travaux, de les diriger dans leurs devoirs sans blesser leur amour-propre, de n'être ni trop sévère ni trop indulgent, et par tous ces moyens d'utiliser leur concours.

17. La gestion des fonds demande également une étude spéciale ; elle devient plus difficile et plus délicate à mesure qu'augmente la liberté laissée dans leurs dispositions ; car moins elle est contrôlée, plus la responsabilité est grande. Les fonds destinés aux acquisitions doivent être employés avec conscience, économie et réflexion : quelques considérables qu'ils puissent être,

si l'on n'est prudent dans leur emploi, l'immense quantité des livres parus et à paraître les épuisera toujours trop vite ; et puis, l'inégalité dans la composition des classes d'une bibliothèque est une injustice envers le public, qui peut prétendre à ce qu'aucune d'elles soit privilégiée ; il ne doit y avoir exception à cet égard que dans les bibliothèques spéciales.

18. La connaissance, enfin, du matériel des livres et de l'ensemble d'une bibliothèque n'est pas moins nécessaire à l'administration d'un pareil établissement, tant pour éviter les méprises ou des pertes, qu'afin de pouvoir juger par soi-même.

19. En entrant en fonction, le nouveau conservateur doit commencer, avant tout, et aussitôt que l'ébahissement que produit toujours le premier aspect d'un grand assemblage de livres est passé, par s'orienter dans les localités et dans la distribution de la bibliothèque, en consultant en même temps les catalogues qui en existent. Il étudiera ensuite avec soin l'histoire de la formation et de l'agrandissement progressif de son ensemble, se familiarisera avec les travaux courants, et consultera les archives des gestions précédentes. C'est par ces inspections qu'il connaîtra promptement tous les détails de l'établissement et les travaux que son emploi lui prescrit ; mais ce n'est qu'après s'être ainsi identifié avec la bibliothèque, qu'il pourra penser à y introduire des améliorations, ou bien une réorganisation générale, si la nécessité l'exige. Qu'il s'arme alors de courage pour surmonter tous les obstacles que la routine, l'insouciance, la paresse même des subalternes, comme celle des supérieurs, opposeront à toute espèce de changement, quelles qu'en puissent être l'urgence et l'utilité.

20. Ce qui vient d'être dit sur les devoirs, connaissances et qualités d'un bibliothécaire, prouve que sa position, tant envers sa bibliothèque qu'à l'égard du public, l'expose à des prétentions sans bornes, qu'il est au-dessus de l'étendue des facultés d'un seul homme de pouvoir jamais satisfaire à toutes. Il faudrait qu'il connût toutes les langues, qu'il fût imbu des sciences en

général, ou qu'il fût un miracle d'universalité, auquel, cependant, s'il en existe, manqueraient peut-être les qualités personnelles qui lui sont indispensables.

Mais, comme les ouvrages encyclopédiques peuvent donner des renseignements dont on réclamerait peut-être vainement un grand nombre d'un pareil polymathe, un homme éclairé, ayant fait de bonnes études et connaissant à fond le mécanisme administratif d'une bibliothèque, sera toujours d'une utilité plus réelle, comme bibliothécaire, que le plus grand savant à qui manquerait cette connaissance. Il se formera, au surplus, une petite bibliothèque non-seulement des meilleurs ouvrages bibliographiques et encyclopédiques, mais aussi des notes et cahiers recueillis par lui-même, où il pourra puiser promptement les renseignements dont il peut avoir besoin à chaque instant. (1)

## X.

## DE L'ORGANISATION D'UNE BIBLIOTHÈQUE.

1. L'existence, dans un endroit quelconque, d'un grand nombre de livres entassés dans des caisses ou sur des rayons, ne constitue point une bibliothèque : ces livres ne la formeront que lorsqu'ils seront classés, catalogués et rangés d'une manière convenable à l'étude; et une bibliothèque, qu'elle soit publique ou particulière, qu'elle contienne un million ou quelques centaines de volumes, ne saurait être utile tant qu'elle n'est pas disposée et administrée d'après un système qui est en harmonie avec sa destination. Etre riche, c'est peu ou rien, si l'on ne connaît ses richesses et si l'on ne peut en jouir: or, pour qu'une bibliothèque soit aussi utile que sa nature le permet, il faut que l'on puisse disposer d'un livre *promptement* et *commodément*. Pour le trouver *promp-*

(1) Voir Chap. XII. § 14.

*tement*, le catalogue doit être complet, exact et circonstancié, et les livres rangés avec ordre; pour pouvoir le consulter *commodément*, il faut que le local soit spécialement disposé à cet effet.

Plus ces degrés de perfection sont atteints d'une manière simple et peu compliquée, plus l'organisation et l'administration d'une bibliothèque sont bonnes.

2. Les bibliothèques publiques ou d'une grande étendue ne sont pas les seules qui aient besoin d'un arrangement bien calculé et d'un catalogue exact ; les bibliothèques particulières, celles d'un petit nombre de volumes, demandent aussi une disposition convenable pour les rendre utiles et pour épargner de longues recherches aux personnes qui y ont recours, et qui souvent renoncent à retourner à un pareil foyer de ressources.

3. Avant de commencer l'organisation d'une bibliothèque, on doit tracer un plan mûrement réfléchi et approprié au genre de sa composition et aux localités. Ce plan une fois arrêté, il faut l'adopter et ne plus s'en écarter ; dès le commencement, il est encore du devoir du bibliothécaire d'établir tous les travaux de manière que son successeur puisse s'orienter immédiatement et sans difficulté, afin que l'usage de la bibliothèque n'éprouve jamais d'interruption. A cet effet, il doit avoir une espèce de journal où il consigne en détail le plan et la méthode d'après lesquels la bibliothèque est organisée (1), ainsi que tous les changements, améliorations, augmentations, etc., qu'elle a subis. Pareil journal servira d'annales à la bibliothèque et mettra tout nouvel employé en état de s'y reconnaître promptement et de pouvoir suivre les principes qui lui servent de base.

4. Toutefois, tant que les volumes d'une bibliothèque ne sont pas rangés et les catalogues achevés, son orga-

---

(1) La *Bibliothèque centrale* à Munich, lors de sa réorganisation générale (en 1825), est restée fermée pendant près de deux ans, et n'a été rouverte au public qu'après l'achèvement complet du nouveau local, de l'arrangement des volumes et des différents catalogues.

nisation n'est pas terminée; cependant, lorsque les circonstances forcent à une ouverture prématurée, il faut employer des moyens particuliers : on se borne alors à la transcription pure et simple des titres pour le catalogue, auxquels on ajoute plus tard les notes, observations et renvois littéraires et bibliographiques, et à ne mettre que des numéros provisoires dans les volumes, pour les remplacer, après un dernier récolement général, par des numéros définitifs. Cependant, un pareil état ne doit subsister que dans les cas d'urgence absolue ; car non-seulement la plus grande partie de ces travaux sont par la suite perdus, mais ceux qui viennent après en sous-œuvre sont toujours plus longs et plus pénibles que ceux exécutés dès le commencement.

5. Les moyens techniques pour arriver le plus promptement au but de l'organisation d'une bibliothèque sont plus simples qu'on ne le pense; seulement il s'agit de savoir les mettre en usage dans les cas suivants, où leur emploi est nécessaire.

Quand une bibliothèque est dans un désordre complet, où tout est à faire;

Quand on est obligé de conserver un ordre établi, mais vicieux, où l'on ne peut qu'introduire des améliorations dans les diverses parties;

Quand il n'y a que des fonds disponibles pour l'achat des livres et pour former une nouvelle bibliothèque.

6. Quel que soit l'un de ces cas, il faut bien prendre ses mesures, examiner les ressources que l'on a à sa disposition, et tout préparer avec prévoyance avant de rien commencer. Être obligé de *s'arrêter* ou de *changer* de système est aussi préjudiciable dans l'établissement d'une bibliothèque que pour la construction d'un bâtiment; il s'agit donc de savoir :

Quelle est la manière la plus économique, la plus facile et la plus prompte pour dresser le catalogue ;

Quelle est la meilleure méthode pour ranger les livres présents et à venir ;

Quels sont les principes à suivre dans les nouvelles acquisitions ;

À qui doit être abandonné le choix de ces acquisitions ;

Quelles sont les ressources pécuniaires pour la conservation de l'ensemble ;

Quels sont les moyens pour rendre une bibliothèque vraiment utile ;

La tâche la plus difficile est celle qui oblige, dans l'arrangement d'une bibliothèque, de laisser subsister une partie, et même l'ensemble d'un ordre défectueux et anciennement établi, dans lequel on ne doit qu'introduire des améliorations. Dans ce cas, on doit agir avec la plus grande prudence pour ne pas détruire au lieu d'améliorer ou de remédier, examiner sans prévention l'organisation qui existe, s'identifier avec elle, et moins chercher à changer qu'à corriger.

Si, cependant, l'état des choses s'oppose aux modifications, il vaut mieux changer le tout, le regarder comme un cahos et lui donner une organisation nouvelle. Mais ce travail même demande des ménagements ; il faut l'entreprendre avec mesure et par divisions de l'ancien système ; car, tel mauvais que celui-ci puisse être, il y règne toujours un ordre quelconque, qui sert au moins pendant que le nouveau travail avance graduellement.

## XI.

### DES CATALOGUES.

1. En mettant la main à l'œuvre, la première chose qui demande une grande application et toute l'assiduité de celui qui en est chargé, est le catalogue, qui est l'inventaire et le véritable palladium d'une bibliothèque.

2. Il doit renfermer les titres de tous les ouvrages *sans aucune exception*, qu'ils soient reliés ensemble ou non, qu'ils forment de simples brochures de peu de

pages ou des ouvrages d'une centaine de volumes ; et une bibliothèque bien organisée doit toujours posséder deux catalogues, l'un alphabétique, l'autre systématique.

3. La classification est absolument subordonnée à l'étendue et à la composition de la bibliothèque : si elle embrasse toutes les branches du savoir humain, elle possède nécessairement un grand nombre de volumes ; on adopte alors non-seulement les grandes classes d'un système bibliographique, mais aussi ses diverses subdivisions ; si, au contraire, elle contient un moins grand nombre de volumes, ou uniquement des livres sur une seule science, telle que les bibliothèques des facultés ou des sociétés savantes, on se borne aux divisions et à certaines subdivisions.

4. Les deux catalogues terminés (lors même seulement celui par matières), on peut s'occuper à placer les livres dans l'ordre que l'on voudra, en supprimant les anciens numéros et en donnant à chaque ouvrage les étiquettes que les catalogues lui assignent définitivement.

5. L'impression des catalogues, surtout du systématique, est toujours une chose utile, sinon indispensable, aussitôt qu'une bibliothèque est remarquable par son étendue, par le choix des ouvrages qui la composent, ou par l'ensemble et le *grand-complet* de ce qui a été publié sur une seule science. La publicité est, en outre, le frein des abus, des négligences et des malversations, l'aiguillon du zèle et la source de toute amélioration (1) ; les amateurs eux-mêmes ne doivent pas hésiter de mettre dans la confidence de leurs bibliothèques, en en publiant le catalogue, et leurs confrères en bibliographie et le public studieux.

6. Un catalogue manuscrit, fait avec soin, est,

---

(1) La Bibliothèque royale de Berlin publie annuellement un catalogue et un état statistique des augmentations qu'elle a reçues pendant l'année écoulée. — La Bibliothèque de l'Université de Gottingue fait imprimer tous les six mois, dans les *Goettinger gelehrten Anzeigen*, le catalogue de ses nouvelles acquisitions. — Le Musée Britannique à Londres publie également un compte rendu annuel dans ses Mémoires.

sans doute, déjà d'une grande utilité, mais il ne peut suffire à une bibliothèque publique, car le peu de temps que les portes de ces établissements sont ouvertes et l'affluence de ceux qui viennent consulter le catalogue empêchent d'y faire des recherches souvent très-longues; tandis qu'un catalogue imprimé permet à tout le monde de le parcourir et de l'étudier à loisir, d'y prendre les notes des ouvrages que l'on désire consulter aux heures de l'ouverture de la bibliothèque, enfin de s'en servir de guide pour l'achat de livres à son propre usage.

7. On ne cesse de parler des frais énormes que coûte l'impression des catalogues des grandes bibliothèques, et les sommes exorbitantes que l'on demande ordinairement pour cela effraient toujours ( non sans raison ) ceux qui doivent les accorder. Cependant, dans l'imprimerie on trouve beaucoup de moyens pour économiser ces frais, si on s'adresse à des personnes de bonne foi et expérimentées dans cette partie. Les formats d'in-f° et in-4° sont la première cause du prix élevé de ces sortes de livres et les rendent inachetables pour les modestes fortunes des savants et des amateurs: que l'on abandonne donc ces formats incommodes, pédants et d'un luxe déplacé, et que l'on emploie le modeste in-8° qui, par l'économie résultant du format, du choix du caractère, du tirage et du papier, en met l'acquisition à la portée de tout le monde et en rend l'usage commode; des feuilles de papier blanc intercalées remplacent, au surplus, les grandes marges des in-f° et des in-4°, pour y joindre des notes, et les abréviations convenables des mots qui se répètent presque à chaque titre économisent beaucoup de place et permettent de faire une publication aussi utile, avec une dépense bien moins élevée, en ayant même la perspective assez assurée d'un bénéfice proportionné.

Un exemple récent ( mai 1840 ) prouve toute la vérité de ce qui vient d'être dit : le catalogue de la bibliothèque d'un des grands établissements d'instruction dans Paris forme un beau volume in-folio tiré à 500 exemplaires de 104 feuilles ; compte fait, il doit avoir coûté au moins 5000 à 5500 fr. Ce même catalogue, exécuté in-8º, en caractère *petit-romain* ou *philosophie*, n'aurait coûté que tout au plus 1600 fr. Les conséquences à tirer de cette différence de frais sont trop évidentes pour les démontrer.

8. Si, dans une bibliothèque, il existe deux catalogues, l'un systématique, l'autre nominal et alphabétique, il est toujours préférable de livrer le premier à l'impression et d'y ajouter une table d'auteurs, car on éprouve beaucoup plus souvent le besoin de chercher l'ensemble des livres écrits sur la même matière que la série des ouvrages de chaque auteur. Plus loin, on aura occasion de préciser davantage la nécessité relative de ces deux genres de catalogues.

## XII.

## DE LA COMPOSITION D'UNE BIBLIOTHÈQUE.

1. La formation et l'augmentation successive d'une bibliothèque dépendent nécessairement des fonds qui lui sont destinés : si c'est une bibliothèque spéciale, le but principal doit être de la rendre, dans son genre, aussi complète que possible ; si elle embrasse toutes les sciences, le premier soin sera de choisir les meilleurs ouvrages de chaque branche des connaissances humaines, et de ne penser à augmenter le nombre des livres que lorsque ce choix se trouve présent et aussitôt que les fonds permettent une pareille extension : car, en littérature, rester à la même place, c'est rétrograder et augmenter la difficulté de regagner le terrain perdu.

2. Un bibliothécaire, dans tous ses travaux, ne doit jamais perdre de vue les besoins et le goût de l'époque ; mais c'est surtout l'acquisition des livres qu'il doit diriger avec une critique éclairée et sévère, avec une abnégation absolue de toute prédilection, et sans se laisser

entraîner ni par la mode du jour, ni par les demandes de quelques personnes privilégiées.

Il faut, après avoir bien consulté la position financière de la bibliothèque, qu'il cherche constamment à compléter chaque classe, sans en enrichir une au préjudice d'une autre; car c'est l'harmonie des divisions entre elles qui fait le mérite distinctif d'une bonne bibliothèque, quoique inférieure en nombre de volumes à une plus étendue, mais moins proportionnée dans ses parties.

3. Paris seul, parmi toutes les villes, présente au monde savant non-seulement les plus belles bibliothèques publiques, avec lesquelles Londres, Vienne, Rome, ne peuvent rivaliser; mais cette métropole des sciences l'emporte encore par le nombre de volumes (1) réunis dans ses immenses galeries. Cependant, cette abondance même peut devenir un inconvénient par la difficulté de leur conservation; il serait peut-être à désirer que les bibliothèques appartenant à l'Etat fussent rendues spéciales, c'est-à-dire que chacune d'elles renfermât une seule des principales branches des sciences; elles n'en seraient que plus complètes et supérieures entre elles, et plus commodes pour les travailleurs, qui n'auraient pas besoin de faire leurs recherches sur une même matière dans plusieurs bibliothèques, souvent à de grandes distances l'une de l'autre.

4. Une bibliothèque publique, telles qu'elles sont actuellement, devant offrir la possiblité d'y faire des recherches sur toutes les sciences, il faut qu'elle contienne les meilleurs livres sur chaque matière et les ouvrages qui, par leur prix et par leur grand nombre de volumes, ne peuvent que rarement trouver place dans les bibliothèques particulières; de ce nombre sont les grands ouvrages à gravures, les mémoires des sociétés savantes, les séries de classiques, de voyages, de journaux, etc. Ce n'est que lorsque tout cela se trouve sur les rayons

---

(1) Les 42 grandes bibliothèques dépendantes de l'administration publique renferment un total de près de 4,000,000 de volumes imprimés et manuscrits.

d'une bibliothèque publique, que le conservateur peut penser à y ajouter les livres d'une utilité moins générale.

5. Dans une bibliothèque particulière ou spéciale, au contraire, qui n'est composée que de livres à l'usage d'une seule personne, ou sur une seule matière, le choix est plus précisé et l'ensemble peut en être plus complet.

Un amateur, à moins que sa fortune ne soit considérable, ne doit s'attacher d'abord qu'à un seul genre de livres, dont la possession le flatte ou qui lui sont le plus nécessaires; il pourra toujours étendre ses limites, lorsque la première souche sera parvenue au degré de perfection qu'il désirera. Ce principe est même bon à adopter par les administrateurs de grandes bibliothèques dont les fonds disponibles sont bornés.

6. Celui qui, sans les connaissances nécessaires, sans réflexion et sans guide, voudrait se former une bibliothèque, paierait certainement ce projet bien cher, sans obtenir un résultat satisfaisant. Une pareille entreprise exige un choix scrupuleux non-seulement des éditions et des exemplaires, mais surtout des ouvrages mêmes, pour éviter des disparates et des méprises de toute espèce qui choqueraient les connaisseurs et exposeraient le propriétaire au ridicule et à des pertes considérables. La prudence doit le retenir toutes les fois qu'il sera tenté d'aller au-delà de ses moyens; elle empêchera que son désir de posséder ne lui devienne funeste. Combien d'amateurs, en s'écartant de cette règle, se sont ôté les moyens de continuer leur collection, ont été obligés d'abandonner au paiement de dettes légitimes le fruit de plusieurs années de travail et de recherches, et ont eu la douleur de voir disperser ce qu'ils avaient eu tant de peine à rassembler!

7. Une fois un plan bien arrêté, le véritable bibliophile doit le suivre avec persévérance sans jamais s'en écarter, et combattre avec courage les tentations qui se présentent sans cesse; et si des circonstances impérieuses l'en ont détourné, il faut y revenir aussitôt. Si,

par exemple, on lui propose d'acquérir une bibliothèque entière dans laquelle se trouvent un grand nombre d'articles qu'il a vainement cherchés depuis long-temps et qu'on ne consent pas à vendre séparément, qu'il en fasse l'acquisition pour se compléter, mais qu'il choisisse les volumes qui lui conviennent, et qu'il livre immédiatement le reste aux hasards d'une vente publique. Il serait possible que ce qu'il en a distrait pour sa bibliothèque ne lui coûtât presque rien : le duc de La Vallière, dont la bibliothèque était si célèbre, a plus d'une fois usé de ce moyen, qui lui a presque toujours réussi, et beaucoup d'exemples plus récents ne peuvent qu'encourager à ce genre d'opérations.

8. Le choix des exemplaires, sous le rapport de leur exécution matérielle et de leur conservation, doit toujours guider dans leur acquisition, et si l'empressement de jouir, ou la crainte de ne pas trouver un livre rare, engage à acheter un exemplaire qui ait un défaut, on ne doit point hésiter à le remplacer par un plus beau, dès que l'occasion s'en présente, et revendre celui qu'on possède.

9. Il y a des amateurs qui ne cherchent qu'à former des bibliothèques composées uniquement de productions des premiers temps de l'imprimerie, de livres imprimés sur vélin, de manuscrits enrichis de peintures, de livres tirés sur un papier extraordinaire ou sortis d'imprimeries renommées, d'ouvrages dont les gravures font le principal mérite, etc., etc. Il n'y a qu'à ceux qui jouissent d'une grande fortune que ce genre de bibliothèques puisse convenir; car il ne faut pas être exposé, faute de calculer jusqu'où cela peut les conduire, à y renoncer au moment où la jouissance leur en est le plus agréable, et où ils ont déjà dépensé beaucoup d'argent pour n'avoir qu'une collection incomplète.

10. Une autre classe de bibliophiles est celle qui, par goût ou par nécessité, n'adopte qu'un seul genre de littérature : l'utilité de ces sortes de bibliothèques est plus sensible, et il est plus facile d'acquérir un ensemble sur *un seul sujet* que de réunir ce qui a été écrit sur *plu-*

*sieurs ;* cependant, il y a des branches, telles que l'histoire naturelle et les voyages, qui n'exigent pas moins la dépense de sommes considérables et une constance à toute épreuve pour rassembler tout ce qui a été publié sur une même matière. Pour en donner un exemple, on estime le nombre des diverses éditions de la Bible qui se trouvent dans la bibliothèque de Wolfenbüttel, à plus de 4,500 ; et cependant la collection n'est pas complète.

11. Le plus grand nombre des personnes qui possèdent de vastes ou de petites bibliothèques cherchent à réunir des livres de tous les genres, uniquement pour leur instruction ou leur amusement ; celles-là, n'ayant aucune prétention exclusive, peuvent augmenter ou diminuer leur collection suivant les occasions, toutefois sans jamais négliger le choix dans leurs acquisitions sous le rapport du mérite littéraire et matériel. Que le prétendu bon-marché ne les porte point à acquérir des livres non estimés ou des éditions mauvaises, et à encombrer ainsi les tablettes et le catalogue de volumes sans utilité et sans valeur.

12. Le *désir de posséder* est l'écueil que doit redouter tout amateur qui a le goût de collections quelconques, serait-ce même de cure-dents (1). Ce goût, qu'il soit pour les tableaux, pour les livres, médailles, minerais, papillons, ou pour les choses les plus futiles, est une passion qui peut devenir aussi invincible et aussi préjudiciable que celles du jeu, des femmes, etc.

13. Pour qu'il ne manque pas une partie indispensable à l'ensemble d'une bibliothèque, quelque petite ou étendue qu'elle soit, il faut qu'il s'y trouve une collection de *livres de renseignements*, à l'usage de celui

---

(1) Je connais, en Allemagne, un amateur à qui l'on offrit, pour une somme considérable, une paire de vieux souliers, qu'on lui assura avoir été portés par Mélanchton ; il accorda le prix avec empressement, parce qu'il s'était formé, depuis longues années et à grand frais, un riche cabinet de chaussures de toutes les nations et d'hommes célèbres. — J'ai vu par une autre personne dépenser beaucoup d'argent pour une collection de tabatières.

qui en est le propriétaire ou le conservateur. — Les connaissances en fait de bibliographie ne s'acquièrent sans doute pas dans un manuel; elles exigent, au contraire, de longues études et beaucoup de temps pour avoir vu, tenu et examiné un grand nombre de livres de tout genre et de toute époque. Mais, par cette même raison, celui qui s'occupe de bibliologie ne peut se dispenser de cette espèce de livres, et doit les avoir constamment à sa portée, afin de faciliter les recherches qu'à chaque instant il est obligé de faire.

14. Une telle bibliothèque manuelle doit être composée :

 Des principaux ouvrages bibliographiques.
 — Catalogues de toute espèce, des bibliothèques, des libraires, des ventes, etc.,
 — Dictionnaires des langues anciennes,
 —  —  —  modernes,
D'un — de géographie ancienne et moderne,
 —  — de biographie,
 —  — d'histoire et de synchronistique.

15. Les catalogues occupent toujours une des premières places dans la bibliothèque manuelle d'un bibliophile, et il ne peut jamais en posséder trop, qu'ils soient anciens ou modernes, raisonnés et critiques, ou simplement nominatifs de bibliothèques ou de magasins de libraires; ils fournissent des renseignements sur les éditions et sur les prix des livres, indiquent en quels lieux se trouve tel ou tel ouvrage, et guident souvent avec plus de sûreté dans les acquisitions que les conseils des libraires et des connaisseurs, qui, quelquefois, se laissent influencer par l'intérêt ou par la jalousie d'amateur.

16. L'acquisition des livres se fait de trois manières : par la voie ordinaire de la librairie, aux ventes publiques et par échanges. Rarement on se sert de la première, si ce n'est pour les publications nouvelles ou lorsqu'on est pressé d'avoir un livre; car les libraires sont forcés, pour des motifs qui tiennent à leur

commerce, de vendre à des prix plus élevés que ceux auxquels on obtient les livres dans les ventes à l'enchère : aussi ce dernier moyen est-il le plus ordinairement employé, vu la chance du bon marché qui se présente d'abord, et parce que l'on peut s'arrêter au prix qu'on a l'intention de mettre à un volume, et attendre une occasion plus favorable. L'échange, enfin, est sans doute le mode le plus avantageux pour se défaire réciproquement d'un objet qui doit nécessairement avoir moins d'intérêt ou de valeur que celui que l'on désire ; mais ce moyen ne se présente qu'accidentellement.

17. Pour ne pas se tromper soi-même, ni se laisser abuser dans les emplettes que l'on fait, il faut avoir des notions exactes sur la valeur commerciale des livres ; sans elles, on est à la merci de tout vendeur, on ne peut donner à son commissionnaire une limite convenable de la dépense qu'il doit faire, et on risque à chaque instant de mettre à ses achats des prix trop élevés.

18. Au reste, rien de plus bizarre que la variation des prix, dans les ventes publiques, de livres un peu rares, puisque, en général, ils ne sont point basés, comme ceux d'autres marchandises, sur une valeur intrinsèque, et ne sont ordinairement que le résultat de la fantaisie ou du caprice des amateurs. En 1804, M. R... fit faire une vente publique d'une partie de sa bibliothèque : les prix y furent divers, quelques-uns fort élevés, d'autres assez bas, et l'ancien propriétaire rapporte, dans un de ses estimables ouvrages, qu'un exemplaire de la traduction française de l'*Enfer* du Dante, de 1785, assez médiocrement relié en maroquin, y fut payé 103 francs, et quinze jours après, dans la même salle de vente, un autre exemplaire très-beau, non rogné, fut adjugé pour 11 francs. En juin 1815, à Londres, un *Quintus Curtius* de Vindelin de Spire, d'une beauté parfaite, fut donné pour quatre guinées dans la vente des doubles du duc de Devonshire, et huit jours plus tard, dans le même local, avec les mêmes

acheteurs, un exemplaire rogné, fatigué, plus que médiocre, fut payé vingt guinées.

Cependant, c'est principalement par les ventes publiques que refluent dans le monde savant les trésors littéraires que souvent un amateur avait rassemblés avec beaucoup de soin et de dépenses, pour aller enrichir d'autres collections dont les propriétaires attendent toujours ces époques avec une vive impatience. Il importe donc que l'on connaisse ce que renferme le dépôt qui doit être vendu, les éditions, leurs condition et conservation, les jours et heures de la vente, et quels sont les articles qui seront vendus à chaque vacation.

19. Une légère distraction, dans ces ventes, peut devenir préjudiciable lorsqu'on se propose d'acquérir un article, et si on ne prête pas une oreille attentive au moment où le crieur l'annonce : il peut prévenir d'une défectuosité, ou même vendre le numéro suivant à la place de celui que l'on désire, parce que ce dernier ne se trouve pas au moment de sa mise sur table, ou parce qu'il est retiré de la vente par une raison quelconque ; et on est très-surpris, après l'adjudication, de se trouver possesseur d'un tout autre ouvrage.

20. Dans les ventes de livres remarquables, on fait bien de noter, sur la marge du catalogue, les prix d'adjudication et autres observations de circonstances, pour s'en servir de moyen de comparaison. La mise à prix, si c'est un connaisseur qui dirige la vente, sert également à éclairer sur la valeur réelle des livres, à moins qu'une cause extraordinaire la fasse varier. Quant aux ouvrages rares ou précieux, il est bon d'ajouter encore en marge les noms des acquéreurs, afin de pouvoir, par ce moyen, suivre les traces des objets précieux à mesure qu'ils passent d'une main dans une autre, et connaître les bibliothèques qui les possèdent en dernier lieu.

21. En résumé, les ventes publiques peuvent servir de cours de bibliographie pour ceux qui en font leur

étude. C'est là qu'on apprend à distinguer les bonnes éditions des mauvaises, qu'on s'instruit sur les qualités qui constituent un bel exemplaire, et sur les défauts dont il faut se garder. C'est encore là qu'on trouve quelquefois des volumes qu'on cherchait vainement depuis des années, qu'on apprend l'existence d'ouvrages dont on n'avait jamais entendu parler, et qu'on suit pas à pas les différentes périodes d'augmentation ou de dépréciation des livres.

## XIII.

## DE LA DISPOSITION D'UNE BIBLIOTHÈQUE.

1. Il y a une grande différence entre la disposition d'une petite et celle d'une grande bibliothèque. Dans une collection peu étendue, on peut se livrer à un arrangement symétrique et élégant des livres, sans nuire à la commodité dans les recherches, ni au classement d'après un système adopté ; mais une grande bibliothèque, par le nombre de volumes, par l'arrivée continuelle de nouvelles acquisitions et par la grandeur du local, présente des obstacles insurmontables, et exige, avant tout, le soin de tout classer et placer de manière que l'on puisse trouver chaque ouvrage avec le moins de peine et de temps possible.

2. Ici, comme dans toute autre occupation, il y a des choses qui, au premier aspect, paraissent insignifiantes ou même inutiles, et qui cependant sont d'une grande importance pour faciliter le travail et pour épargner le temps. Ces sortes de petites pratiques de chaque état sont rarement enseignées, et plus souvent encore rejetées ; cependant, elles ne doivent pas moins être acquises plus tard par un grand sacrifice de travaux inutiles, quelquefois même par des pertes réelles. D'un autre côté, on ne voit que trop souvent des bibliothèques, après que l'on a employé des années à les mettre en

ordre, redevenir en peu de temps un chaos par le manque de soin, par la paresse, par une disposition ou classification vicieuse.

3. Ainsi qu'il a été dit plus haut, l'organisation d'une bibliothèque est nécessaire :

Quand elle est dans un désordre complet;
Quand elle est disposée dans un ordre défectueux;
Quand elle est à créer.

Quelque effrayante que puisse paraître, au premier abord, l'entreprise d'établir dans une masse de plusieurs milliers de volumes assez d'ordre pour pouvoir y trouver chaque livre à la première demande, elle ne l'est pas tant qu'on pourrait le croire.

4. Que l'on s'imagine un homme intelligent, nommé conservateur d'un *amas de livres*, qualifié du titre de bibliothèque, et jetés, par une circonstance quelconque, dans le *désordre le plus complet*. Après le premier ébahissement que la vue d'une pareille confusion produira sur lui, il classera d'abord les formats et cherchera à estimer l'espace qu'il lui faut pour placer convenablement tous les volumes. Cette besogne faite, il prendra sur des cartes copie exacte et minutieuse du titre de chaque ouvrage, depuis le plus grand in-folio jusqu'au plus petit in-64; il donnera à chacun d'eux, sur une bande de papier, un numéro d'ordre qu'il intercalera dans le premier volume de chaque ouvrage (1), et qu'il écrira aussi sur la carte de chaque titre. Ces numéros se suivront, sans égard au titre ni au catalogue du premier jusqu'au dernier des volumes, et il pourra déterminer, presque à heure fixe, le temps que ce premier et important travail lui demandera; car, en employant six heures par jour, et en copiant huit titres par heure, l'une dans l'autre, une seule personne peut transcrire 3,744 titres dans l'espace de treize semaines, chacune de six jours. Les titres ainsi copiés sur des

---

(1) Il faut avoir soin de replier en tête, sur la tranche du livre, cette partie saillante de la bande, pour empêcher qu'elle ne glisse dans l'intérieur.

cartes, il s'en servira pour le catalogue et le placement des volumes sur les tablettes, et il trouvera terminé avec facilité un travail devant lequel il reculait.

5. Si l'on veut arranger et cataloguer, d'après un nouveau plan, une bibliothèque *disposée dans un ordre quelconque*, ou en réunir plusieurs, sans interrompre l'usage d'aucune d'elles pendant cette réorganisation, on commence par transcrire sur des cartes les titres, tels que les ouvrages se trouvent rangés, et on y met les numéros provisoires, comme il vient d'être dit. On classe ensuite les cartes suivant le nouveau système; on prend les livres au fur et à mesure de leur nouvelle classification; on jette la bande du numéro provisoire, que l'on efface également sur les cartes; on colle les étiquettes du nouveau catalogue, et on finit par ranger les volumes à leur nouvelle place.

6. Cette dernière opération est la seule qui puisse causer une interruption dans l'usage d'une bibliothèque; mais elle ne peut être longue, car les numéros provisoires font facilement trouver les livres dans leur ancien ordre; de sorte que ce n'est qu'un déménagement que l'on peut abréger en augmentant le nombre des personnes employées à ce travail.

Feu M. *A. A. Barbier* en a donné la preuve la plus évidente : forcé de déménager sans retard, et sans aucun préparatif, la bibliothèque du Conseil d'Etat, composée de 30,000 volumes, il employa un moyen fort simple. En 1804, le chef de l'Etat ordonna la démolition immédiate du local où se trouvait cette bibliothèque; pour obéir à la volonté de l'homme qui ne connaissait aucun obstacle, M. *B.* demanda 120 grenadiers un peu intelligents, leur fit faire la chaîne, et transporta de cette manière, dans l'espace de deux jours, les 30,000 volumes dans un autre local, sans déranger un seul livre de la place qu'il occupait dans l'ordre antérieur.

Ce que M. *B.* exécuta à une distance de 300 pas, est encore plus facile à faire en petit, quand, par exemple, on veut transporter un grand nombre de volumes, d'une salle dans une autre du même bâtiment. L'économie de temps et de frais est hors de comparaison avec toute autre manière pour arriver au même résultat : il ne faut qu'une personne entendue qui donne les volumes au premier homme de la chaîne, et une autre qui les reçoit du dernier pour les mettre à leur nouvelle place.

7. Quant à l'organisation d'une *toute nouvelle bibliothèque*, dont il n'existe encore que les fonds disponibles, c'est le travail le plus agréable : tout y est à créer ; rien ne s'oppose à l'harmonie de l'ensemble de l'établissement, on n'a qu'à suivre un plan bien entendu, et maintenir ce qui est établi suivant les principes que l'on cherche à exposer dans ces feuilles.

## XIV.

## DE L'ARRANGEMENT DES VOLUMES ET DES FORMATS.

1. Il est sans doute très-indifférent que, dans une bibliothèque, un ouvrage occupe telle ou telle place, pourvu que le catalogue l'indique et mette à même de le trouver promptement ; mais l'idée de l'ensemble d'une bibliothèque fait présupposer un plan plus ou moins systématique dans l'arrangement des volumes sur les tablettes.

2. Lorsqu'une collection a peu d'étendue, on peut flatter l'œil et donner à la disposition un air de symétrie, en plaçant ensemble, sans avoir égard à la matière qu'ils traitent, tous les in-f°, tous les in-4°, tous les in-8°, etc., et, moyennant le catalogue et les numéros, on trouvera aussi bien chacun des ouvrages que s'ils étaient réunis par ordre de matières ; mais, aussitôt qu'une bibliothèque est un peu nombreuse, il faut renoncer à ce genre de décoration, non-seulement parce qu'elle exige un remaniement continuel pour les nouvelles emplettes, mais à cause de sa monotonie dans l'aspect d'une grande bibliothèque, tandis qu'elle est agréable à la vue dans une petite collection de livres.

Celui qui veut se former une bibliothèque de quelques centaines de volumes seulement, fera bien de les prendre tous du même format. Une pareille collection d'une reliure de bon goût, et renfermée dans un corps de bibliothèque élégant, fait un très-joli objet d'ameublement, et est d'un usage commode. Il n'est pas difficile de trouver dans la librairie un bon choix d'ouvrages de 300 à 800 volumes imprimés d'une manière uniforme, in-8º, in-12 ou in-18.

3. Il est rare qu'on n'ait à faire plusieurs recherches sur un même sujet dans une grande bibliothèque; si elle est disposée d'après les formats, on serait obligé de courir d'un corps de bibliothèque, ou même d'une salle à l'autre, pour trouver les livres sur une même matière : il faut donc les réunir par classes et par divisions. Mais prétendre qu'une bibliothèque présente, dans le placement des volumes, absolument le même ordre systématique qu'un catalogue, c'est tomber dans un autre extrême et demander une chose aussi difficile qu'inutile, parce que c'est le catalogue qui, par les numéros, indique la place où se trouve chaque ouvrage, jusqu'à la plus petite brochure. Aucun des essais que l'on a faits, en disposant une bibliothèque dans l'ordre rigoureux d'un système bibliographique, n'a réussi, et l'expérience prouvera toujours l'impossibilité de l'exécution d'une pareille entreprise.

Au commencement du XVIIIe siècle, *Lambeccius* a suivi cette méthode dans la bibliothèque impériale à Vienne (Autriche), en plaçant pêle-mêle tous les formats, mais dans le plus stricte ordre systématique. Il est facile à comprendre combien un pareil mélange de formats devait être désagréable à la vue et nuisible à la conservation des livres, et combien il faisait perdre de place, parce que tous les rayons devaient nécessairement être élevés de manière à recevoir un grand in-fº. Aussi, son successeur (*Daniel de Fessel*) rangea-t-il bientôt toute la bibliothèque suivant les formats, mais par classes et par divisions.

4. La méthode de disposer une bibliothèque dans

l'ordre *alphabétique* ne présente d'autre avantage que celui de pouvoir trouver un livre sans consulter le catalogue ; elle a, de plus, tous les inconvénients dont on vient de parler et que l'on doit toujours chercher à éviter.

5. Une autre manière employée dans quelques bibliothèques d'Allemagne, c'est de donner une *place invariable* à chaque volume, en indiquant à cet effet, sur son étiquette, l'armoire et la tablette qu'il ne doit plus quitter ; mais elle présente également trop d'inconvénients pour l'adopter, ne serait-ce que par la raison seule que toute intercalation, ou le moindre déplacement d'un seul volume, devient impossible sans le changement complet du numérotage d'un ou de plusieurs corps de bibliothèque.

6. La classification des titres dans le catalogue systématique ou alphabétique se fait, il est vrai, sans égard à la différence des formats, aux dates ou à toute autre particularité ; mais il n'en est pas de même sur les rayons : là, les livres doivent être réunis par format et par classe, division, subdivision, suivant les localités et le nombre de volumes. Remplir les corps de bibliothèque, de haut en bas, de volumes d'un même format, est incommode pour les recherches et souvent nuisible aux livres ; car, en plaçant des petits formats sur les tablettes du bas, on oblige à se baisser beaucoup pour lire les étiquettes et pour prendre les volumes. Mettre sur les tablettes supérieures des in-folio est plus incommode encore, surtout si l'on est obligé, pour les atteindre, de monter sur une échelle (1). Le mieux est donc de placer les in-folio sur les rayons du bas, ensuite les in-4°, et de continuer ainsi, en diminuant de format à mesure que les rayons sont plus élevés.

7. Au reste, une étude particulière, que l'on ne peut faire que par la pratique, est celle de connaître les classes et divisions qui se distinguent par leur

---

(1) C'est ainsi que le célèbre *Ebert* fit une chute mortelle, en voulant prendre un gros volume in-f° placé sur un rayon élevé.

format. Par exemple, les bibles, les Pères de l'Eglise, les conciles et scolastes, exigent plus de place pour les in-f° que pour les in-4° et in-8°; les belles-lettres, au contraire, ne demandent presque que des rayons à la hauteur d'in-8° et in-12; l'histoire naturelle, la géographie, les voyages, les antiquités, l'architecture, fournissent, en proportion égale, des in-4° et des in-8°, mais demandent une place particulière pour les atlas qui accompagnent ordinairement ces sortes d'ouvrages.

8. Lorsque les localités l'exigent, on peut réunir les formats qui diffèrent peu en hauteur, tels que l'in-8° avec l'in-4°, et l'in-18 avec l'in-12; on peut aussi joindre l'in-f.° oblong à l'in-4°, l'in-4° oblong à l'in-8°, et ainsi de suite. Mais pourquoi éloigner ainsi des volumes de leur format naturel? Ce n'est convenable que lorsqu'un volume fait partie intégrante d'un ouvrage d'un format inférieur, comme les atlas des voyages, des livres d'histoire naturelle, etc. La grandeur du papier et les marges de certains volumes obligent aussi quelquefois à les mettre avec un format plus grand que celui indiqué par la *justification* typographique. Dans tous les cas, il est indispensable que les catalogues fassent mention des transpositions de ce genre.

9. Quant aux volumes d'un format qui dépasse l'in-folio ordinaire, qui empêche de les ranger à la place que leur assigne leur contenu, l'endroit le plus convenable pour eux est le dessous des tables où peuvent être mis les plus grands atlas, et d'où on les prend facilement pour les ouvrir de suite sans être obligé de les porter quelquefois au bout de la salle pour les poser sur une surface apte à les recevoir.

10. L'aspect agréable de l'ensemble d'une bibliothèque, produit par une certaine recherche dans l'arrangement des livres et par une grande propreté, doit être aussi sensible que lorsqu'on visite une galerie de tableaux, un cabinet de médailles ou une collection d'histoire naturelle. Cette coquetterie, tant qu'elle

n'est pas exagérée, sied tout aussi bien à ces établissements que la mise propre et soignée à un homme bien élevé.

11. Dans le travail du placement des livres sur les rayons, la première règle à suivre est de ne pas y poser un seul volume sans qu'il soit dûment collationné, catalogué, estampillé, étiqueté, et, s'il est possible, relié. Ensuite, on a soin que les volumes d'un même ouvrage, placés sur la tablette, se suivent toujours de droite à gauche, c'est-à-dire que le premier soit à droite et le dernier à gauche. De cette manière, en empilant un ouvrage, le premier volume se trouve toujours en dessus.

Il n'en est point de même pour les numéros d'ordre de chaque livre : on les commence par la plus basse tablette, et on les continue en serpentant jusqu'au haut du corps de bibliothèque. Le dessin n° 3 des gravures démontrera que les numéros 31, 32, etc., se trouvent immédiatement au-dessus du n° 30, placé sur la tablette inférieure. Si on ne serpentait pas ainsi d'une tablette à l'autre, on serait forcé de retourner à la suivante, et on s'exposerait, sans nécessité, à une fatigue et à une perte de temps aussi désagréables qu'inutiles.

12. Il faut porter le plus tôt possible les nouvelles acquisitions aux catalogues et les mettre à leur place. Par ce moyen, le classement des nouveaux livres se fait insensiblement, et ne présente pas l'effrayant travail d'une grande quantité de volumes à inscrire, à étiqueter et à placer tout à la fois.

L'accumulation est toujours plus grande que l'on ne pense, même dans la plus petite bibliothèque, et devient bien vite encombrement ; on redoute d'entreprendre la besogne, on diffère de jour en jour, le nombre augmente, et le premier pas vers le désordre est *fait*. Rien de tout cela n'arrive quand on exécute le travail au fur et à mesure qu'il se présente.

13. Une chose importante est de ne pas être à l'étroit dans la place destinée aux livres ; le manque

d'espace nécessaire aux volumes en rend le placement difficile, l'usage incommode, et fait souvent renoncer à une recherche intéressante. Quel est l'homme, quand même il n'aurait que quelques centaines de volumes, qui n'a pas fait l'expérience de ces inconvénients, lesquels augmentent en proportion de l'étendue d'une bibliothèque?

Savoir tirer bon parti de la disposition d'un local, c'est un grand avantage quand on manque de place, et souvent on s'étonne de ce qu'on a pu loger un si grand nombre de volumes dans un emplacement qui auparavant n'en contenait que les trois quarts ou les deux tiers. L'expérience seule peut donner cette habileté dans le maniement des livres, ce coup-d'œil juste pour les distances, et la patience de ne pas se laisser décourager par plusieurs essais avant d'avoir atteint le but désiré.

14. La distance à observer entre les rayons se règle d'après les formats auxquels ils sont destinés, mais elle doit être un peu plus grande par rapport à la différence des papiers, ou pour prendre facilement les volumes. Les in-folio se placent sur les rayons les plus bas, et ainsi graduellement les plus petits sur les rayons supérieurs. On doit chercher à acquérir, pour cette besogne, la connaissance spéciale de toutes les localités des salles dans lesquelles une bibliothèque est placée, pour pouvoir en utiliser chaque coin propre à recevoir des volumes.

15. Outre les ouvrages dont le format excède celui de l'in-folio ordinaire, et que l'on est obligé de placer à part, il y en a encore d'autres qui, par le genre de leur exécution, leur rareté, leur contenu, etc. (des *pretiosa*), demandent pour leur conservation à être rangés séparément: tels sont les manuscrits, les livres imprimés sur parchemin, ou dont la reliure est remarquable, ornée d'or, d'argent, de pierres fines, etc.; ceux remarquables par leur perfection typographique, ceux enrichis de gravures, de peintures ou de dessins de valeur, accompagnés de lettres ou de notes auto-

graphes; enfin, ceux d'une grande rareté. On aime aussi à employer les mêmes précautions pour les incunables, les éditions princeps, les Aldes, les Juntes, les Elzeviers, etc.

**16.** Il y a encore un cas où on est forcé d'avoir une partie des livres séparée de l'ensemble; c'est lorsque le legs d'une collection particulière a été fait sous la condition expresse de la laisser dans son entier, sans l'intercaler dans la grande bibliothèque. Pareille clause présente plus d'un embarras et beaucoup de lenteurs dans le service général; et, pour tel motif que ce soit, que l'on éloigne un seul volume ou des centaines de leur place naturelle, on ne peut diminuer les inconvénients qu'en portant les titres dans les catalogues avec l'indication de la place particulière que ces livres occupent, à moins que l'on n'agisse avec une pareille disposition testamentaire comme avec une maison que l'on démolit pour cause d'*utilité publique;* ce qui vaudrait mieux dans certaines circonstances, que l'observation servile de la volonté vaine ou capricieuse d'un testataire.

## XV.

## DES ÉTIQUETTES ET DU NUMÉROTAGE.

**1.** On ne peut assez recommander de donner aux volumes leur étiquette définitive, et de les mettre à leur place aussitôt que leurs classe et numéro sont fixés par le catalogue. L'urgence de cette mesure, pour entretenir constamment l'ordre établi, et l'économie de temps qu'elle présente dans les recherches des livres, sont trop évidentes pour en détailler tous les motifs; mais comme ces étiquettes doivent être les guides infaillibles pour toutes les personnes employées dans une bibliothèque, même pour les hommes de peine qui époussettent les livres, leur confection et leur *application* solide sur le dos des volumes ont leur importance relative; car le frottement finit par les salir, les effacer, les détacher et même les user. Il est donc nécessaire, pour prévenir des recherches inutiles et le désordre, de répéter ces numéros sur l'intérieur du carton de la reliure, et non pas sur une des gardes des volumes, qui peut être arrachée et se perdre; tandis que la couverture s'ouvre de suite et dispense de chercher sur les gardes.

Il faut, en outre, coller ces étiquettes le plus haut possible sur le dos des volumes, afin que si on est obligé de doubler les rangées, les numéros de celle de derrière puissent être vus plus facilement par-dessus le premier rang. Sur les volumes qui sont trop minces de dos pour y appliquer une étiquette, on la colle sur le *recto* de la reliure, tout en haut à gauche, de manière qu'elle soit visible en tirant un peu le volume.

2. On peut orner ces étiquettes de mille manières, des armes du propriétaire, d'emblèmes analogues à chaque classe, etc., ou les faire imprimer en lettres d'or par le relieur sur le dos du volume, au-dessus du titre de l'ouvrage. Si cependant on ne veut pas employer ce dernier moyen, il est nécessaire de coller d'abord les étiquettes de papier avec de la bonne colle (1), et ensuite d'y écrire les numéros; on évite par là les erreurs en collant de fausses étiquettes, et l'inconvénient que l'écriture s'entoure d'un bord jaune, ce qui arrive toujours quand on colle un papier écrit.

Choisir une couleur particulière pour les étiquettes de chaque classe paraîtrait, au premier abord, un moyen pour faciliter l'arrangement des livres; mais comme on ne peut se servir que de papier de couleur claire, afin que l'écriture ressorte suffisamment, elles pâlissent dans l'espace de peu de mois, et cet avantage disparaît en même temps. Il vaut mieux,

---

(1) La meilleure colle à cet usage est composée de 1/10 de colle forte et 9/10 de colle de pâte, à laquelle on ajoute une quantité proportionnée d'alun dissous, le tout bien mêlé ensemble. En l'employant, on peut, si elle est trop forte, la délayer avec un peu d'eau chaude.

pour atteindre ce but, employer une forme particulière pour les étiquettes de chaque classe, ou donner une reliure différente, ou y faire apposer en or, par le relieur, la lettre distinctive.

3. Pour abréger la recherche des livres, on appose sur les corps de bibliothèque la lettre de la classe qu'ils renferment, et on indique sur le bord de l'épaisseur visible des tablettes les premier et dernier numéros qui s'y trouvent placés. Cette indication abrège les recherches ; car, au lieu de s'orienter en tâtonnant et en examinant plusieurs rayons pour trouver un volume, on voit du premier coup-d'œil si l'armoire le renferme. On peut même donner à ces inscriptions une certaine élégance qui ne dépare jamais une bibliothèque.

## XVI.

### DE L'ESTAMPILLAGE.

1. L'usage de marquer le titre des livres d'une bibliothèque *particulière*, des armoiries ou du chiffre du propriétaire, pratique qui, établie par la vanité, n'est d'aucune utilité, et qui a le grand inconvénient de déparer les belles éditions et souvent d'en diminuer la valeur, est au contraire de première nécessité dans une bibliothèque *livrée au public*, pour prévenir le vol et pouvoir reconnaître partout la propriété de la bibliothèque. Cette estampille doit être apposée non-seulement sur le titre, mais encore sur une page déterminée au milieu du volume (1), et sur la dernière. Pour distinguer ensuite les livres rebutés ou mis en vente, on doit ajouter un timbre spécial, ou toute autre marque qui indique que le volume est mis au rebut.

2. Ces sortes de marques se font ordinairement avec un timbre et de l'encre à imprimer ; mais, pour que

---

(1) A la Bibliothèque royale à Paris, c'est la page 101.

l'empreinte sèche vite et ne macule pas, on a soin d'ajouter à l'encre la quantité nécessaire de vernis siccatif. On peut aussi apposer la marque par le moyen d'une plaque de cuivre découpée, sur laquelle on frotte avec une petite brosse de l'encre de la Chine; mais cette méthode est trop longue pour un grand nombre de volumes. Enfin, les particuliers qui tiennent à ce que leur bibliothèque porte un signe de propriété, sans toutefois nuire aux livres, peuvent faire graver leurs armoiries ou autre insigne, et en coller l'imprimé dans l'intérieur des cartons de la reliure, ou les faire imprimer en or en dehors par le relieur.

3. Les personnes qui aiment à inscrire au catalogue de leur bibliothèque ou dans leurs livres le prix que chaque ouvrage leur a coûté, et qui veulent le marquer d'une manière inintelligible à toute autre personne, peuvent facilement le faire en adoptant un chiffre quelconque; par exemple :

A B C D E F G H I K
1 2 3 4 5 6 7 8 9 0

Ainsi, pour 23 fr. 80 c., on mettra BC. hk;
— 157 » 75 »        — AEG. ge.

Les majuscules désignent les francs, les minuscules les centimes. On peut varier ces chiffres de 1250 manières: on n'a qu'à commencer par une autre lettre de l'alphabet, où en faire autant en reculant; par ex. : EFGH IKLMNO, ou KIHGFEDCBA. Les alphabets grec, hébreu, arabe, présentent la même facilité.

## XVII.

## DE LA RELIURE.

1. La reliure est un des principaux moyens de conservation matérielle et d'ornement des livres; mais tels considérables que puissent être les revenus d'une bi-

bliothèque, il faut que les reliures soient graduées d'après l'importance des ouvrages ; car il serait aussi déplacé de faire couvrir en maroquin enrichi de dorures un pamphlet éphémère que d'employer la basane ou un cartonnage pour un chef-d'œuvre de la science ou des arts. Qu'un amateur riche ait dans sa bibliothèque un certain nombre de volumes décorés de reliures les plus belles et le plus à la mode pour montrer tout ce que l'art, le goût du jour et même le caprice ont produit dans ce genre, mais que ce soient des livres propres à être habillés de telle ou telle façon, et que tout le reste de la bibliothèque soit relié d'une manière élégante ou simple, mais bonne.

2. Dans les bibliothèques dont les fonds ne sont pas assez considérables pour permettre de suivre le principe, que l'extérieur, par sa richesse, doit répondre au mérite de l'intérieur de l'ouvrage, il vaut mieux se contenter d'une reliure très-modeste, que de placer sur les rayons des livres brochés : rien n'est plus contraire à leur conservation que l'état de brochure, qui ne présente que des dangers.

3. La reliure la plus ordinaire est celle en basane ou en veau ; en la variant de dorure et de couleur, elle convient à toutes les fortunes, à toutes les bibliothèques et à tous les ouvrages ; celle en parchemin, en maroquin, en cuir de Russie, en velours, etc., n'est à employer que dans les cas exceptionnels.

4. Un genre très-convenable, et adopté par un grand nombre d'amateurs, est celui de la demi-reliure à dos de veau ou de maroquin, non rognée, avec marges. Posés sur les tablettes, ces volumes sont aussi élégants que ceux d'une reliure pleine, et tout aussi solides pour l'usage. Cette reliure joint à ces avantages la modicité du prix, et la faculté de protéger la grandeur des marges, chose importante pour les amateurs qui en paient souvent la ligne au poids de l'or. Le désir des bibliophiles de conserver les marges va si loin, qu'ils n'y laissent approcher aucun fer tranchant, et qu'ils font quelquefois recouvrir de la plus belle reliure un livre non

rogné, et même non ébarbé. Pourquoi blâmerait-on cette passion de posséder certains livres dans l'état le plus parfait possible, lorsqu'on trouve fort naturel que chacun cherche à avoir intact et beau tout objet de tel genre que ce soit?

5. Il ne suffit pas qu'une reliure soit belle, il faut qu'elle soit solide; mais c'est une règle malheureusement trop négligée, même par les plus habiles relieurs: ils sacrifient tout au coup-d'œil et donnent peu ou rien à la solidité.

6. La connaissance technique de la reliure est nécessaire pour ne pas s'exposer à des dommages réels. Il faut savoir faire le choix d'un relieur, pouvoir apprécier son travail et lui en indiquer les défectuosités, sinon on aura des livres mal reliés, ornés sans goût, et sans solidité. Une preuve que le bon travail est toujours estimé, c'est que les anciennes reliures des Dusseuil, Derome, Padeloup et autres, sont encore aujourd'hui aussi recherchées que les plus beaux chefs-d'œuvre sortant des ateliers de Paris et de Londres.

7. Jusqu'au XVI$^e$ siècle, on se servait, pour la reliure des livres, de planchettes de bois en place de carton; mais la manière de les couvrir, comme aujourd'hui, variait à l'infini et était fort dispendieuse : on y employait des étoffes précieuses, brochées d'or et d'argent, ou chargées de broderies ; on les enrichissait de perles, de pierres fines, d'agrafes d'or et d'argent; on garnissait les plats et les coins de plaques et de grosses têtes de clous en même métal pour empêcher le frottement. Depuis, on a remplacé le bois par le carton, ce qui rend les volumes plus légers et les expose moins aux vers; on a renoncé aussi aux couvertures d'étoffes comme trop coûteuses et peu solides.

8. On emploie généralement trois genres de reliure: la reliure pleine, la demi-reliure (l'une et l'autre en maroquin, cuir de Russie, parchemin, veau, basane), et le cartonnage (couvert en papier, en toile, ou en percale de couleur). La demi-reliure, quand elle est bien faite, joint à la solidité et à l'élégance de la reliure pleine le

grand avantage d'un prix beaucoup moins élevé. Cependant les volumes minces, et dont le contenu ne fait pas prévoir un usage très-fréquent, peuvent recevoir un simple cartonnage, mais il faut qu'il soit bien fait.

9. Des motifs particuliers forcent souvent à faire ce qui est contraire aux règles que l'on doit suivre dans l'administration d'une bibliothèque ; un des plus puissants, c'est la grande économie à laquelle obligent les fonds disponibles, qui ne sont ordinairement suffisants que grâce à une sage gestion.

La reliure des livres, qui est toujours une dépense considérable, doit donc y être soumise comme toute autre dépense ; mais l'économie la plus mal entendue est celle de faire relier plusieurs ouvrages en *un seul* volume, quand même leur contenu serait de même nature : non-seulement les subdivisions de la classification systématique peuvent exiger leur séparation, mais encore on est parfois obligé de priver les lecteurs de plusieurs écrits pour en satisfaire un seul.

10. La meilleure méthode, pour éviter les inconvénients qui résultent de ce genre de réunions, est de donner à ces minces volumes une brochure solide, couverte de légers cartons, et de les réunir dans des boîtes en forme de gros volumes, dans le genre de celles à l'usage des catalogues en feuilles (1). Si cependant on est obligé de laisser ces volumes tels qu'ils sont, on les place suivant le titre du premier ; mais on a le plus grand soin d'inscrire, dans le catalogue et à leur place respective, tous les ouvrages qu'ils contiennent. On adapte, en outre, au titre de chacun d'eux une languette ou canon (2) en parchemin, pour faciliter les recherches.

11. Une reliure réunissant toutes les qualités que les connaisseurs aiment à y trouver, est chose bien rare ; car cette enveloppe, si utile pour l'usage des livres, si nécessaire à leur conservation, si agréable à la vue du

---

(1) Voyez les gravures nos 4 et 5.

(2) Petit signet collé sur la marge et la dépassant de quelques millimètres.

bibliophile, est soumise à tant de diverses manipulations en passant par les mains des ouvriers avant d'être achevée, qu'il y a presque toujours, au moins, une partie de négligée. Il ne suffit pas qu'un volume soit plié avec précision, bien battu, cousu et endossé avec précaution, il faut que les tranchefiles soient arrêtées à tous les cahiers, la gouttière bien coupée, le dos arrondi convenablement à la grosseur du volume; le carton d'une force proportionnée au format, coupé juste d'équerre; les côtés bien évidés, pour que le livre s'ouvre facilement, sans risque de casser le dos, ni de le déformer; il faut encore que la peau dont le volume est couvert soit parée de manière à ne pas faire d'épaisseur sur les coins, et sans être trop mince, afin qu'ils ne s'écorchent pas au moindre frottement; enfin, que la dorure soit brillante, nette et de bon goût. Un relieur se distingue, en outre, dans son travail, par le soin qu'il met à conserver les marges aussi grandes que possible, à placer les gravures avec intelligence, à prévenir le maculage, etc.

C'est afin de pouvoir examiner ces diverses parties d'une reliure, qu'il faut en savoir apprécier tous les détails, connaissance que l'on n'acquiert qu'en visitant les ateliers mêmes, ou par une longue expérience.

Le *Manuel du Relieur*, faisant partie de l'*Encyclopédie-Roret*, servira de guide très-utile aux personnes qui veulent se familiariser avec la partie technique des travaux de la reliure.

12. On reproche, avec raison, aux reliures anglaises, et plus encore à celles faites à leur imitation, les dos brisés trop plats et à faux nerfs, la façon des mors, et les ornements surchargés. Deux autres défauts du plus grand nombre de reliures sont qu'elles s'ouvrent difficilement et se referment mal. l'un empêche de bien lire, et plus encore de travailler si l'on consulte plusieurs volumes à la fois; l'autre laisse pénétrer dans l'intérieur des livres la poussière et les vers.

13. Les dos ronds sont, sans doute, moins agréables à la vue que les dos plats, lorsque les livres sont rangés

sur les rayons ; mais ils sont plus durables, surtout pour les grand formats. Quant aux in-8º et aux plus petits volumes, les dos plats peuvent être faits assez solidement, et permettent une plus grande égalité dans la dorure : ce qui flatte l'œil, quand plusieurs volumes uniformes se touchent, dont les filets sont d'accord et se suivent bien en ligne droite.

14. Il en est de même des nerfs : les faux nerfs ne sont que de parade, tandis que les nerfs véritables conservent la reliure et sont aussi nécessaires à un gros et grand volume qu'ils ornent, que par le genre de dorure qu'ils permettent. Toutefois, il faut que la grosseur et le nombre de nerfs soient en rapport avec le format et la force du livre.

15. Les mors, quand ils sont trop carrés, produisent des plis désagréables au fond des cahiers et absorbent une partie de la marge intérieure ; quelquefois même ils sont cause que les premières et les dernières feuilles s'usent et se brisent promptement, surtout aux ouvrages d'un fréquent usage. Il faut donc sacrifier l'élégance de ces mors carrés à ceux en biseau ou chanfrein, qui conservent davantage les volumes.

16. La dorure, qui, il est vrai, ne contribue en rien à la bonté d'une reliure, ajoute, par compensation, beaucoup à sa beauté ; elle est l'objet qui attire à un haut degré l'attention des amateurs, et contribue essentiellement à orner une bibliothèque. Un relieur peut donner des preuves de son intelligence par le choix de cet embellissement ; mais ordinairement la composition des fers est mal entendue, surchargée, sans goût, ou présente un mélange d'ornements sans harmonie, étrangers et même entièrement opposés au contenu des livres.

17. C'est surtout dans les titres qu'il se commet les bévues les plus ridicules ; et comme on ne peut exiger d'un relieur, bien qu'il soit un habile ouvrier, de savoir convenablement abréger ceux qu'il place sur le dos des volumes, on devra les prescrire ; car ces titres, bien réduits, facilitent beaucoup les recherches, et plus encore,

si on y ajoute la date de l'édition, ou la ville, l'imprimeur ou toute autre indication par laquelle un livre se distingue.

## XVIII.

### DE LA COLLATION.

1. Il est indispensable de collationner chaque volume qui revient de chez le relieur, d'examiner s'il n'y a pas de feuilles déplacées, si toutes les gravures s'y trouvent, si elles sont garanties par un papier joseph, si les cartes et grandes feuilles sont collées sur onglet et pliées de manière que l'on puisse les développer avec facilité, sans risquer de les déchirer.

2. La collation, avant la reliure comme après, est, en outre, une chose si nécessaire à connaître, qu'un bibliothécaire doit y apporter beaucoup d'application, car elle seule donne la certitude qu'un ouvrage est complet et sans défaut. Ce travail, généralement regardé comme purement mécanique, ne l'est cependant pas : il demande autant d'attention que de connaissances sur la composition matérielle des livres, et varie presque à chaque volume. Les produits des premiers temps de la typographie présentent de grandes difficultés par l'absence des signatures et de la pagination, et exigent précisément par leur ancienneté et leur rareté un examen plus scrupuleux, souvent même une comparaison minutieuse avec un autre exemplaire reconnu complet.

3. La méthode habituelle pour collationner est celle de vérifier la pagination et la signature, si c'est un ouvrage de plusieurs volumes, de s'assurer si toutes les feuilles sont du même volume, et si le dernier contient la fin et complète l'ouvrage. Les livres à gravures demandent une inspection spéciale, tant pour le texte et le nombre des planches que pour la bonté des épreuves et pour leur placement.

4. Un genre de livres encore qui ne peuvent être

bien vérifiés qu'à l'aide d'une instruction spéciale ou même d'un autre exemplaire, sont les œuvres de plusieurs polygraphes, les collections et séries d'auteurs classiques, de mémoires, de journaux, etc. Sans un pareil guide, il serait impossible, par exemple, de collationner les *Mémoires de l'Académie de Berlin*, la *Description de l'Egypte*, les *Grands et petits Voyages*, le *Moniteur*, et tant d'autres pour lesquels il est difficile de se procurer certains volumes manquants.

5. Quant à certaines curiosités bibliographiques qui ne sont remarquables que par des cartons, des feuilles supprimées ou ajoutées, des illustrations, même par une faute, ce n'est qu'en ayant connaissance de ces particularités, ou par des recherches dans les ouvrages bibliographiques, qu'on peut les reconnaître.

6. Enfin, si l'on rencontre quelque défectuosité, il faut en faire mention dans le catalogue et employer tous les moyens possibles pour y remédier ; et, afin qu'on ne les perde jamais de vue, on tient un état exact de tous les *défects* au fur et à mesure qu'on en découvre.

## XIX.

## DE LA CONSERVATION DES LIVRES.

1. La conservation, dans toute l'acception du mot, est certainement très-importante pour le propriétaire d'une bibliothèque : son propre intérêt l'y engage ; mais elle devient une loi sévère pour celui à qui l'on confie une *bibliothèque publique*, dont l'utilité, comme de toute autre collection d'objets d'arts ou de sciences, ne doit pas être calculée seulement pour nos contemporains, mais encore pour nos neveux ; il faut donc que le gardien y veille avec une infatigable activité.

2. Les principaux moyens pour préserver et conserver une bibliothèque sont :

Les catalogues complets et exacts, qui en sont les inventaires ;

Le maintien de l'ordre établi et la surveillance sévère des visiteurs et des subalternes ;

Le récolement périodique des livres avec les catalogues ;

Le soin de nettoyer les livres et de les préserver des vers, des rats, de l'humidité, etc. ;

De ne se servir d'aucun volume sans qu'il soit relié, catalogué et numéroté.

3. Ces précautions servent, sans doute, à se garantir des dangers ordinaires ; mais, malgré l'opinion que les seuls ennemis des livres soient les vers, les rats, l'humidité et la poussière, il y en a d'autres, moins hostiles en apparence, mais tout aussi redoutables : ce sont les emprunteurs, les personnes maladroites et aux doigts sales, les domestiques, les enfants, les chiens, les chats, etc.

4. On a beaucoup écrit sur les moyens à employer contre les vers, les rats et les souris, qui ravagent les bibliothèques ; on a fait de nombreuses expériences pour les en éloigner ; cependant, encore aujourd'hui, on est à trouver un remède efficace dans tous les climats et dans toutes les localités où on rencontre ces animaux destructeurs.

Pour éloigner les rats et les souris, il suffit de connaître leur retraite et d'en boucher avec soin toutes les issues, ou de les détruire par les moyens généralement connus ; on exceptera les chats, qui, souvent, sont aussi dangereux pour les livres que les rats eux-mêmes. Il n'en est pas de même des vers, qui, malgré tous les soins, s'introduisent et se multiplient d'une manière si imperceptible, qu'il y a peu de bibliothèques où leur présence ne se manifeste par quelque dégât.

5. Le dommage que les vers causent aux livres les plus précieux n'est que trop connu des bibliophiles ; mais les personnes qui n'ont vu les livres que tels qu'ils sortent des mains du libraire ou du relieur, ou qui servent continuellement, ne peuvent s'en faire une idée.

Déjà dans les bibliothèques particulières entretenues avec soin, ces insectes ne sont pas rares; mais dans celles où il y a un très-grand nombre de volumes, où un livre reste quelquefois des années sans être dérangé de sa place, où enfin les moyens préservatifs et destructifs contre les vers ne sont pas employés, ils se multiplient, d'une manière incroyable, et causent des pertes sinon irréparables, du moins très-importantes, en attaquant les reliures, les livres et les manuscrits.

6. Ce qui a le plus d'influence sur les vers, c'est la température; car plus on approche des pays chauds, plus les ravages qu'ils font sont grands. Le voisinage d'un jardin ou de plantations d'arbres présente le même danger, parce que des insectes de toute espèce s'y nourrissent et aiment à déposer leurs œufs dans l'intérieur des maisons.

7. Malgré la presque impossibilité d'éviter complètement ces insectes, il y a cependant plusieurs préservatifs et moyens de destruction dont le succès a été prouvé par l'expérience.

Le premier et le meilleur de tous, c'est la grande propreté dans laquelle on entretient le local et les livres, en ne laissant jamais séjourner la poussière, même dans les coins les plus cachés, et en battant tous les volumes, sinon au printemps et à l'automne, du moins une fois par an, et bien dans les mois de juillet et d'août; car c'est la poussière que recherchent les papillons pour y déposer leurs œufs, et qui favorise beaucoup leur développement. Pendant toute l'année on doit, au surplus, mettre derrière des livres des morceaux de drap fortement imbibés d'essence de térébenthine, de camphre, ou d'une infusion de tabac à fumer, et les renouveler dès que l'odeur s'en affaiblit.

8. Le choix du bois que l'on emploie à l'ameublement et aux corps de bibliothèque contribue également à les préserver contre les insectes en général; plus il est dur et serré, moins il leur permet de s'y établir, et celui du chêne, bien sain et sec, est préférable, sous tous les rapports, aux autres bois de nos climats.

9. La reliure peut également, par son genre, attirer les vers ou les éloigner : les anciennes reliures en bois, même quand elles sont couvertes de peau ou d'étoffes, en sont les berceaux : on prétend à tort que la peau de truie attire les vers; c'est le bois qu'elle couvre qui leur donne la nourriture. Mais, comme il y a peu de bibliothèques dans lesquelles on ne conserve pas, comme monuments bibliographiques, quelques volumes couverts de cette dangereuse reliure, il faut leur vouer une attention toute particulière pour empêcher leur influence pernicieuse et les reléguer, sans exception, dans l'endroit le plus isolé d'une bibliothèque. Le même danger est à redouter des reliures pour lesquelles on s'est servi de colle de pâte, nourriture recherchée par les vers; aussi les relieurs entendus se servent de colle forte, à laquelle ils ajoutent une partie convenable d'alun, et mêlent du sel ammoniacal au blanc d'œuf qu'ils emploient, avant de poser la dorure. Les reliures en cuir de Russie ou de parchemin, au contraire, dont les cartons sont faits de vieux cordages imprégnés de goudron, ont non-seulement le mérite d'une solidité égale à celle du bois, mais encore celui d'empêcher pour cinquante ans et plus toute attaque des vers. Une autre reliure, il est vrai sans élégance, mais donnant peu ou point d'accès aux vers, est celle usitée dans les anciennes bibliothèques d'Espagne, de Portugal et d'Italie; elle ne consiste qu'en une couverture de parchemin (sans carton), recourbé sur la tranche, ou plutôt n'est qu'une brochure battue, cousue sur nerfs et couverte de parchemin. L'expérience de quatre siècles a prouvé que, sans le voisinage de reliures en bois ou en carton, aucun des livres reliés de cette manière n'eût été atteint des vers.

10. Après les insectes et les rats, l'humidité, qui est quelquefois tout aussi difficile à combattre, et souvent traitée avec plus d'insouciance, compromet le plus la conservation des livres.

11. Les seuls moyens pour la diminuer ou la faire disparaître d'un local, ce sont l'air et la chaleur : il faut donc en procurer à une bibliothèque aussi fréquem-

ment que la saison et la température le permettent; il est même nécessaire que, pendant l'hiver, des poêles ou des conduits de chaleur y sèchent l'air et chassent l'humidité naturelle aux murs.

Pour garantir tout-à-fait une bibliothèque de l'influence de l'humidité, il faut que les corps de bibliothèque soient élevés du parquet au moins de 162 millimètres (6 pouces) et éloignés des murs de 54 millimèt. (2 pouces), afin de faciliter partout la circulation de l'air. A cet effet, on doit ouvrir les croisées toutes les fois qu'il fait une température sèche et vive, mais surtout les refermer *avant le coucher du soleil*, parce que c'est après cette heure que les papillons déposent leurs œufs.

12. Dans les cas où on ne peut éviter de placer des rayons près d'un mur humide, on en diminuera le danger de beaucoup par le procédé suivant, un peu dispendieux, mais sûr: on donne au mur plusieurs couches d'huile bouillante et on le recouvre ensuite de feuilles de plomb laminé (dont on se sert pour entourer les bouteilles d'électricité), que l'on fixe avec de petits clous.

13. Pour empêcher que la poussière, qui cause de la moisissure, ne conserve l'humidité, n'abime et ne détruise même les reliures, on doit, pour qu'elle ne s'élève pas en balayant, semer d'abord sur le plancher des feuilles fraîches d'arbres, de choux ou de toute autre plante, mises en petits morceaux. En balayant ces feuilles, toute la poussière s'y attache, et le parquet n'est point taché par l'arrosement ou par le sable mouillé, qui ne fait qu'augmenter la poussière.

14. Il est aussi nuisible aux volumes de les trop serrer sur les rayons que de les placer trop écartés; l'un les déforme et favorise l'entrée des vers et de la poussière dans l'intérieur des volumes, l'autre empêche l'influence de l'air et permet à l'humidité d'attaquer les livres.

Quand on trouve des volumes dont la reliure porte des traces d'humidité et de moisissure, il faut les nettoyer avec beaucoup de soin, les frotter avec un morceau de drap de laine, et les exposer à la chaleur ou à l'air jusqu'à ce qu'ils soient tout-à-fait secs.

15. De tous les livres dont l'exécution typographique exige des soins particuliers pour en éloigner l'humidité, ceux imprimés sur parchemin ou vélin les réclament plus que tous les autres : on ne doit les faire relier que lorsque l'impression et la peau sont parfaitement sèches, et, malgré cette précaution, il faut encore que le relieur mette du papier joseph entre chaque feuillet pour empêcher que l'encre ne macule. Dès que la reliure en est faite, elle doit être séchée à l'air, ou à une chaleur très-modérée, avant de la serrer. Lorsqu'ensuite on se sert de ces sortes de livres, il ne faut les laisser exposés à l'air que le temps nécessaire aux recherches ; car rien ne perd son lustre et ne jaunit plus vite que le vélin, et la moindre humidité ou une trop grande chaleur le fait crisper.

## XX.

## DU PRÊT AU DEHORS.

1. Après les dangers qui menacent la conservation d'une bibliothèque, viennent les ennemis auxquels le prêt des livres ouvre les portes à deux battants. Un volume une fois sorti de l'intérieur d'une bibliothèque est exposé à toutes les chances, sinon de perte, du moins de dégradation et d'avarie de la part des maladroits, des négligents et des malpropres ; il ne rentre ordinairement qu'à la volonté de l'emprunteur, qui le garde pendant des années et souvent même tout-à-fait, parce que le principe que *garder un livre n'est pas un vol*, est malheureusement adopté par beaucoup de personnes.

Le prêt des livres hors de l'enceinte d'une bibliothèque ne peut avoir que des conséquences préjudiciables pour elle : absence des ouvrages, négligence des emprunteurs à les rendre, leur perte entière en cas de mort ou de départ, détérioration plus grande de livres, etc., etc.! — Un visiteur qui se dérange et vient quelquefois d'une grande distance, ne serait-ce que pour faire une seule recherche, a incontestablement plus de droits aux ressources que la bibliothèque lui promet, qu'un favorisé qui consulte le même ouvrage à loisir dans son cabinet, et l'enlève ainsi à l'usage du public entier.

Le moyen le plus sûr contre ces mauvaises chances est, sans doute, celui de ne *pas prêter un seul volume;* mais, comme les règlements du plus grand nombre des bibliothèques publiques, ou les circonstances locales, s'opposent ordinairement à un pareil refus, il faut, au moins, chercher à diminuer le danger en usant de la plus grande sévérité envers les personnes auxquelles on accorde cette faveur, et dans le soin à faire rentrer les prêts; car il en est bien assez de l'impudeur avec laquelle des lecteurs osent arracher, dans le local même, pour s'éviter de copier un passage, les pages dont ils ont besoin, et abîmer ainsi, par un vol ignoble, l'ouvrage qu'on leur remet avec confiance.

2. Une bibliothèque publique étant destinée à faciliter l'usage des livres et à perfectionner les études de tout genre, la nature autant que la destination de toute collection scientifique ou artistique, qui est ouverte au public, imposent la condition de ne point la regarder comme la propriété d'une génération ou d'une époque, mais bien comme un legs de nos pères dont nous avons l'usufruit, et que nous devons transmettre à nos descendants, non seulement intact, mais augmenté et perfectionné.

L'usage n'en doit donc pas dégénérer en dilapidation; et se permettre, en tenant un livre, de le soumettre à toute espèce de mauvais traitements auxquels on n'exposerait pas un sien propre, n'est pas un simple abus, mais une infidélité réelle; car, si une bibliothèque, par sa destination, appartient au public entier, elle n'est pas, pour cela, la propriété de chaque individu qui vient la consulter, et la violation d'un bien confié à la bonne foi publique est un acte indigne de la civilisation, dont on se plaît tant de nos jours à faire parade.

3. Cependant, comment inspirer à cette espèce de biblioclastes des sentiments plus élevés, et du respect pour une propriété nationale ou publique? Quels moyens employer pour prévenir ou punir des actions de ce genre? Déjà, Cicéron et Sénèque se plaignaient du peu d'égards que leurs contemporains avaient pour la conservation des livres : on ne peut donc guère espérer que le temps améliorera l'esprit public à ce sujet ; et, en fait de moyens préventifs, il n'existe que la surveillance sévère des lecteurs et la mesure inviolable de ne prêter des livres que sous des restrictions très-limitées.

4. Quant aux bibliothécaires ou employés, ils doivent d'autant moins emporter chez eux des livres de la bibliothèque à laquelle ils sont attachés, qu'ils ont la faculté d'y travailler à loisir, et sans être bornés par les heures de l'ouverture.

L'auteur de cet opuscule a éprouvé le grand inconvénient d'avoir besoin de livres d'une science dont un des conservateurs de la bibliothèque..... faisait également son étude : tous les ouvrages traitant cette matière, dûment portés au catalogue, étaient constamment absents. Une pareille indiscrétion envers le public mériterait peut-être qu'on la qualifiât d'un autre nom.

5. Il en est de même de certains élus : souvent une personne favorisée retient chez elle, pendant des années, la plupart des ouvrages qui ont rapport au sujet dont elle s'occupe, et que le public demande vainement, jusqu'à ce qu'enfin ils reviennent après l'achèvement de son travail. Heureux encore s'ils ne sont pas oubliés dans sa bibliothèque jusqu'au jour où ils sont mis sur table pour être vendus après le décès de l'emprunteur : car il y a peu de successions d'hommes de lettres où il ne se trouve des livres au timbre de la bibliothèque royale, et on est sûr de ne pas en chercher en vain chez la plupart des bouquinistes.

6. Le registre d'entrée et de sortie des prêts au dehors (*Voir* le n° 1 des gravures) est donc d'une grande importance, et demande à être tenu avec beaucoup d'exactitude. Faire inscrire ou contre-signer dans ce

registre les ouvrages par les personnes mêmes qui les empruntent donne non-seulement une sorte de garantie, mais évite aussi toute erreur, contestation et réclamation mal fondées. Pour plus de régularité, on peut faire constater la rentrée des livres par la même formalité.

Si on ne fait aucune exception de cette mesure, elle ne blessera personne, attendu que c'est toujours un service rendu, et quelquefois très-essentiel, de pouvoir consulter tout à son aise un ouvrage dans son cabinet, et avec cette application que l'on ne peut pas toujours y porter dans une bibliothèque publique, et entouré de monde.

7. Quant aux bibliothèques particulières, la volonté du propriétaire suffit pour écarter toute demande de prêt. Il existe des exemples d'amateurs qui ne possèdent de bibliothèque que pour leurs amis, et qui remplacent volontiers les ouvrages que ceux-ci ne leur rendent pas; comme il y en a d'autres qui ne prêtent jamais une feuille. On ne doit blâmer ni les uns ni les autres, et aussi peu accuser les derniers d'égoïsme que les premiers d'insouciance pour leur bibliothèque.

## XXI.

### DU LOCAL.

1. La disposition architectonique d'une bibliothèque est autant l'affaire du bibliothécaire que de l'architecte. Sans dédaigner la décoration extérieure d'un bâtiment qui renferme une bibliothèque, la distribution intérieure la plus convenable à sa destination est toujours d'une plus grande importance, tant pour la conservation que pour l'usage commode des livres, et ne peut être bien indiquée que par celui qui en connaît la nature et le but. Il est rare que le local assigné à une bibliothèque publique permette de la réunir dans une seule

salle; ordinairement elle est disposée dans plusieurs pièces peu convenables à cet usage. Des difficultés sans nombre s'opposent à l'arrangement des livres, et c'est au bibliothécaire à faire preuve d'habileté, en tirant le meilleur parti des localités.

2. Les gouvernements hésitent peu à construire de superbes écuries, d'élégants théâtres, de brillantes salles de danse, etc., etc.; pour les bibliothèques, on ne trouve que d'anciens bâtiments que l'on ne peut employer à d'autre usage. Les exceptions sont rares, et ne datent pas de loin. Il en est de même des bibliothèques particulières; souvent on leur assigne les endroits les moins commodes et les plus défavorables à leur conservation, tandis que le luxe envahit toutes les autres parties de la maison. Combien de bibliophiles gémissent sur le mauvais placement de leurs bouquins chéris, auquel les condamnent la volonté et le mépris de la maîtresse du logis!

3. Une bibliothèque choisie et bien organisée n'a pas besoin d'un local construit dans le style le plus parfait de l'architecture, et orné avec richesse; si elle est mal composée et en désordre, elle n'acquerra point de mérite par toute l'élégance possible de sa façade, de ses salles et de son ameublement. Ce n'est pas que l'on doive éloigner le bon goût dans l'arrangement et dans les décors d'un local de bibliothèque, seulement on ne se laissera aller à ces dépenses que lorsque les fonds le permettront sans nuire aux acquisitions des livres, ni aux appointements des employés; car, dans le fait, il suffit qu'il existe un ordre rigoureux, une grande propreté et des soins actifs pour la conservation des livres dans l'ensemble d'une bibliothèque, pour qu'elle remplisse son véritable but d'utilité publique. Le local, je le répète, n'augmente ni ne diminue le mérite des livres; cependant l'élégance convenable et le *confortable* s'allient très-bien avec les études, et contribuent beaucoup à ce qu'on ne recule jamais devant le travail dans un local clair, propre, ni trop froid en hiver, ni trop chaud en été, et garni commodément de tables et de chaises.

4. Pour une bibliothèque publique, établie aux frais d'un Etat, dont les ressources ne sont jamais aussi bornées que celles d'un particulier, il ne faut point, dans l'ordonnance de l'ensemble, en éloignant un luxe déplacé, cette économie qui, raisonnable chez un particulier, devient lésinerie dans un gouvernement.

Les conditions essentielles dans la construction d'un bâtiment spécialement destiné à une bibliothèque, sont :

De le préserver du feu et de l'eau, et de lui choisir un emplacement éloigné d'un voisinage bruyant ou dangereux, tel que théâtres, usines, etc., mais à la portée du public qui le fréquente ;

D'avoir égard, dans sa distribution intérieure, autant à l'économie de la place qu'à la commodité ;

De chercher, par tous les moyens possibles, à garantir les livres d'une influence pernicieuse ;

De prévoir, en dressant les plans, la possibilité d'un agrandissement.

5. Dans la destruction d'une grande bibliothèque, soit par un accident, soit par la violence, les pertes sont irréparables, à part la valeur pécuniaire ; car il est incontestablement prouvé, par l'histoire littéraire, que la ruine d'une bibliothèque fait toujours regretter la perte de plus ou moins de trésors littéraires et bibliographiques qu'elle seule possédait, et qu'on ne peut remplacer ni par le temps ni par l'argent.

6. Dans les pays où l'hiver n'est ni rigoureux ni long, on peut, sans inconvénient, proscrire le chauffage et l'éclairage des salles ; mais, dans le Nord, le premier devient urgent et demande la plus grande surveillance pour prévenir tout malheur. Le chauffage par la vapeur est un des moyens préservatifs les plus efficaces contre le danger du feu, et l'éclairage n'est pas d'impérieuse nécessité, quand on considère que, depuis le matin jusqu'à la nuit tombante, l'espace de temps bien employé est suffisant pour les travailleurs.

7. Les architectes, en construisant des monuments publics, attachent presque toujours plus d'importance

à l'effet extérieur qu'à la disposition intérieure, qui cependant, dans toutes ses parties, doit répondre à sa destination : un théâtre, tel remarquable que puisse être son extérieur, est un mauvais théâtre, lorsque la disposition de la salle ne permet pas à chaque spectateur de bien voir et de bien entendre ; une prison est mauvaise, si la sûreté, la salubrité et la commodité de son intérieur ne sont pas garanties, quand même l'élévation extérieure répondrait à toutes les exigences de l'art. Malheureusement les architectes cherchent trop souvent à illustrer leur nom par une façade imposante, conforme aux règles de l'architecture et bien décorée, et se soucient fort peu de la destination des bâtiments.

8. L'économie de la place est une des choses les plus nécessaires dans une bibliothèque. Les salles trop grandes et trop élevées ne sont que pour l'effet : elles forcent inutilement à laisser libre et sans emploi la partie supérieure des murs, ou à y établir des galeries pour le service d'un second rang d'armoires. Le mieux est de former plusieurs salles d'une grandeur convenable à l'étendue de la bibliothèque et au nombre des personnes qui sont dans le cas de s'y réunir ; elles contribuent même à faciliter le service et le maintien de l'ordre, en y rangeant à portée les différentes classes, langues, etc.

9. La distribution du jour est également d'une haute importance : une bibliothèque demande à être bien éclairée, afin d'y pouvoir lire dans les coins les plus éloignés, ne serait-ce que pour reconnaître les étiquettes, qui ne peuvent être d'une grande écriture. Cependant l'effet direct du soleil du midi est non-seulement incommode, mais nuit aux reliures et provoque la multiplication des insectes. Le verre dépoli prévient en partie ces inconvénients et dispense de l'emploi des rideaux, lesquels augmentent les dépenses, et demandent de nouveaux soins, si on ne veut pas qu'ils soient des nids de poussière. Il y a, au contraire, un grand avantage, si les croisées sont vers l'orient, parce que le vent de l'est est le plus sec et le plus pur, et la clarté moins

éblouissante ; le nord même est préférable au sud ou à l'ouest.

10. Un bâtiment qui est, comme une autre maison, coupé en grandes et petites pièces, ne fournit ni la place ni la commodité nécessaires à une grande bibliothèque, qui ne se prête pas à cette économie de place, si recherchée dans la construction d'une maison ordinaire.

Le local le plus convenable, le plus facile à trouver et le plus économique à construire pour une salle de bibliothèque, est celui d'une longue et large galerie, éclairée d'en haut ou des deux côtés, et coupée en travées par des corps de bibliothèque adossés les uns aux autres, formant ainsi des divisions, et communiquant ensemble par un passage ou par une porte au milieu ; ou, cette galerie coupée en sa longueur par une rangée de corps de bibliothèque adossés de même, qui forment ainsi deux parties parallèles. (V. nos 6 et 7 des planches.)

Outre les salles destinées à renfermer la bibliothèque même, il faut réserver un salon de lecture, une pièce pour les bureaux de l'administration et un vestiaire.

11. L'avantage d'une pièce spécialement consacrée à la lecture est trop grand pour qu'on ne fasse pas tout ce qui est possible pour en établir une dans une bibliothèque publique ; les employés peuvent mieux y surveiller les lecteurs et la remise exacte des volumes qui leur sont confiés, les travailleurs sont moins distraits par le bruit des allants et des venants ; enfin, dans l'hiver, il est plus facile de chauffer cette seule pièce que tout un vaste local.

## XXII.

### DE L'AMEUBLEMENT.

1. L'ameublement d'une bibliothèque, chose bien accessoire en apparence, n'est pas moins important que le local qu'il garnit, et contribue, selon sa composition,

autant à la conservation des livres qu'à leur usage. Il n'est sans doute pas nécessaire que, dans une bibliothèque publique, chaque visiteur trouve un fauteuil et un bureau particulier pour s'y installer comme dans son cabinet ; mais en bannir toute espèce de commodité, c'est passer d'un extrême à l'autre. Il y a peu de personnes qui n'aient fait l'expérience que tout travail de tête devient plus facile lorsque le corps se trouve dans une position et dans un entourage confortables : être mal assis, à une table trop petite ou chancelante, trop basse ou trop haute, contre le jour, les pieds froids, etc., sont autant de causes de distractions désagréables; tandis que l'esprit s'anime et devient fécond si la partie physique de l'homme est satisfaite.

2. A commencer par les corps de bibliothèque, il ne faut pas que leur élévation ou leur disposition intérieure fasse jamais abandonner une recherche, de crainte de grimper sur des échelles trop grandes, ou de déplacer une première rangée de volumes pour découvrir dans celle du fond un livre dont souvent on n'a besoin que pour un nom ou une date. Pour fixer leur hauteur et leur largeur, il faut bien considérer le nombre des volumes dont est composée la bibliothèque et l'étendue du local où elle doit être placée. Si alors on n'est pas forcé de les élever très-haut, il faut toujours l'éviter ; on peut les orner de bustes et de vases analogues aux études. La hauteur la plus convenable est de 2 mètres 599 mill. à 3 m. 248 mill. (8 à 10 pi.), et, si la salle est très-élevée, on y pratique, au-dessus de la première rangée d'armoires, une galerie ou pourtour en saillie avec un balcon léger, sur laquelle peut être placé un second étage d'armoires. Cette galerie, exécutée avec intelligence et goût, peut même servir d'ornement à une vaste salle.

La distance des tablettes dépend entièrement des formats et des dispositions prises dans l'arrangement de l'ensemble; toutefois on a soin de placer la première du bas au moins à 81 ou 108 millimètres (3 ou 4 pouces) au-dessus du parquet, et de la garnir d'une plinthe pour empêcher qu'on ne touche du pied les volumes et pour donner jeu à l'air. Les distances d'usage sont :

Pour les in-f°. 433 à 487 millimètres (16 à 18 pouces).
»     in-4° 271 à 298    *idem*    (10 à 11 *idem* ).
»     in-8° 217  »    *idem*    ( 8 » *idem* ).
»     in-12 189  »    *idem*    ( 7 » *idem* ).

et il restera toujours assez de place en tête des volumes pour les retirer sans les frotter.

Chaque tablette des corps de bibliothèque qui ne sont pas garnis de portes vitrées, doit avoir un tablier (bande de drap) de 27 à 41 millimètres (12 à 18 lignes) de largeur, cloué sur le devant des rayons et tombant sur la rangée de livres au-dessous, pour préserver les volumes de la poussière. Les tablettes, sans toucher au fond de l'armoire, doivent être larges et au moins de 406 millimètres (15 pouces), afin que les volumes, même les in-folio, laissent la place nécessaire à la circulation de l'air, qui doit être encore favorisé par des ventouses dans les côtés des montants.

Pour garantir les livres des mains des curieux, des importants et même des gens pires que ceux-ci, il faut que les corps de bibliothèque soient fermés, jusqu'à la hauteur de 2 mètres 599 mill. (8 pieds), par des portes à grillages. Cette dépense est promptement recouvrée par l'ordre et la conservation des livres. Les portes vitrées ont l'inconvénient d'être facilement cassées, et, sans être établies à meilleur marché, de causer des frais continuels; le grillage, au contraire, dure toujours et prévient les tentatives de vol, sans empêcher de lire les titres et les étiquettes des livres.

3. Toutes les tables doivent avoir un fond à 162 millimètres (6 pouces) du parquet, pour recevoir les atlas et les ouvrages d'un format plus grand que l'in-folio ordinaire. Les autres meubles n'exigent pas non plus le luxe des habitations modernes; il suffit qu'ils soient décents et assez commodes pour ne point éloigner les studieux et savants travailleurs, qui, le plus souvent, sont d'un âge avancé ou d'une constitution délicate.

4. Les plus incommodes et en même temps les plus

indispensables des diverses pièces de l'ameublement des bibliothèques, ce sont les échelles : le besoin d'atteindre les livres sur les rayons les rend nécessaires ; il faut donc qu'elles soient solides, mais assez légères pour n'exposer à aucun accident et pour faciliter leur déplacement continuel.

5. Dans le choix du bois à employer à l'ameublement d'une bibliothèque, le chêne est, comme il a déjà été dit, préférable à tous les autres bois de nos climats, parce que sa dureté l'expose peu aux attaques des vers et qu'il est très-solide pour cette espèce de meubles ; il permet, en outre, une propreté plus facile à entretenir.

6. Dans une bibliothèque publique, il est urgent que les places et bureaux des employés de service soient élevés d'un ou de deux gradins au-dessus du parquet, pour dominer en quelque sorte la salle : la surveillance et le service en seront plus faciles.

Les employés de recherche doivent être séparés du public par une barrière, ou par tout autre moyen convenable aux localités, de manière qu'ils ne soient pas gênés dans leur service, et qu'aucune personne étrangère ne puisse toucher aux catalogues, aux registres et aux papiers dont ils sont entourés.

La distribution, enfin, de l'ensemble des meubles est naturellement soumise aux localités, et principalement au jour qu'il faut ménager avec le plus grand soin.

# XXIII.

## DE L'ADMINISTRATION D'UNE BIBLIOTHÈQUE.

1. Les bibliothèques qui ne sont pas dotées de fonds nécessaires à leur entretien, administration et augmentation, ne sont presque toujours que des amas de papier imprimé, particulièrement celles qui, par don ou par legs, tombent en partage à des établissements pu-

blics sans être accompagnées d'une dotation proportionnée à leur nombre de volumes. Des exemples de pareils trésors sans utilité ne sont que trop fréquents, principalement en province, où ils pourraient porter le plus de fruit. Quelquefois seulement, en admettant qu'on ne les relègue pas pour toujours dans un coin, se trouve un amateur qui veut bien se charger de leur arrangement et d'en dresser un catalogue. Mais c'est là où tout s'arrête, et où aboutissent les meilleures intentions d'un donataire, faute d'un salaire convenable pour un bibliothécaire *ad hoc*.

2. Sous le rapport administratif, une bibliothèque publique peut être comparée à une grande maison de commerce. Il est vrai, la marchandise qui y est déposée n'est pas vendue et remplacée par d'autre ; mais ce mouvement continuel est compensé par celui du prêt au dehors et de l'usage journalier que le public en fait, qui nécessitent un personnel en proportion des détails administratifs. Cette comparaison est applicable à tous les travaux, depuis ceux du bibliothécaire en chef jusqu'à ceux des derniers employés ; car la prospérité d'une bibliothèque dépend aussi bien de son bibliothécaire que celle d'une maison de commerce de son gérant. Or, pour qu'une bibliothèque publique soit vraiment utile, il faut que l'ordre le plus sévère règne dans toutes les parties de son administration ; car rien ne rend le public plus négligent et en même temps plus exigeant que lorsqu'il reconnaît de l'indifférence dans la gestion d'un établissement.

3. L'administration d'une grande bibliothèque est, de notre temps, tellement étendue et composée de tant de parties, qu'elle nécessite un personnel plus ou moins nombreux. Il faut donc qu'il y soit attaché autant de personnes qu'exigent son étendue et l'usage auquel elle est consacrée ; sans cela, l'ordre, l'utilité et la conservation souffrent d'une manière toujours croissante. La capacité et le zèle des employés diminuent, au reste, la nécessité du grand nombre ; et ici, comme partout, on trouvera toujours des personnes capables, aussitôt

qu'il leur est présenté une position honorable et des appointements qui les indemniseront des travaux continuels et souvent arides de leurs fonctions.

4. Le personnel d'une bibliothèque est ordinairement composé :

D'un bibliothécaire ou conservateur en chef ;
De sous-chefs ;
D'employés pour les travaux secondaires ;
De surveillants et d'hommes de peine.

5. Les devoirs d'un bibliothécaire en chef sont si multipliés, si divers, tellement subordonnés aux localités, aux règlements ou à la volonté d'une autorité supérieure, qu'il faudrait répéter tout ce qui a déjà été dit dans le commencement de cet ouvrage, si on voulait en faire ici l'énumération.

L'obligation principale qui lui est imposée, c'est une surveillance vigilante et continue, tant sur la conservation de l'ensemble de la bibliothèque que sur la gestion des fonds et l'administration matérielle. Un coup d'œil juste et pénétrant est donc aussi nécessaire que la connaissance des plus petits détails du service.

6. Soumettre le bibliothécaire en chef, dans l'exercice de ses fonctions, à une volonté supérieure autre que celle des règlements et de ses instructions particulières, c'est lui lier les mains dans les plus petites mesures, le décourager dans son zèle pour le bien de l'établissement, et avouer tacitement que l'on se trouve dans la position de ne pouvoir faire un choix satisfaisant. D'un autre côté, il est urgent que l'autorité contrôle à certaines époques tous les comptes et actes de son administration, dont il est responsable ; et, à défaut de cette mesure, il doit, pour sa propre satisfaction et garantie, se former lui-même une espèce de conseil, choisi parmi les sous-chefs et autres experts.

7. Dans les bibliothèques particulières ou peu considérables, où l'administration et la conservation sont confiées à *une seule* personne, la gestion doit être soumise à une surveillance supérieure. Il existe plus d'un exemple que l'insouciance, la paresse, l'incapacité,

quelquefois même l'infidélité, ont fait périr ou disparaître d'une bibliothèque des objets très-précieux ou d'une grande utilité. Là où le personnel est nombreux et bien organisé, il s'établit imperceptiblement, au contraire, un contrôle naturel par les travaux mêmes des divers employés.

8. Il en est des employés comme de leurs chefs ; on ne peut s'attendre, ni des uns ni des autres, à un travail tel qu'il doit être, et à un zèle continu, si l'on n'est sévère dans leur choix, si les appointements ne sont en proportion de leurs besoins, et si les travaux ne sont répartis entre eux avec discernement. Ici, comme dans toute autre administration, il importe que, dans ses parties, il n'y ait rien d'arriéré, et, pour arriver à ce résultat, il faut que le personnel soit en rapport avec son étendue, ou que, pour certains *travaux momentanés*, on ait recours à des employés auxiliaires, dont les talents peuvent se borner à quelque intelligence, à l'exactitude dans le travail et à une bonne écriture. On épargne par ce moyen aux employés un temps précieux qu'ils peuvent consacrer à des travaux plus importants.

9. Il est bon, dans la répartition des travaux, de les laisser toujours continuer par les mêmes employés, surtout la transcription des titres et le classement du catalogue systématique, seul moyen d'établir l'unité nécessaire à ce travail. Au surplus, laisser aux mêmes personnes les mêmes occupations, c'est leur en donner l'habitude et, par conséquent, accélérer la besogne.

10. La bonne gestion des fonds est une des tâches les plus délicates, et l'économie bien entendue est aussi essentielle dans l'administration d'une bibliothèque que dans celle d'un autre établissement : elle permet souvent de faire, avec des moyens très-bornés, plus que, sans elle, avec de fortes sommes. La situation est plus difficile encore, lorsque les fonds disponibles ne sont pas en proportion du plan sur lequel une bibliothèque est basée, et ne permettent pas de l'étendre au fur et à mesure que le demandent les nouvelles publications ou

les besoins de ceux qui la fréquentent. Une ressource souvent négligée dans de pareilles circonstances, est la vente des doubles et des éditions remplacées par de nouvelles ; il y a peu ou point de bibliothèque où il ne se trouve de temps en temps des volumes à écarter.

La quotité de la somme disponible, l'étendue et la destination d'une bibliothèque, le goût des personnes qui la consultent, les localités, etc., sont autant de causes de modifications à apporter aux mesures générales qu'il serait difficile de désigner à l'avance.

11. Abandonner le choix des nouvelles acquisitions à une seule personne, à tel titre que ce soit, est toujours préjudiciable pour une bibliothèque, à moins qu'elle n'appartienne à cette personne même ; car ce choix sera inévitablement dirigé par son goût ou par ses études. La meilleure marche à suivre à cet égard, c'est de laisser l'initiative aux bibliothécaires, qui connaissent le mieux les besoins du public, et qui présentent leur proposition à la décision de la commission dont on a parlé plus haut. Cependant on doit prévoir les cas où il se présente une occasion avantageuse pour acquérir des ouvrages très-rares ou à bon compte, mais où il faut une résolution immédiate. Si un bibliothécaire est seul chargé des acquisitions, qu'il sacrifie alors ses prédilections personnelles aux besoins de la bibliothèque qui lui est confiée, pour remplir les lacunes, rendre chaque classe de plus en plus complète, et surtout ne pas laisser échapper les continuations des ouvrages dont les premiers volumes se trouvent déjà sur les rayons.

12. Si une bibliothèque est *spéciale*, c'est-à-dire si elle appartient à un établissement particulier, ou si elle est consacrée à une seule branche de littérature, le choix devient plus facile et se borne aux soins de tenir le tout au plus grand complet possible ; la présence d'ouvrages d'un mérite secondaire et qu'on dédaignerait même ailleurs y est permise. Tel est, par exemple, la bibliothèque d'un établissement de médecine ; la plus petite thèse ou brochure, aussi bien que l'ouvrage le plus parfait et le plus volumineux, sur la même matière,

peuvent et doivent y être conservés avec une égale attention, parce que la *spécialité* de cette bibliothèque exige qu'elle contienne tout ce qui a été écrit sur la science de guérir ; car les opuscules, qui rarement sont conservés et qui souvent n'entrent pas dans le commerce de la librairie, y sont consultés avec empressement.

## XXIV.

### DE LA COMPTABILITÉ.

1. L'établissement des registres de comptabilité, bien en rapport entre eux, est un puissant moyen de régularité dans toute administration ; dans celle d'une bibliothèque, ils sont moins nombreux et plus simples, encore faut-il qu'ils soient organisés d'une manière *claire et propre à présenter le contrôle facile des recettes, dépenses et travaux, et à servir à l'appui de toutes les opérations du bibliothécaire.* Ici comme dans toute autre comptabilité, il faut bien se garder de la rendre diffuse et embrouillée à force d'y vouloir établir trop d'ordre.

2. Le *catalogue* forme l'inventaire des livres qui constituent la propriété principale d'une bibliothèque ; quant à l'état des meubles et immeubles qui composent l'autre partie de la propriété, il peut être porté comme premier compte dans les registres des comptes courants.

3. Le *livre de caisse* contient les recettes et dépenses sans aucune exception ; il doit être constamment à jour et présenter, avec la plus grande exactitude, la situation journalière de la caisse.

4. Le *livre des comptes courants*, par Doit et Avoir, sert à connaître la position de la bibliothèque envers chaque personne avec laquelle elle est en relations d'intérêt.

5. Tout autre registre de comptabilité, proprement

dit, est superflu, et ne sert, sans utilité, qu'à augmenter les écritures; mais il y en a d'auxiliaires pour la commodité du service, dont les principaux sont le livre des *prêts*, le livre des *continuations* et le livre des *relieurs*.

6. Afin que le prêt des livres au dehors ne devienne pas destructif pour une bibliothèque, il est urgent d'enregistrer exactement la sortie et la rentrée des livres. La méthode la plus simple et la meilleure est celle indiquée sur le modèle n° 1 des gravures : les têtes de colonnes suffiront pour en reconnaître l'emploi.

7. Le contrôle des livraisons ou volumes qui proviennent d'ouvrages périodiques ou de longue haleine se fait par le registre des continuations, dans lequel on ouvre, à chaque ouvrage non terminé, un compte sur lequel on inscrit, au fur et à mesure de leur réception, les volumes, livraisons ou numéros, ayant soin d'y indiquer le nom de celui qui les fournit.

8. Quant à la reliure, on inscrit dans le livre des relieurs chaque objet que l'on confie à ces ouvriers, et on y marque exactement ce qu'ils rendent.

Dans tous ces registres, on n'a besoin d'observer aucun ordre pour y ouvrir un compte quelconque; un répertoire ou table, en tête de chaque registre, qui renvoie au folio dudit compte, en dispense complètement.

## XXV.

### DES RÈGLEMENTS.

1. L'âme, le lien social d'un peuple, ce sont les lois; de même des règlements sages et libéraux sont indispensables à une bibliothèque, aussitôt qu'elle admet des visiteurs : ils établissent les bases de son institution, les devoirs du personnel, et les droits accordés à ceux qui profitent de son usage.

Il serait difficile de donner un modèle de règlements

qui put servir de code à toutes les bibliothèques ; cependant certains principes fondamentaux sont les mêmes partout et ne supportent que des modifications partielles exigées par les localités ou d'autres circonstances.

2. Dans les bibliothèques publiques surtout, sur lesquelles le public a quelques droits, il s'agit d'établir ces derniers d'une manière précise et sage, autant que le permettent les restrictions nécessaires pour la conservation d'une pareille propriété nationale. Les premiers se renferment dans l'usage libéral de la bibliothèque, secondé par la bonne organisation de l'ensemble; les dernières consistent dans des mesures répressives contre les abus. Malheureusement on voit souvent que la trop grande facilité accordée aux visiteurs a été la cause de pertes irréparables, ou qu'une rigidité exagérée a fait d'une bibliothèque publique un trésor enfoui.

3. Dans les bibliothèques particulières, c'est tout différent : là il n'existe aucun droit du public ; l'admission de visiteurs doit être considérée comme une permission généreuse de la part du propriétaire ; et les règlements, des conditions sous lesquelles l'entrée est accordée.

4. Les règlements d'une bibliothèque publique doivent donc fixer distinctement :

Sa destination ;

Le personnel, sa hiérarchie et ses travaux ;

La gestion des fonds ;

Les devoirs envers le public, son admission et le prêt des livres ;

Enfin les devoirs du public envers la bibliothèque.

5. La destination d'une bibliothèque dépend principalement de son origine et de sa composition : plus elle est formée par les deniers de l'Etat, plus le public a des droits sur son usage. Des dons ou des legs établissent également ces droits, et souvent la spécialité du genre des livres qui la composent rendrait même son existence entièrement inutile, si elle n'était ouverte pour tous ceux qui se livrent à l'étude. Mais il y a des modifications à faire selon l'état des choses, et elles doivent être fixées rationnellement pour mieux assurer

et les droits usufruitiers du public et la conservation de la propriété même. Ces bases une fois posées avec prudence et précision, l'ensemble des règlements devient facile à établir et à mettre en harmonie dans leurs parties.

6. Il serait à désirer qu'avant tout, il fût formé dans chaque bibliothèque un conseil administratif choisi dans le personnel même, mais présidé par une personne étrangère à l'établissement et non appointée. Ce conseil, renouvelé à certaines époques, serait responsable de toute la gestion, et non une seule personne, sous tel titre que ce soit. Ce conseil nommerait par vote les candidats aux différentes places de la bibliothèque parmi lesquels l'autorité choisirait. On diminuerait de beaucoup, par ce moyen, l'influence funeste de la camaraderie et les prédilections ; les *sinécuristes* disparaîtraient, et un contrôle mutuel entretiendrait une émulation salutaire pour la bibliothèque et favorable au public.

7. La composition du personnel, sa hiérarchie et ses travaux sont ordinairement soumis au pouvoir en dehors de la bibliothèque : il en résulte que, sans égard au véritable intérêt de l'établissement, les premières places et les mieux rétribuées sont données à des personnes souvent tout-à-fait étrangères à ce genre de travaux, ou à des protégés.

La nomination des employés et la distribution bien combinée de leurs occupations méritent cependant une attention particulière pour qu'aucune des parties du service n'en souffre. Ce n'est que la connaissance parfaite du détail d'une bibliothèque et des talents de chaque employé, et une longue expérience, qui peuvent guider dans cette répartition des travaux, laquelle doit subir les fréquentes variations réclamées par les circonstances.

8. Il en est de même de la gestion des fonds dont une bibliothèque est dotée. Il existe des exemples remarquables de ce qu'un sage administrateur peut faire avec de faibles moyens, comme on en voit aussi de dé-

plorables, où l'allocation de fonds considérables est absorbée par les appointements de l'*état-major*, sans qu'il en reste la somme la plus minime pour de nouvelles acquisitions de livres, pour la reliure ou autres dépenses nécessaires à l'établissement.

Les dépenses ordinaires se bornent à l'entretien du local et du matériel, aux appointements du personnel et à l'achat des livres; il s'agit donc d'établir dans ces trois dépenses des proportions bien combinées; et on pourra toujours, même avec un revenu médiocre, obtenir un résultat satisfaisant.

9. Plus on veille à l'entretien d'une propriété quelconque, moins on a à craindre les réparations coûteuses. Que l'on ait donc, dans une bibliothèque, une attention continuelle à la propreté et à la prompte réparation des plus petits dégâts : la dépense annuelle en sera insensible, et n'obligera jamais à des frais considérables, qui souvent font souffrir d'autres parties de l'exercice courant.

10. On a déjà eu occasion, dans ce volume, de parler des sinécures, tellement fréquentes dans les administrations des bibliothèques, qu'elles sont presque regardées comme chose naturelle. Elles sont ici, plus que partout ailleurs, un véritable vice bureaucratique; elles sont contraires à la probité d'une administration publique, qui veut que nul ne soit payé de fonctions qu'il ne remplit pas, et, par conséquent, n'occupe plus de places qu'il ne peut remplir consciencieusement.

Les appointements considérables des personnes qui sont à la tête de certaines bibliothèques publiques, ne seraient pas trop élevés si les titulaires se livraient vraiment aux travaux que leurs places imposent; mais ordinairement ils ne sont accordés que comme pension à des hommes, de beaucoup de mérite sans doute, mais qui sont déjà en possession d'autres emplois bien rétribués; aussi paraissent-ils à peine dans le local, et l'on peut dire d'eux qu'ils ne regardent les bibliothèques que comme des hôtels d'invalides.

Que résulte-t-il d'un pareil ordre de choses : le mécontentement des employés inférieurs, une plus grande lenteur dans leur avancement, un découragement complet par une perspective trop éloignée d'amélioration de leur position, enfin, l'absence de cette influence heureuse qu'exercent toujours les *chefs d'administration en remplissant complètement leur devoir.*

Il vaut mieux accorder franchement une pension à un homme de mérite, que de le déguiser sous le titre d'un emploi qu'il ne remplit pas, et de détourner les deniers de l'état de leur destination avouée, qui serviraient à payer les employés de leur travail *réel*.

Le salaire du personnel doit être en rapport avec les connaissances et les travaux de chacun; ce n'est que par cette proportion, établie avec équité, que l'on acquiert le droit d'exiger l'assiduité et le zèle nécessaires, de tous les employés sans exception. Mais, ordinairement, les places supérieures absorbent une trop grande partie des fonds, pour permettre de salarier convenablement les employés-travailleurs de second ordre.

11. Les acquisitions nouvelles enfin, si indispensables de nos jours, où les publications se succèdent avec une prodigieuse rapidité, méritent aussi une attention toute particulière, et ne devraient jamais être abandonnées au choix d'une seule personne, dont la prédilection pour une science, une prodigalité mal calculée, une trop grande indifférence, ou toute autre individualité, peuvent compromettre les intérêts d'une bibliothèque et en même temps ceux du public.

Pour éviter ce danger, il faut laisser faire au bibliothécaire la proposition des achats; car c'est lui qui connaît les besoins et qui peut appuyer les demandes par des raisons motivées. Les continuations seules des ouvrages commencés peuvent être exceptées de cette mesure, pour ne pas en entraver l'usage.

## XXVI.

## DES DEVOIRS ENVERS LE PUBLIC.

1. Les droits que le public, en général, ou une certaine classe de personnes, peut avoir sur l'usage d'une bibliothèque, ne sont fondés que sur l'origine d'un pareil établissement, ou sur la source où sont puisés les fonds nécessaires à son entretien. Dans tous les cas, si l'admission des visiteurs et des travailleurs est une fois reconnue, il faut employer tous les moyens possibles pour qu'elle ne soit pas illusoire ou sans utilité. Cependant, il est plus d'une bibliothèque qui s'enorgueillit de l'épithète de *publique*, où la sévérité exagérée des règlements et le pouvoir arbitraire qu'exercent les bibliothécaires font de ce mot presque une ironie : c'est ainsi qu'en Angleterre ces bibliothèques ne sont vraiment accessibles que par une faveur toute spéciale, et en Italie, entre autres celle du Vatican, à laquelle Clément XIII a donné (1) des règlements qui fournissent aux employés les prétextes les plus frivoles pour tout refuser.

2. L'utilité d'une bibliothèque publique est de deux espèces : dans son *intérieur*, par l'usage qu'en font les studieux ; *au dehors*, par le prêt des livres et la correspondance.

Son administration doit en faciliter l'usage par les moyens suivants :

L'établissement du plus grand ordre et la création d'un personnel suffisant pour le service ;

Le temps nécessaire accordé à l'entrée du public ;

L'urbanité de la part des employés envers tout le monde ;

---

(1) Édit du 4 août 1761.

Une distinction précise entre les livres qui doivent constamment rester à la disposition des visiteurs, et ceux qui peuvent être prêtés au dehors ;

La correspondance avec les bibliographes éloignés.

3. En négligeant une seule de ces voies, on diminue d'autant l'utilité d'une bibliothèque ; car le manque d'ordre ou un trop petit nombre d'employés fait perdre le temps qui est accordé aux visiteurs et nuit même à la conservation de la bibliothèque.

4. Quant au temps pendant lequel une bibliothèque publique doit être ouverte, le choix et le nombre des heures dépendent des localités ou des circonstances. En les fixant, il faut avoir en vue la classe des personnes auxquelles elle est destinée, et non la commodité des employés. Une bibliothèque qui est peu de temps ouverte perd, autant dire, son but d'utilité ; car l'expérience prouve, qu'après avoir recherché les livres dont on a besoin, on s'est à peine mis à son travail, que trois ou quatre heures se sont écoulées et que la fermeture vous interrompt. Il est donc à désirer qu'une bibliothèque prête le moins possible au dehors, et aussi qu'elle reste plus de temps ouverte au public (1).

Les vacances ont lieu ordinairement en septembre et octobre, où le public studieux sent d'autant plus cette privation, que les vacances universitaires laissent plus de temps libre et que toutes les bibliothèques publiques se ferment à la fois. Ne serait-il pas convenable de les remettre aux mois des grands froids ? La rigueur de la saison éloigne alors naturellement beaucoup de visiteurs, et les employés en souffriraient moins aussi.

5. Pour la régularité du service et pour prévenir les vols, qui malheureusement sont si fréquents dans les bibliothèques où le public est admis, un moyen bien simple serait de remettre à chaque visiteur, *à son en-*

---

(1) Dans quelques villes d'Italie et du midi de l'Allemagne, aucun livre n'est prêté au dehors des bibliothèques, mais aussi sont-elles ouvertes tous les jours ouvrables pendant huit ou neuf heures, et n'ont point de vacances de deux mois et plus.

trée, un bulletin portant un numéro d'ordre; l'employé, en lui remettant des livres, y écrirait les numéros des étiquettes et lui en donnerait décharge quand ils lui seraient rendus à la fin de la séance. Enfin, aucune personne étrangère ne pourrait quitter le local sans avoir déposé, *à sa sortie*, ce même bulletin ainsi régularisé; et, pour éviter l'encombrement des sortants, il faudrait, une demi-heure avant la clôture, ne plus laisser entrer personne, ou établir une porte particulière pour *la sortie*.

6. Une froideur désobligeante, des réponses brèves et sèches, qui, dans toutes les situations de la société, repoussent les demandeurs, et dont une trop grande partie d'employés, dans les administrations publiques, se servent pour éloigner les questions et les services réclamés par des personnes inconnues, sont chez un bibliothécaire un défaut moins tolérable que chez tout autre : un jeune élève, un savant sédentaire et timide, un étranger parlant mal le français, un ouvrier qui a besoin d'un renseignement pour son état, n'oseront plus recourir à une bibliothèque où une fois ils auront été mal accueillis, et ils se priveront d'une ressource qui, dès-lors, cesse de remplir son but; une politesse prévenante de la part des personnes attachées à une bibliothèque en augmente, au contraire, l'utilité et le mérite.

7. En Angleterre, dans le plus grand nombre des bibliothèques publiques, la défense de prêter au dehors est si rigoureusement observée, que le bibliothécaire lui-même ne peut emporter aucun volume pour son propre usage. A Rome, plusieurs brefs des papes Sixte V et de Clément XII frappent d'excommunication celui qui emporterait ou gâterait un livre de la Vaticane.

8. Pour la conservation d'une bibliothèque, il serait, sans doute, plus prudent de ne prêter aucun volume; mais que doit-on faire lorsque l'institution d'un tel établissement admet le prêt, et qu'un long usage, ou les cris à l'arbitraire des intéressés, y forcent? Comment refuser aux studieux et aux hommes de lettres la faci-

lité de se servir, pour leurs travaux et leurs études, des ouvrages qu'ils ne peuvent acquérir et qui se trouvent dans ladite bibliothèque ? Cependant, sur le total des livres ainsi empruntés et prêtés avec les meilleures intentions de part et d'autre, rarement il en retourne plus de la moitié.

9. La seule chose que l'on puisse faire, c'est de diminuer le danger et de prévenir les abus par tous les moyens que l'on a à sa disposition, et parmi ceux-ci le meilleur, certainement, serait d'établir une salle particulière destinée aux personnes qui s'occupent de travaux pour lesquels elles ont besoin d'un ou de plusieurs ouvrages, pendant un espace de temps plus long que les heures d'ouverture. Cette salle serait ouverte de bonne heure et se fermerait le plus tard possible ; elle aurait une police particulière, et il ne devrait en sortir de livres pas plus que de la bibliothèque. Enfin on n'accorderait cette faveur qu'avec bonne connaissance de cause, et pour un temps limité, afin que cette pièce ne devînt ni cabinet de lecture, ni salon de conversation. Les frais d'une telle salle d'étude seront amplement compensés par la conservation des livres et par la suppression de la comptabilité que demande le prêt au dehors.

10. Tant qu'une pareille mesure n'est pas prise, il faut bien suivre l'ancienne marche ; mais on doit et on peut la rendre moins préjudiciable. A cet effet, il faut, avant tout, préciser les livres qui peuvent être prêtés et ceux qui, par leur exécution ou par leur contenu, doivent constamment rester à la disposition des visiteurs et ne jamais sortir du local, tels que les grands ouvrages de luxe ou à gravures, les collections de mémoires et de journaux, les dictionnaires, les bibliographies, etc.

Cette désignation faite, il faut encore un choix scrupuleux des personnes dont la moralité et l'exactitude reconnues présentent une garantie suffisante, et éloigner celles qui, malgré leur position sociale, leur insouciance, leur fortune, l'élévation même de leur rang, se croient dispensées de se conformer aux règlements.

**11.** Le seul moyen pour assurer la rentrée des prêts est d'établir beaucoup d'ordre ; et la marche suivante est la plus convenable à cet égard :

Les personnes autorisées à l'emprunt des livres déposent dans une boîte *ad hoc* un bulletin portant leur nom, leur adresse et le titre de l'ouvrage qu'elles demandent. Le lendemain, les livres sont remis à l'emprunteur, qui signe au registre des récépissés, en fixant le terme de leur restitution ; et, lorsqu'il les rapporte, il raie lui-même sa signature. Il est sage de ne pas prêter à une même personne trop de livres à la fois, et surtout de se réserver la faculté de les réclamer à volonté.

**12.** Dans quelques bibliothèques, on a cru trouver la garantie la plus sûre, en faisant déposer en argent la valeur des livres empruntés ; mais on est promptement revenu de cette mesure, car non-seulement l'administration était obligée d'en tenir une comptabilité particulière, mais elle était, pour ainsi dire, le libraire, sans bénéfice, des emprunteurs, lorsqu'il leur plaisait de garder des ouvrages à leur convenance sans se donner la peine d'aller les acheter et les faire relier.

**13.** Rien n'inspire plus de négligence dans la restitution des livres prêtés que la certitude d'un manque d'ordre dans une bibliothèque. Le mode qui vient d'être indiqué pour régulariser ce service ne peut donc que convaincre le public du contraire ; reste ensuite à établir le mécanisme dans les bureaux. A cet effet, il faut un registre dans lequel on ouvre un compte à chaque emprunteur (*Voir* le modèle n° 1 des gravures), où l'on reporte du registre des récépissés chaque ouvrage qu'il reçoit ou qu'il rend, et sur lequel on voit d'un coup d'œil ce qui reste entre ses mains. Un autre registre sert de contrôle : on y inscrit, dans l'ordre alphabétique, les livres sortis avec renvoi au folio des comptes des emprunteurs ; ce qui donne la facilité de trouver immédiatement la trace de chaque volume absent.

**14.** Une dernière précaution à prendre pour empêcher la perte des volumes, c'est d'exiger la rentrée, au moins une fois par an (par exemple, avant les vacances), de tous les livres prêtés au dehors, afin de faire un récolement général de la bibliothèque. Un inspecteur étranger à l'établissement doit être chargé de cette vérification.

15. Qui ne croira pas ces moyens suffisants pour préserver une bibliothèque contre toute spoliation ? Cependant, l'expérience a prouvé, que les administrations de cette espèce d'établissements ne possédant aucun pouvoir coërcitif pour donner force à leurs règlements, on ne pourra jamais prévenir entièrement la perte de livres, tant que l'autorité ne prendra aucune mesure répressive contre cet abus de confiance, ne serait-ce que celle de défendre aux libraires et aux huissiers-priseurs d'acheter ou de vendre un volume portant le timbre d'une bibliothèque publique.

La correspondance avec les bibliothécaires et les savants nationaux et étrangers, qui étend par tout le monde civilisé l'utilité d'une bibliothèque, et qui, par l'échange de renseignements et de communications, rentre entièrement dans les occupations littéraires, est une des tâches les plus intéressantes d'un bibliothécaire; mais elle demande le sacrifice de beaucoup de temps, et un empressement tout aussi obligeant que l'accueil verbal des visiteurs, comme, d'un autre côté, elle exige plus d'instruction et de zèle pour la science.

## XXVII.

### DES DEVOIRS DU PUBLIC ENVERS LA BIBLIOTHÈQUE.

1. Si l'administration d'une bibliothèque a des devoirs à remplir envers le public, celui-ci, de son côté, en a aussi envers elle; mais ils sont infiniment faciles à observer, parce qu'ils se bornent au respect de la pro-

priété publique et à l'observation des règlements, qui sont en quelque sorte les conditions de son admission. Il ne suffit donc pas que ces règlements soient seulement à la connaissance des employés, il faut encore leur donner une publicité complète, afin de pouvoir en réclamer réciproquement l'observation rigoureuse. Connus du public, ils protègent les visiteurs contre le caprice ou l'arbitraire des bibliothécaires, et défendent ceux-ci contre l'exigence des premiers.

## XXVIII.

## DES CATALOGUES.

### A. DE LEUR RÉDACTION.

1. Le catalogue, cette sauve-garde d'une bibliothèque, ce guide fidèle dans l'usage des livres qui la composent, en est en même temps le premier conservateur : c'est par lui que l'existence de chaque volume est constatée ; c'est lui qui indique la place où on doit le trouver.

La rédaction, faite avec la plus minutieuse exactitude, n'est donc pas si peu importante que bien des gens se l'imaginent ; cependant on ne trouve encore que trop souvent, même dans quelques-unes des plus célèbres bibliothèques, des catalogues incomplets, inexacts, trop abrégés, ou rédigés avec une indifférence évidente. (1) Et que résulte-t-il de la rédaction et du clas-

---

(1) Le cardinal *Fréd. Boromée*, fondateur de la bibliothèque *Ambrosienne*, interdit expressément d'en faire aucun catalogue sans une dispense de Rome. — Il en existe bien un inventaire, mais les auteurs y sont portés à leurs prénoms ( Jacques, Pierre, etc. ), et, pour augmenter la difficulté, aucun volume ne porte une étiquette. Or, le catalogue de cette vaste et belle bibliothèque ne se trouve que dans la mémoire de ses conservateurs.

sement mal faits d'un catalogue? Recherches multipliées, sinon inutiles, renseignements inexacts, perte de temps, défectuosité des nouveaux catalogues basés sur l'ancien, et enfin, par ces raisons mêmes, inutilité de la bibliothèque.

2. Dresser un catalogue de livres qui ne contienne aucune erreur est, sans doute, aussi impossible que la perfection dans toute œuvre des hommes, et les difficultés augmentent en proportion des innombrables détails qu'il contient; mais avec de la persévérance, une minutieuse exactitude et une critique éclairée, on peut approcher de cette perfection et donner à un pareil travail le mérite de la véritable utilité, qui n'appartient qu'aux livres qui ne laissent à celui qui les consulte aucun doute sur leur exactitude micrologique. A cet effet, il faut se mettre à l'ouvrage comme si la perfection était chose possible, et cette illusion peut seule faire faire quelque chose de bon dans ce genre.
— M. *G. Haenel* a voyagé et travaillé pendant plus de quinze années pour préparer son catalogue de MSS (1), et ce n'est qu'avec une pareille constance qu'il a pu réussir à publier ce précieux ouvrage.

3. On doit généralement regretter le peu d'ordre et de précision que présentent la plupart des catalogues de librairie; les titres y sont tronqués ou altérés, les noms estropiés, les dates omises, quelquefois le même ouvrage est annoncé par plusieurs catalogues sous des titres absolument différents, etc. Ces catalogues peuvent suffire pour engager les acheteurs à visiter les magasins des libraires, mais pour les travaux bibliographiques, ils sont inutiles.

4. Un catalogue de livres *bien fait*, ne serait-ce que celui d'une vente publique, a le double mérite d'instruire les acheteurs sur ce qu'ils veulent acquérir, et de donner des renseignements souvent très-intéressants; celui d'une bibliothèque particulière présente, en ou-

---

(1) Catalogi librorum scriptorum qui in bibliothecis Galliæ, Helvetiæ, Belgii, Britaniæ magnæ, Hispaniæ, Lusitaniæ asservantur, ed. *G. Haenel*, in-4º, Lipsiae. 1830.

tre, l'aperçu de la collection qu'un amateur érudit, un homme d'État, ou toute autre personne remarquable par sa position sociale ou par son mérite intellectuel, aura fait avec soin et prédilection; enfin le catalogue d'une bibliothèque publique donne non-seulement la nomenclature des livres qui sont à la disposition de ceux qui désirent y avoir recours, mais il présente encore un tableau plus ou moins étendu des ouvrages sur les diverses sciences.

5. La rédaction du catalogue d'une collection de livres, grande ou petite, est donc utile sous tous les rapports; et il est important que celui qui en est chargé ait des connaissances en bibliographie et en littérature, et même l'habitude de ce genre de travaux. Les premières s'acquièrent par l'étude, la dernière par la pratique; et quelques centaines de livres, pourvu qu'ils contiennent diverses matières, suffisent pour faire les essais de travaux qu'un catalogue demande; leur application en grand sera ensuite facile.

6. En entreprenant cette tâche, il ne faut jamais oublier que le principal mérite d'un catalogue est de présenter un état descriptif et exact de tous les livres qui composent une bibliothèque, et de fournir les moyens de trouver promptement chaque volume, et de se procurer tout renseignement littéraire ou bibliographique. Ce sont ces qualités que l'on ne doit jamais perdre de vue pendant ce travail.

7. Plus les détails sont nombreux dans un ouvrage, plus son auteur est exposé à commettre des erreurs; nul travail n'est donc sujet à en offrir autant qu'un catalogue de livres : la transcription des titres, les noms propres et leur orthographe, le format, la date, le nom de la ville où il a été publié, etc., tout devient écueil et exige l'exactitude la plus minutieuse dans la rédaction comme dans le classement des livres.

8. La variété immense des titres présente à celui qui les transcrit un grand nombre de cas qui le laissent d'autant plus embarrassé et incertain sur le principe à suivre dans leur classification, que souvent il est indif-

férent lequel il adoptera, et qu'il ne s'agit que de choisir. A cet effet, il est essentiel de suivre une marche *invariable*, surtout dans une grande bibliothèque, où les travaux, partagés entre plusieurs personnes, doivent se faire avec une parfaite harmonie dans toutes leurs parties. Concevoir un catalogue sur un plan trop vaste, c'est l'exposer au sort de rarement le voir achevé; exemples : *Francke, Audiffredi, Assemann* et autres. Nous n'avons plus de Bénédictins !

9. Quoiqu'un catalogue ne puisse jamais être un livre de lecture suivie, mais seulement un ouvrage à consulter, il y en a pourtant qui contiennent autre chose que la sèche nomenclature des titres, et qui, par les notes littéraires et critiques dont ils sont enrichis, présentent un grand intérêt (1); mais alors ils cessent d'être de simples catalogues, et entrent dans la classe des livres bibliographiques et littéraires.

10. Sous le rapport de la classification des titres, il y en a deux espèces : l'une systématique ou par ordre de matières, l'autre alphabétique.

Le catalogue *systématique* est l'état ou l'inventaire dans lequel les livres sont inscrits, suivant un système littéraire et scientifique, chacun à la place que son contenu lui assigne. Dans le catalogue *alphabétique*, au contraire, les ouvrages sont portés, sans aucun égard au sujet dont ils traitent, dans l'ordre de l'alphabet que le nom de l'auteur ou le premier substantif du titre lui indique. Celui-ci a l'avantage de faire découvrir plus promptement un livre *dont on connaît le titre;* l'autre, tout en présentant le même avantage, mais par ordre de matières, aide, en outre, à trouver tous les ouvrages écrits sur un même sujet, et donne, pour les études et les recherches, plus de facilité qu'aucune autre méthode.

11. Il est incontestable que, dans le catalogue alpha-

---

(1) Quel est l'homme instruit et de goût pour la littérature, qui ne lirait pas avec le plus grand intérêt les catalogues raisonnés des *A. A. Renouard, Ch. Nodier, Merlin;* mais ce sont des exceptions rares.

bétique, on trouve immédiatement un livre, si on en sait littéralement le titre et l'auteur; mais, quand on ne connaît l'un ou l'autre que vaguement, le catalogue systématique est le guide le plus sûr. Il est donc urgent qu'une bibliothèque possède l'un et l'autre.

12. Un troisième genre de catalogue réunit en quelque sorte les deux autres : c'est de classer méthodiquement tous les écrits sur un même sujet, et de réunir ensuite ces catalogues spéciaux dans l'ordre alphabétique de la matière qu'ils renferment, sans établir ni classes, ni divisions, ni subdivisions; c'est-à-dire :

Bible, non à Théologie, mais à la lettre B....
Code, non à Jurisprudence, mais à » C....
Logique, non à Philosophie, mais à » L....
Chirurgie, non à Médecine, mais à » C....

13. Si l'on pouvait supposer la possibilité d'établir des bibliothèques spéciales pour chaque branche des connaissances de l'homme, on obtiendrait par la réunion de leurs catalogues (*Monocatalogues*) l'aperçu le plus complet et le mieux ordonné d'une bibliothèque universelle; mais comment admettre cette possibilité, quand on pense à l'immense réorganisation que cela demanderait?

14. En examinant bien l'utilité des deux catalogues dans une bibliothèque, l'une encyclopédique, l'autre alphabétique, on sera toujours embarrassé pour décider lequel doit être fait le premier : le mieux est donc de les exécuter simultanément; ce qui est très-aisé, en faisant une copie exacte des bulletins ou cartes, et en classant les deux séries de titres, l'une par matières, l'autre d'après l'alphabet. Cette copie est d'autant plus facile à obtenir, que l'on peut y employer le premier copiste venu, et la destiner au catalogue alphabétique, pour lequel on n'a besoin que du titre, du nombre des volumes, du format, du lieu d'impression, de la date et du numéro d'ordre, tandis que toutes notes, etc., ne se marquent que dans le catalogue systématique.

15. Le moyen le plus sûr pour faciliter et accélérer le travail mécanique de la rédaction est de se servir de

cartes pour la première transcription des titres destinés au classement dans tel ordre que ce soit. Un catalogue en cartes a l'éminent avantage de pouvoir y faire autant de changements ou corrections qu'il sera nécessaire, sans autre difficulté que de recopier le titre erroné et de l'intercaler à la place où il doit être, jusqu'à ce qu'enfin le tout soit assez parfait pour être transcrit sur un livre relié.

L'ensemble de ces cartes peut, en outre, servir de base à telle classification générale ou spéciale que l'on voudra faire et refaire ; il faut aussi les conserver soigneusement et les tenir au complet, parce que l'on est constamment obligé d'y avoir recours.

16. Un autre perfectionnement dont sauront gré tous ceux qui consultent les catalogues, est celui de reporter à leur place respective, dans le catalogue, les titres des traités et opuscules qui se trouvent dans les mémoires des sociétés savantes, dans les œuvres complètes des polygraphes et dans d'autres collections qui forment corps d'ouvrage. C'est un travail méritoire par lequel on acquiert d'autant plus de droits à la reconnaissance du public studieux, que ces écrits, souvent d'un mérite réel, sont ordinairement ignorés et enfouis dans ces sortes d'ouvrages.

Cette tâche pénible et longue a rarement été entreprise et remplie (1) ; cependant quiconque s'occupe de littérature a quelquefois vu dans ces collections à grand nombre de volumes, dans les revues, etc., des traités du plus grand intérêt, sans pouvoir, plus tard, se rap-

---

(1) Les ouvrages les plus remarquables de ce genre sont :

*J. M. Franck*; catalogus bibliothecæ Bunavianæ. 6 vol. 4º. Lipsiae. Fritsch. 1750 — 1756.

*J. D. Reuss*; Repertorium commentationum a societatibus litterariis editarum. Secundum disciplinarum ordinem digestum. 16 vol. 4º. Gottingae Dietrich. 1801-1821.

*J. S. Ersch*; Allgemeines Repertorium der Litteratur für 1785 bis 1800. 8 vol. 4º. Iena et Weimar. 1793-1809.

———— Repertorium über die deutschen Journale und anderen periodischen Sammlungen für Erdbeschreibung, Geschichte und die damit verwantsen Wissenschaften. 3 vol. 8º. Lemgo. 1790-1792.

peler où il les a lus, et sans avoir aucun moyen de les retrouver. Quel service important ne lui rend pas alors un tel catalogue, qui, par un renvoi précis, lui fait découvrir ce qu'il a vainement cherché!

En Allemagne, on fait grand cas des thèses des universités ( appelées *Disputationes* et *Dissertationes* ); on en forme avec beaucoup de soins des collections, on les réunit séparément dans les bibliothèques et on en fait des catalogues spéciaux. — La bibliothèque de Goëttingue, entre autres, possède une grande salle uniquement remplie de cette espèce de brochures académiques, de mémoires des sociétés savantes, etc. Un bibliothécaire particulier est à la tête de cet immense dépôt, qui ne cesse d'être consulté et par les élèves et par les professeurs de cette célèbre université.

### B. DE LA COPIE DES TITRES.

1. En faisant les premiers essais dans la rédaction d'un catalogue, on s'en abrégera de beaucoup l'apprentissage, si l'on compare sa transcription et la classification des titres, faits sans avoir consulté aucun autre catalogue, avec celle des mêmes titres dans les catalogues reconnus bons et bien rédigés. On verra alors facilement les erreurs que l'on aura commises et les corrections à faire.

2. Dans un catalogue de livres qui est destiné pour tout le monde sans exception, les recherches doivent être facilitées plus que dans tout autre ouvrage, par la clarté et par l'exactitude des renseignements. Des difficultés se présentent cependant à chaque instant : c'est ainsi que, dans les éditions des premiers temps de l'imprimerie, on cherche quelquefois vainement le véritable titre d'un ouvrage souvent caché dans la préface, ou dans l'ouvrage même, ou à la fin. Les excellents ouvrages que nous possédons sur ces premières productions typographiques aideront, dans ce cas, à trouver les renseignements nécessaires pour lever les

doutes, pour éviter les méprises sur le véritable titre, et pour épargner le long examen d'un volume.

3. On trouve fréquemment, en copiant les titres, une orthographe différente, souvent fautive, une ponctuation bizarre ou mal raisonnée, une diversité ou une ressemblance de noms latinisés, anagrammatisés, etc.; il est alors du devoir de celui qui rédige un catalogue d'observer la plus grande fidélité dans la transcription des titres. Toute fondée qu'elle puisse être, l'opinion que peu d'indices suffisent à un connaisseur pour distinguer les différentes éditions, ne doit jamais faire négliger la copie exacte des titres et conforme à la méthode adoptée pour le catalogue, qui sert aux recherches des personnes non expérimentées aussi bien qu'aux bibliologues les plus consommés.

4. Cette minutieuse exactitude dans la transcription est d'autant plus importante, que la plus petite omission, la transposition ou le changement d'un seul mot, peuvent causer souvent qu'un titre soit mal placé dans la classification, qu'il se trouve à plusieurs endroits à la fois, ou bien que d'un auteur on en fait deux, trois et plus, ou de plusieurs un seul. De même, l'omission du lieu où un livre est imprimé, du nom du libraire, de la date, entraîne souvent dans des recherches longues et infructueuses. C'est ainsi que l'on voit quelquefois un catalogue indiquer simplement l'année du premier volume d'un ouvrage composé de plusieurs volumes publiés à dates différentes; un autre donner celle du dernier; tandis que, dans un troisième, on trouve la date d'un volume intermédiaire. Quelquefois un ouvrage porte deux noms de ville à la fois (Amsterdam et Paris); une source indique Amsterdam et le libraire de cette ville, l'autre fait de même pour Paris. Ajoutant à cela des erreurs plus graves qu'on rencontre fréquemment dans l'indication des dates, du format, du nombre de volumes, il est impossible de se garantir d'erreurs, à moins de recourir à l'ouvrage.

5. Il est donc essentiel de copier les titres non sur d'autres catalogues, mais sur les livres mêmes, et de

les transcrire chacun dans sa langue, à l'exception cependant de certaines langues peu connues. Dans ce dernier cas, on abrége le titre et on ajoute la traduction de son ensemble. Si un titre porte une omission quelconque, une orthographe inusitée, même des fautes, il faut l'indiquer pour justifier de l'exactitude de la copie.

6. Un titre bien transcrit, on ne doit pas encore quitter le volume, mais bien l'examiner. S'il y a quelque défectuosité, en donner, si elle le mérite, la description matérielle, et constater l'identité et l'état de conservation de l'exemplaire.

7. Dans le cas où, cependant, on serait obligé de faire mention d'un livre que l'on ne tient pas, il faut consulter plusieurs catalogues et ouvrages bibliographiques, afin de pouvoir se fixer, par leur concordance, sur l'exactitude présumable du titre. Malheureusement ces sortes de renseignements, puisés dans des sources différentes, présentent presque toujours une telle diversité entre eux, que souvent il est, sinon impossible, du moins très-difficile d'établir le véritable libellé d'un titre; car, dans certaines bibliographies, les plus accréditées même, on ne s'est fait aucun scrupule de tronquer et d'altérer les titres, soit en les abrégeant, soit en les augmentant.

8. La manie de beaucoup d'auteurs modernes et anciens, de donner à leurs ouvrages des titres mystiques, allégoriques, n'ayant souvent aucun rapport avec la matière qu'ils traitent, entraîne infailliblement aux méprises les plus grossières. Si l'on n'examine pas le contenu aussitôt qu'un titre présente la moindre équivoque, pour ne pas être obligé, pendant le classement, de recourir de nouveau aux volumes dont le titre laisse une incertitude, il faut prévenir cet inconvénient en écrivant de suite, sur la copie du titre, un mot ou un chiffre indicatif de la division à laquelle les livres appartiennent.

9. Il faut de même s'appliquer à ne jamais varier

dans la rédaction de la transcription des titres, qui doit contenir, dans l'ordre suivant :

Le Nom de l'Auteur ;

Le Titre très-exact, avec le nom de l'Editeur ou de l'Annotateur ;

Le Nombre de volumes, de gravures, etc. ;

Le Format et le nombre de pages, lorsque le genre de l'ouvrage l'exige ;

Le Nom de la Ville et du Libraire ou Imprimeur ;

La Date ;

La Lettre distinctive de la Classe et de la Division auxquelles l'ouvrage appartient ;

Le Numéro d'ordre.

10. Le *nom de l'auteur* ou le *mot d'ordre*, qui, dans la classification alphabétique, assigne à chaque titre sa place précise, n'est pas moins important dans la classification par matières ; et l'attention que demandent les noms propres est d'autant plus nécessaire, que l'omission ou la transposition d'une seule lettre change complétement un nom et le déplace de son ordre alphabétique. Il faut donc s'appliquer à les copier avec une précision diplomatique ; bien considérer que, sans l'indication exacte des prénoms, il est impossible de distinguer les homonymes Dupont, Dupuy, Lefèvre, Lemaire, Maçon, etc. ; et reconnaître les auteurs qui ne sont homonymes qu'en apparence : par exemple les Delacroix, de Lacroix, et de la Croix, Delatour-du-Pin, et de la Tour-Dupin, et tant d'autres.

Cependant, malgré les nombreuses difficultés, il ne faut pas redouter la recherche des noms d'auteurs, même de ceux qui se cachent sous le mystère de l'anonyme ou du pseudonyme. Ces renseignements sont si intéressants pour la bibliographie et pour l'histoire littéraire, qu'on ne doit négliger aucun moyen pour les obtenir, ni l'attention constante dans la lecture des ouvrages périodiques, ni l'examen des préfaces, des dédicaces et des notes.

L'ancienne manière de latiniser ou de traduire les noms cause également beaucoup d'erreurs, et demande autant d'attention que les prénoms, qui, par leur traduction dans les diverses langues modernes, changent complétement (1). Enfin, tant qu'il y a possibilité, l'indication du nom véritable et exact d'un livre est toujours utile.

11. La *copie complète* des titres est nécessaire non-seulement pour faire connaître le contenu des livres, mais afin de pouvoir les distinguer les uns des autres, parce que souvent plusieurs ouvrages portent presque le même titre, et ne se font reconnaître que par une légère différence dans son libellé.

12. La précision qui doit régner dans toutes les indications exige encore de bien énoncer le *nombre de volumes* de chaque ouvrage, et de distinguer les tomes des volumes. Le mot *volume* a rapport à la reliure, celui de *tome* à la division d'un livre en plusieurs parties : un ouvrage peut avoir douze tomes en six volumes, comme six tomes en douze volumes. La mention exacte du nombre de *vignettes*, *cartes*, etc., noires ou coloriées, est aussi d'une grande utilité pour constater que l'exemplaire est bien complet.

13. Il faut avoir soin de ne point laisser suivre où précéder la date immédiatement par la désignation du *format*, car le chiffre de celui-ci, se trouvant placé près du millésime, peut facilement causer des erreurs.

14. L'indication du *libraire*, et même de l'*imprimeur* dans certains cas, sert à préciser et à faire reconnaître les diverses éditions d'un même livre, dont la valeur diffère toujours par quelque particularité, ne serait-ce que par la nouveauté ; et quoique l'usage soit de ne citer que les noms des imprimeurs antérieurs à 1550, ou de se borner à un petit nombre d'entre eux, tels que les Alde, les Junte, les Etienne, les Elzevier, les Plantin, etc., il n'est pas moins convenable d'en faire autant pour plusieurs typographes ou libraires modernes : cette indica-

---

(1) Tels que Dieterich en Théodoric, Gottlieb en Théophile, Hans et John en Jean, Wilhelm et William en Guillaume, James en Jacques, Walter en Gauthier, etc.

tion suffit souvent pour désigner telle ou telle édition, surtout des classiques anciens et modernes dont il existe un si grand nombre de réimpressions.

15. Quant à la *date*, on a grand tort, lorsque les volumes d'un ouvrage n'ont point paru dans la même année, de mettre, par exemple 1795 et *années suivantes*. Cette négligence ne doit pas se voir dans un catalogue; il faut *toujours* indiquer le millésime du premier et du dernier volume : 1795-1802, ou 795—802.

16. La trop grande extension des titres, en les copiant en entier, ne peut être un motif de reproche, car le titre d'un livre en est l'exposé, et on n'y devrait rien supprimer ni ajouter. Dans une nomenclature de botanique ou de toute autre partie de l'histoire naturelle, personne ne trouvera trop minutieux le détail qui décrit le caractère et la physionomie de chaque sujet; le nombre prodigieux des livres doit donc engager le bibliographe à agir de même. Cependant on peut éviter une prolixité fastidieuse autant qu'une concision obscure, et s'attacher à resserrer dans de justes bornes les titres qui pèchent par une excessive étendue, ou à éclaircir ceux qui ne sont pas assez détaillés; un seul mot, ajouté *entre parenthèses*, suffit ordinairement pour ôter à un titre toute obscurité. Mais il y a des exceptions où la copie la plus minutieuse devient un mérite, surtout pour les manuscrits et pour les livres anciens.

17. Lorsqu'il y a plusieurs éditions d'un même ouvrage dans une bibliothèque, ce qui arrive toujours dans la littérature classique, on prend la copie du titre de la première avec tous ses détails, et des éditions subséquentes, on ne conserve que ce qui caractérise chacune d'elles. — Les traductions se rangent après les éditions dans la langue originale.

18. Le ridicule dans la composition du titre de certains écrits, où l'appareil vaniteux des qualités et titres honorifiques de l'auteur forme la plus grande partie des lignes, doit, dans la transcription, toujours disparaître,

à moins qu'une de ces qualifications soit nécessaire pour distinguer les homonymes.

19. Quoique l'on ait déjà fait connaître dans ces feuilles l'inconvénient qui résulte de l'assemblage de plusieurs ouvrages en *un seul* volume, il est trop grand pour ne pas y revenir, et recommander de transcrire à part chacun des titres ; car, malgré la similitude de leur contenu, il se peut qu'en les classant ils se trouvent séparés par les subdivisions. Le désavantage de cette réunion est, au reste, trop évident pour qu'il ne soit pas compris par tout homme qui a la moindre expérience en livres ; aussi on fait souvent très-bien de recourir au couteau pour séparer ces assemblages, avec la condition expresse, toutefois, de confier immédiatement ces parties au relieur, pour en prévenir la perte ou la destruction presque inévitable.

20. La copie du titre étant faite dans tous ses détails, ainsi qu'il a été dit, on examine l'état du livre pour en donner la description, si l'ouvrage le mérite sous quelque rapport, ou pour en indiquer les défectuosités.

21. Le luxe dans l'exécution de la partie matérielle d'un livre n'ajoute rien, sans doute, à sa valeur littéraire ; mais on peut présupposer qu'il a du mérite, parce que les frais n'ont pas été épargnés pour le doter d'un extérieur qui le distingue. Aussi des passages soulignés, des notes écrites en marge, les signatures ou armes des propriétaires, diminuent le prix d'un exemplaire, à moins qu'ils ne viennent d'une personne célèbre : alors ils peuvent, au contraire, contribuer à en augmenter la valeur.

## C. DU FORMAT.

1. La connaissance des *formats* semble facile et de peu d'importance ; cependant les hommes savants en bibliographie ont commis de fréquentes erreurs de ce genre, et on a vu plus d'une discussion sérieuse s'éle-

ver sur l'existence de l'édition d'un ouvrage, uniquement par une fausse désignation de format.

2. Quelquefois un livre (surtout parmi ceux du xv⁰ siècle et du commencement du xvi⁰) semble être d'un format au-dessous de celui auquel il appartient, parce que, ayant été imprimé sur du papier plus petit que d'ordinaire, et les marges rognées plusieurs fois, l'in-folio a dû être réduit à la grandeur d'un in-4⁰, et ce dernier à celle d'un in-8⁰. Dans les premiers temps de l'imprimerie, on ne faisait pas usage de signatures; il est donc facile de commettre des erreurs, lorsque le feuillet qui contient le registre a été enlevé, et, pour les éviter, il faut faire attention aux pontuseaux. Depuis l'emploi des signatures, la chose n'est plus embarrassante, quand même il n'y aurait pas de pontuseaux, comme au vélin ou au papier vélin.

3. Dans le fait, ce n'est point la grandeur du papier qui constitue le format d'un livre, mais bien le nombre de pages qui se trouvent sur chaque côté de la feuille *avant* d'être pliée, et qui produisent naturellement, *après* la pliure, autant de feuillets. Quelquefois les imprimeurs emploient des papiers d'une dimension plus grande ou plus petite qu'à l'ordinaire, de manière qu'un volume paraît in-12, tandis qu'il est petit in-8⁰, ou qu'il a l'air d'un petit in-folio, tandis que c'est un in-4⁰, etc. C'est par cette raison qu'on indique très-souvent, à tort, les Elzévier et beaucoup d'autres anciennes impressions de Hollande comme des in-18, tandis qu'ils sont des in-12 sur papier dit *couronne*. Il en est de même des in-8⁰ sur le même papier, que la plus grande partie des catalogues gratifie d'in-12. Quand un format présente du doute, on n'a donc qu'à recourir aux pontuseaux, aux signatures ou aux réclames, qui indiquent sans équivoque le véritable format.

4. Les *Pontuseaux* sont les raies claires qui traversent le papier à 27 ou 34 millimètres (12 ou 15 lignes) de distance, ou qui coupent d'équerres d'autres raies très-rapprochées et moins transparentes, appelées *vergeures*.

TABLEAU *des formats, du nombre de pages et de la position des pontuseaux.*

| FORMATS. | feuillets. | PAGES dans une feuille entière. | PONTUSEAUX. |
|---|---|---|---|
| L'in-folio, *plié* | en 2 | *contient* 4 | perpendiculaires. |
| L'in-quarto, » | » 4 | » 8 | horizontaux. |
| L'in-octavo, » | » 8 | » 16 | perpendiculaires. |
| L'in-douze, » | » 12 | » 24 | horizontaux. |
| L'in-seize, » | » 16 | » 32 | Id. |
| L'in-dix-huit, » | » 18 | » 36 | perpendiculaires. |
| L'in-vingt-quatre, » | » 24 | » 48 | Id. |
| L'in-trente-deux, » | » 32 | » 64 | Id. |
| L'in-trente-six, » | » 36 | » 72 | horizontaux. |
| L'in-quarante-huit, » | » 48 | » 96 | Id. |
| L'in-soixante-quatre,» | » 64 | » 128 | Id. |

Par une simple division du total des pages d'un volume, il est donc facile de reconnaître le nombre de feuilles qu'il contient.

5. Un moyen infaillible pour reconnaître, par l'inspection du papier, le format d'un volume, c'est de chercher la marque de la fabrique (marque d'eau), qui est toujours debout dans le sens des pontuseaux.

6. On nomme *Signature* la lettre ou le chiffre, au bas de la première page de chaque feuille, qui indique la série des feuilles dont un volume est composé. Quand on veut examiner si un livre est in-f°, in-4°, in-8°, etc., on n'a qu'à chercher la signature B, ou le chiffre 2; si

elle est placée sur la page
$\begin{cases} 5, \text{ c'est un in-f}^o, \\ 9, \quad - \quad \text{in-}4^o, \\ 17, \quad - \quad \text{in-}8^o, \\ 25, \quad - \quad \text{in-}12, \\ 33, \quad - \quad \text{in-}16, \\ 37, \quad - \quad \text{in-}18, \\ 49, \quad - \quad \text{in-}24, \end{cases}$ et ainsi de suite.

Quand une feuille est coupée en plusieurs cahiers, comme l'in-12 ou l'in-18, chaque cahier a sa signature; par exemple, l'in-12. B. p. 17; C. p. 25; D. p. 41; E. p. 49; F. p. 65; G. p. 73; et l'in-18. B. p. 13; C. p. 25; D. p. 37; E. p. 49; F. p. 61; G. p. 73, etc.

7. La *Réclame* est le mot placé à droite, sous la dernière ligne du verso d'un feuillet; il est le premier de la page recto suivante. Ordinairement elle ne se place qu'à la fin de chaque cahier. Ces réclames, autrefois très en usage, ne le sont plus aujourd'hui; elles étaient inconnues au commencement de l'imprimerie.

8. *Justification*: c'est la hauteur des pages et la longueur des lignes, qui forment la grandeur d'une page proportionnée au format.

9. L'étude des anciennes reliures, malgré le peu d'importance qu'elle paraît avoir, réclame cependant sa part de l'attention du rédacteur d'un catalogue. Elle conduit souvent à la connaissance positive d'une date ou d'un fait dans l'histoire littéraire, et aide à fixer l'époque de la publication ou de l'acquisition d'un ouvrage.

### D. DES NOTES.

1. Sous le rapport bibliographique et littéraire, plus un catalogue contient de notes, de renvois, de renseignements utiles, plus son mérite augmente; et c'est par là que le bibliographe se distingue. Les services que rendent ces notices aux personnes qui s'occupent de littérature sont inappréciables; elles suppléent à ce que les titres laissent de douteux, dévoilent les anonymes

et pseudonymes, épargnent des recherches longues et infructueuses, fournissent des matériaux ignorés, et acquièrent à juste titre la reconnaissance de ceux qui en profitent.

2. Ces notes peuvent être de tous genres, pourvu qu'elles se rattachent, d'une manière ou d'autre, à l'ouvrage dont elles accompagnent le titre; rien n'en est exclu : la critique littéraire, l'exécution matérielle, l'histoire, les anecdotes, la biographie, tout peut y trouver place. Mais leur rédaction doit être correcte, claire et concise, et n'a pas besoin de cette élégance qui fait le premier mérite d'autres compositions. Un écueil est cependant à éviter : c'est la monotonie inévitable des formules bibliographiques que la nature du sujet amène continuellement; il est inutile, par la même raison, de surcharger les notes de détails que l'on trouve souvent ailleurs.

3. Une chose dont il est difficile de se rendre compte, c'est l'âpreté avec laquelle sont rédigées la plupart des notes bibliographiques et les rectifications des plus légères inadvertances. Dans une science où les erreurs et les méprises sont si faciles à commettre, les qualifier d'*absurdités*, de *sottises*, d'indices d'*ignorance*, et d'autres expressions plus outrageantes encore, c'est donner des preuves de mauvais goût et de personnalités offensantes. L'abbé *Rive* (1730-1791) est le type de ces bibliographes remplis d'érudition, mais bilieux et haineux à l'excès, et il serait malheureusement facile d'en citer beaucoup d'autres qui, de nos jours, ne lui cèdent le pas ni en mérite, ni en acrimonie.

4. Les renvois, si utiles et *si bien venus*, demandent les plus grands soins; car une indication inexacte cause des recherches inutiles et est pis que de n'en pas donner du tout. Ce défaut est cependant celui de beaucoup de savants qui citent les titres trop superficiellement; chose inexcusable, parce que ce n'est pas toujours l'économie du temps qui les engage à cette légèreté, mais bien un genre de présomption qui veut dire : Je n'écris que pour des personnes aussi instruites que

moi. Ils oublient que la véritable science doit être compréhensible pour le disciple comme pour le maître, et que ces sortes de citations perdent toute leur valeur lorsqu'elles sont sans utilité. Enfin, pour compléter le mérite d'une note, il faut s'appuyer de la source où elle est puisée pour éviter le reproche de larcins qui, tôt ou tard, sont découverts par les érudits, ou, plus souvent encore, par les furets bibliographiques dont la bonne mémoire est funeste aux plagiaires.

5. Le genre des observations dans un catalogue manuscrit est cependant très-différent de celui des notes que l'on peut ajouter dans un catalogue destiné à l'impression : les premières sont pour l'usage immédiat, et doivent dispenser d'autres recherches ; elles peuvent donc contenir des répétitions et des renseignements que l'on trouve ailleurs. Il n'en est pas de même des dernières, qui ne doivent offrir que ce qui n'a pas encore été dit dans d'autres bibliographies ; elles doivent être passées au creuset de la critique littéraire, et présenter le résultat de connaissances réelles.

### E. DES LIVRES ANCIENS ET RARES.

1. Quant aux manuscrits, et aux éditions anciennes ou rares, ils sortent entièrement de la règle : l'ancienneté, l'exécution matérielle et la rareté font ordinairement leur principale valeur, et ils diffèrent en cela des livres modernes, dont on considère avant tout le mérite littéraire. Les manuscrits, les paléotypes, ou incunables, les éditions princeps, regardés comme les joyaux d'une bibliothèque, demandent en outre des connaissances toutes spéciales pour apprécier l'âge des anciennes écritures, la variété infinie des abréviations, des peintures et des ornements, pour distinguer les éditions, pour savoir par quelles particularités elles diffèrent entre elles, et en connaître la valeur commerciale.

2. Au reste, à l'exception de quelques bibliothèques

publiques, il y en a peu qui conservent un assez grand nombre de ces précieux volumes pour qu'une classification particulière soit nécessaire ou applicable. La meilleure méthode, dans ce cas, est de les ranger sur les rayons par format et par date, et d'en dresser un catalogue descriptif et raisonné, tout en répétant les titres, dans les catalogues généraux, à leur place respective.

3. La description de ces volumes, pour qu'elle soit bien faite, demande beaucoup plus de détails que les autres ouvrages moins curieux ou plus modernes, surtout celle d'un manuscrit ou d'un incunable.

F. DE LA DISPOSITION CALLIGRAPHIQUE DES CATALOGUES.

1. L'exécution calligraphique d'un catalogue, quoique souvent négligée, contribue néanmoins beaucoup à le rendre plus commode et plus utile. La netteté et la régularité dans la disposition des lignes, le soin que l'on a de faire ressortir, par un caractère différent, le nom d'auteur ou le mot d'ordre, facilitent l'œil de trouver ce qu'il cherche ; tandis qu'un catalogue d'une mauvaise écriture, sans arrangement régulier, fait reculer devant les recherches que l'on voudrait y faire.

2. En dressant un catalogue, alphabétique ou systématique, il est nécessaire de laisser assez de place pour intercaler facilement les nouvelles acquisitions. Il faut donc que le catalogue soit composé de *cartes* ou de *feuillets* détachés; ou, s'il est écrit sur des *volumes reliés*, qu'il y ait, entre chaque article, de grandes lacunes blanches.

3. L'une et l'autre méthodes ont leurs inconvénients et leurs avantages : la première demande le plus grand soin, afin qu'aucun titre ne soit égaré ou déplacé par une main maladroite ou brouillonne; ce qui interdit nécessairement d'en abandonner l'usage à tout-venant; mais aussi elle permet autant d'intercalations et de changements que l'on voudra.

4. La seconde méthode, il est vrai, donne la facilité de feuilleter le catalogue sans risquer le moindre désordre; mais les changements deviennent impossibles sans ratures, et les intercalations, dont on ne peut jamais prévoir ni le genre ni le nombre, remplissent bientôt toutes les lacunes, et forcent à établir des volumes supplémentaires.

5. Il s'agit, par conséquent, de choisir entre deux maux le plus petit, et on ne peut hésiter à préférer la première méthode à toute autre, parce qu'elle offre la plus grande facilité aux classements, aux augmentations et aux transpositions continuellement nécessaires, et parce qu'on peut supposer que les personnes qui consultent un catalogue ont assez d'habitude de s'en servir et assez d'attention pour n'y causer aucun dérangement. La seconde, au contraire, ne prévient que ce dernier danger, sans avoir aucun des avantages de la première.

6. En transcrivant les titres sur les *cartes*, on laisse en tête une place suffisante pour le numéro provisoire, et en bas autant pour les lettres et numéros d'après lesquels chaque ouvrage est placé définitivement. Voici un exemple :

N° 4912.

*Précis* histor. de la Révolution franç., par *de Lacretelle j*e, 5 vol. in-18. Paris, 1801—1806.

E. h. ✝. 9514.

Chaque renvoi d'un mot, d'un nom, d'une classe à une autre, doit être écrit sur une carte séparée, pour être classée à sa place.

7. Pour conserver l'ensemble des cartes dans l'ordre établi, il ne faut jamais les percer et les enfiler en paquets, ce qui rend les recherches très-incommodes et empêche d'intercaler avec facilité de nouvelles cartes; on fait faire de grandes boîtes ou cases, partagées en petits compartiments de la largeur des cartes, dans lesquels on les pose debout, de manière qu'elles en sortent du tiers de leur hauteur. Le nombre de cases se règle d'après le nombre de cartes, qui demande des divisions proportionnelles.

8. Quand on se sert de *bulletins* ou *feuillets* de papier au lieu de cartes, on les fait régler perpendiculairement en huit colonnes, dans lesquelles on inscrit :

L'Auteur ;
Le Titre ;
Le Nombre de volumes ;
Le Format ;
La Ville et le libraire ;
La Date ;
La Lettre distinctive de la classe et de la division ;
Le Numéro d'ordre.

Il est bien entendu que la largeur de chaque colonne doit être proportionnée à ce qui doit y être inscrit ; que le format, par exemple, ne demande que la place de deux chiffres ; le titre, au contraire, le plus possible. ( *Voir* le modèle N° 2 des gravures. )

Pour rendre commode l'usage d'un catalogue de ce genre, et pour éviter que l'ordre des bulletins ne soit dérangé, on fait confectionner, d'après le format, des boîtes de carton (*voir* les n°s 4 et 5 des gravures), qui permettent d'y feuilleter sans les ôter. On met sur ces boîtes des étiquettes, pour les placer comme des volumes ; on se sert aussi d'une reliure mobile (1) dont l'usage est adopté dans beaucoup de bibliothèques. Ce mode de reliure a l'avantage, par son mécanisme très-

---

(1) Inventée par M. Reichmann à Paris (rue St.-Benoist S. G., 19), chez qui on trouve des appareils pour tous les formats et à tous les prix, depuis 3 fr. jusqu'à 30 et 50 fr., selon leur grandeur ou élégance.

simple, de permettre de relier provisoirement soi-même, promptement et sans le secours de lacet ni de piqûre, toute espèce d'ouvrages publiés par feuilles ou livraisons, au fur et à mesure de leur publication. La facilité qu'offre cette reliure de former et de disjoindre, à volonté, un volume encore inachevé, d'en augmenter ou diminuer le nombre de feuilles, la rend infiniment utile pour la conservation de pièces volantes, d'opuscules, de gravures, etc.

9. Cependant, si le grand nombre de cartes ou de feuillets volants prend trop de place, si l'usage cesse d'en être commode, on peut les inscrire, suivant leur classification, sur des feuilles entières pour être reliées. Mais que l'on se garde bien de détruire ces premiers éléments, car on en aura toujours besoin pour des vérifications ou de nouvelles classifications. Il faut même continuer à faire des cartes, ou bulletins, des nouvelles acquisitions, pour les transcrire sur le catalogue en volumes, et pour les intercaler ensuite dans l'ancienne série.

10. Un autre moyen, c'est de se servir, en place de cartes ou de feuillets, de petites *Bandes*, de même grandeur, de papier mince, sur lesquelles on transcrit les titres. On les classe comme les cartes, et on les colle, dans l'ordre voulu, sur de grandes feuilles, que l'on fait relier après. On doit laisser en blanc le *verso* de ces grandes feuilles, pour pouvoir faire des notes en regard du *recto* suivant, couvert de bandes collées. On concevra, au reste, que ces bandes, qui sont destinées à être collées, doivent également n'être écrites que d'un côté.

Si l'on écrit ces bandes avec soin et uniformité, et si on les colle proprement et avec régularité, un tel catalogue peut être assez bien, sans trop choquer la vue même d'un bibliomane.

11. Souvent aussi on est obligé de reclasser un catalogue imprimé. Dans ce cas, on en prend deux exemplaires : dans l'un, on barre, avec de l'encre ou du crayon rouge, toutes les pages paires (2, 4, 6, 8, etc.); dans l'autre, les pages impaires (1, 3, 5, 7, etc.). Cela fait,

on découpe les titres qui se trouvent dans les pages *non biffées*, on les classe et on les colle sur des feuilles, comme il vient d'être dit.

12. Enfin une dernière méthode pour l'exécution calligraphique des catalogues est celle de transcrire immédiatement les titres dans un registre, relié et disposé par la réglure, pour former le catalogue définitif. Mais ce mode a plus d'un inconvénient, ne serait-ce que l'impossibilité d'estimer, à l'avance, la place nécessaire pour chaque lettre, syllabe ou matière, ou le feuilletage continuel, ou la difficulté de pouvoir faire, sans rature, le moindre changement et redressement d'erreur.

Dans les cas où on serait cependant forcé d'employer cette manière, que l'on ne soit, du moins, pas avare de papier, et qu'on laisse amplement de place pour pouvoir ajouter des titres sans être gêné et sans être obligé de faire des volumes supplémentaires. Cette précaution est surtout nécessaire pour le catalogue alphabétique, où on ne peut jamais prévoir ce que l'on aura à intercaler. Le mieux est de faire la copie sur des cahiers volants de quatre à six feuilles, et de ne les faire relier que lorsque tout le travail est terminé ; ce moyen permet non-seulement de faire une séparation égale des volumes, mais aussi de remédier plus facilement aux erreurs, par le remplacement d'une ou deux feuilles. Le format in-f° est celui qui, en général, convient le mieux à ces sortes de catalogues.

13. Les deux modèles n°s 8 et 9 des gravures sont les plus convenables pour l'un et l'autre genres, et peuvent être modifiés selon les circonstances. Le choix du papier n'est même pas indifférent ; il faut qu'il soit de belle qualité, pour que l'on y écrive volontiers et proprement, et bien collé, pour résister aussi longtemps que possible à l'usage fréquent auquel un catalogue est exposé.

14. Outre les catalogues alphabétique et systématique, quelques bibliothèques d'Allemagne en possèdent un troisième (*Lokal-Katalog*), où se trouvent inscrits

les livres d'après l'ordre dans lequel ils sont rangés sur les tablettes. Un semblable catalogue est aussi superflu qu'incommode pour la moindre recherche, et ne peut servir que d'inventaire pour le récolement.

### G. — DES ABRÉVIATIONS.

1. La bibliographie, aussi bien que chaque art et chaque science, a sa terminologie ; elle a composé la sienne de signes et surtout d'abréviations qui, dans un catalogue, dispensent de détails et de répétitions, qui choqueraient dans toute autre rédaction. Cette espèce de sténographie a l'immense avantage d'une grande économie de temps et de place, et d'être adoptée par tout le monde savant. Peu d'exemples suffiront pour montrer combien elle est facile à comprendre :

| | | | | | |
|---|---|---|---|---|---|
| f°, | pour | in-folio. | got., | pour | gothique. |
| 4°, | » | in-quarto. | gr., | » | gravures. |
| 8°, | » | in-octavo. | Havn., | » | Havniæ. |
| 12, | » | in-douze. | Lips., | » | Lipsiæ. |
| 838, | » | 1838. | Lugd., | » | Lugduni. |
| 797-801, | » | 1797 à 1801. | Lugd.-B., | » | Lugduni-Batavorum. |
| 797-99, | » | 1797 à 1799. | | | |
| a. | » | anno ou année. | MSS., | » | Manuscrit. |
| app., | » | appendix. | P., | » | Paris. |
| Amst., | » | Amsterdam. | p., | » | par. |
| Aug.-V., | » | Augustæ-Vindelicorum. | pap., | » | papier. |
| | | | r., | » | relié. |
| b., | » | basane. | r. m., | » | — maroquin. |
| br., | » | broché. | Supp., | » | Supplément. |
| cart., | » | cartonné. | T., | » | Tome. |
| ch. m., | » | charta magna. | tab., | » | table. |
| d. s. t., | » | doré sur tranche. | V. Vol., | » | Volume. |
| d. d. t., | » | doublé de tabis | v., | » | voyez. |
| d. r., | » | demi-reliure. | v., | » | veau. |
| éd., | » | édition. | v. f., | » | — fauve. |
| f., | » | figures. | v. j., | » | — jaspé. |
| g., | » | grand. | Vél., | » | Vélin. |

## H. DU NUMÉROTAGE.

1. Le premier moyen pour organiser une bibliothèque est le numérotage exact ; lui seul suffit pour qu'une personne *qui sait lire* puisse maintenir l'ordre des volumes sur les rayons, et même le rétablir, s'ils se trouvent complétement bouleversés ; il facilite en outre de beaucoup le travail du récolement.

2. Avant de procéder au classement des titres, on doit donc faire le numérotage définitif des volumes, pour l'ajouter sur chaque carte, et apporter à ce travail la plus grande attention, afin qu'il n'y ait ni erreur ni double emploi.

Vouloir donner à une bibliothèque (même peu nombreuse) une seule série de numéros, c'est s'exposer à plus d'un embarras : on atteint trop vite cinq et six chiffres, le placement devient plus difficile pour bien faire suivre ces numéros, il est impossible d'intercaler un seul volume sans lui donner un *bis* ou un *ter*, etc.

3. Pour éviter tous ces inconvénients, le meilleur moyen est d'assigner à chaque classe ou division une lettre ou une marque distinctive, et à chaque format de chacune d'elles une série particulière de numéros. Cette méthode fait immédiatement trouver le plus petit volume, pourvu qu'il soit exactement porté, et permet d'augmenter avec facilité le nombre des divisions et subdivisions à mesure de l'accroissement de la bibliothèque.

4. Pour multiplier les signes nécessaires, pour les doubler, tripler, quadrupler, on peut se servir des différents signes astronomiques, chimiques, algébriques, et autres.

5. En donnant à chaque classe une lettre distinctive, et en ajoutant à cette lettre une deuxième et ensuite une série de signes, pour désigner les divisions, on parvient facilement au nombre nécessaire pour marquer la plus petite subdivision. Exemple :

Des cinq grandes classes portant la marque des lettres : A. B. C. D. E, la plus étendue (celle de l'Histoire) peut avoir vingt-cinq divisions : E a, E b, E c, et ainsi de suite jusqu'à Ez; et chacune d'elles encore vingt-cinq subdivisions : E a +, E a ×, E a △, E ±, etc. La classe Histoire peut donc, par sa lettre distinctive E, et par l'alphabet a—z et par une série de 25 signes de convention + × △ ±, etc., être divisée en 625 parties ;

$$\begin{array}{r} \text{E. a—z (25 lettres)}. \ldots 25 \\ \text{multipliées par 25 signes}. \phantom{..} 25 \\ \hline 125 \\ 50 \phantom{..} \\ \hline 625 \end{array}$$

et si, en cas d'urgence, on veut ajouter une seule marque quelconque de plus, on peut doubler ces 625 subdivisions en 1250, nombre dont on n'aura jamais besoin.

6. Les étiquettes se font en concordance exacte avec le catalogue, les deux exemples suivants suffisent pour en indiquer le genre :

Le *Précis historique de la Révolution française, par Lacretelle j*[c]. 5 vol. in-18. Paris, 1801—1806, portera l'étiquette :

| E. h. +  9514.  1. 18° | E. Classe *Histoire*. h. Division *Histoire moderne*. +. Subdivis. *Hist. mod. de France*. 9514. Numéro d'ordre des ouvr. in-18. 1. Numéro du volume. 18. Format. |
|---|---|

Les quatre volumes suivants porteront une semblable étiquette, à l'exception du numéro des volumes 2. 3. 4. 5.

Le *Dictionnaire des Sciences médicales*, 60 volumes in-8°. Paris, 1812—1822, portera l'étiquette :

| C. l. |
|---|
| Δ |
| 7106. |
| — |
| 1. |
| 8° |

C.   Classe *Sciences et Arts.*
l.   Division *Médecine.*
Δ   Subdiv. *Méd. Traités généraux.*
7106. Numéro d'ordre des ouvr. in-8°.
1.   Numéro du volume.
8°.  Format.

7. Les lettres et numéros, écrits sur l'étiquette du dos, doivent être répétés sur l'intérieur de la reliure, afin de pouvoir les rétablir dans le cas où l'étiquette se détacherait et se perdrait.

8. Chaque ouvrage, tel nombre de volumes qu'il puisse avoir, ne reçoit qu'un seul numéro d'ordre.

## J. DE LA CLASSIFICATION ALPHABÉTIQUE.

1. En examinant bien si le catalogue alphabétique, ou celui classé par ordre systématique des matières, mérite la préférence, on trouvera toujours que le premier doit être fait d'abord, parce que son classement, plus facile et moins long, permet d'établir promptement l'état d'une bibliothèque, et donne l'habitude manuelle de ce genre de travaux pour classer le dernier.

2. Dans la classification alphabétique, la chose la plus essentielle, c'est de suivre *rigoureusement* l'alphabet dans la composition syllabaire des mots et des noms ; cette classification est toujours la même, comme une opération d'arithmétique ; elle n'est soumise à aucun raisonnement : elle est connue de tout écolier, et ne présente pas la moindre variation ou incertitude, ni dans son exécution, ni dans les recherches que l'on y fait.

3. Pour procéder à ce classement des titres, on com-

mence par ranger les cartes ou les feuillets d'après la première lettre des noms d'auteur, ou du premier substantif, en autant de tas qu'il y a de lettres dans l'alphabet. On peut faire cette distribution sur une grande table, ou, si le nombre des titres est grand, dans des cases ou boîtes, dans lesquelles ils ne risquent pas de se mêler, ni que le vent ou autre accident puisse détruire l'ordre établi; ces boîtes permettent en outre de quitter et de reprendre ce travail sans aucun inconvénient.

4. Cette première opération faite, chaque lettre ou paquet est soumis à autant de nouveaux triages qu'il y a de lettres successives dans les mots qui commencent les titres, à l'exception de la syllable déclinable des noms propres. En faisant ce nouveau triage, on classe les cartes ou bulletins (sans égard à la première lettre, qui naturellement est la même dans tout le paquet) d'après la seconde lettre, en vingt-cinq paquets ou lettres de l'alphabet; savoir : *Aa. Ab. Ac. Ad. Ae.....* On agit de même avec chacun de ces vingt-cinq paquets à l'égard de la troisième lettre ; savoir : *Aab. Aac. Aad. Aae. Aaf.....*, et ainsi de suite.

Quelques essais, faits avec attention, suffisent pour apprendre ce classement. — Les diphthongues ä, ö, ü, représentent, dans les langues étrangères, les voyelles *ae, oe, ue*.

5. Il n'y a que deux espèces de livres : les ouvrages dont l'auteur s'est nommé, et les anonymes; ceux-ci sont à classer d'après le premier substantif, les autres d'après les noms de l'auteur. Les anonymes présentent plusieurs difficultés qui demandent quelques explications détaillées.

Comme c'est le premier substantif qui devient le *mot d'ordre* et assigne aux titres la place dans l'alphabet, on n'a aucun égard ni à l'article ni à l'adjectif qui le précèdent. Exemple :

*Condé (le Grand), éloge*, etc..... ; au lieu de : Le Grand Condé, éloge, etc.

*Influence (l') des climats*.....; au lieu de : l'influence

Cependant, il faut excepter de cette règle les titres qui commencent par une phrase ; on les classe à la première lettre. Exemple :

A quelque chose malheur est bon. (*Vaudeville.*)
Allons en Russie. (*Vaudeville.*)
Au feu, ou les femmes solitaires. (*Comédie.*)
Je veux être heureux. (*Roman.*)
Mon histoire ou la tienne. (*Satire.*)
Tout le monde a tort. (*Pamphlet.*)

6. Quant aux mots qui suivent le *mot d'ordre*, il faut strictement se tenir à les classer d'après l'ordre alphabétique jusqu'à la première virgule. Exemple :

Abeille (l'), almanach des grâces.
—            du Parnasse.
Abrégé de l'histoire ancienne.
—      —      d'Angleterre.
—      —      de France.
—      —      de l'église.
—      —      de la monarchie.
—      —      de l'ancien Poitou.
—      —      de l'ancien testament.
—      —      de Russie.
—      —      des empereurs.
—      —      du moyen-âge.

Les voyelles finales qui s'élident comptent comme si elles existaient, de manière qu'il faut se figurer comme si :

d'Angleterre était écrit de Angleterre.
de l'église       —      — de *la* église.
de l'ancien       —      — de *le* ancien.

7. On doit toujours regarder comme anonyme tout ouvrage dont l'auteur n'est pas nommé sur le titre ; cependant, s'il est généralement connu (par exemple, Kempis, comme auteur de l'imitation de J-C.), ou s'il s'est nommé dans l'intérieur de l'ouvrage, on classe le titre à son nom, mais on l'indique avec renvoi à la place du premier substantif. On agit de même avec les

pseudonymes et les monogrammes, à l'exception qu'on les place au nom supposé, avec renvoi au véritable.

8. Classer les titres d'après le premier mot, quel qu'il soit, c'est exposer celui qui cherche un ouvrage, faute d'en connaître *littéralement* le titre, à perdre un temps précieux, souvent même à le dégoûter de toutes recherches. — En plaçant :

Nouvelle Géographie,
Petit Manuel,
Grand Dictionnaire,

aux mots Nouvelle, Petit, Grand, au lieu de :

Géographie (nouvelle),
Manuel (petit),
Dictionnaire (grand),

on charge inutilement le catalogue aux adjectifs, et on ne se rappelle pas toujours l'adjectif d'un titre, tout en connaissant fort bien le plus essentiel, le substantif.

9. Si le premier substantif est au pluriel, il suit immédiatement son singulier; car, sans cela, il s'en trouverait souvent séparé par une trop grande distance; entre *An* et *Ans*, par exemple, se trouvent plusieurs centaines de mots et de noms; et ce cas se rencontre presque avec tous les substantifs.

10. Lorsqu'en classant les différentes éditions d'un ouvrage on trouve une conformité de titres, on peut, pour éviter les répétitions, se servir d'un tiret — et continuer par la partie du titre qui varie de l'édition précédente.

11. Les noms d'auteur se traitent comme des substantifs, seulement c'est le nom de famille et jamais le prénom qui assigne la place dans le système alphabétique. Il ne faut cependant pas négliger de marquer, entre des parenthèses, les prénoms d'un auteur : *Joseph-Simon Dupont* ne sera donc pas à classer à la lettre J, mais bien au D : *Dupont (Jos.-Sim.)*. Cette indication est d'autant plus nécessaire, que ce sont principalement les prénoms qui distinguent les homonymes,

et la difficulté de reconnaître ceux-ci augmente encore par l'abus, même illégal, que font quelques écrivains, pour se distinguer, de réunir leurs prénoms à leur nom de famille (1).

12. Les noms composés causent un autre embarras, tels que *de Salignac de la Motte-Fénelon*, et tant d'autres. Cet usage, de joindre à son nom celui d'un fief, ayant cessé de fait, il a été remplacé, de nos jours, par la mode d'ajouter le nom du village, de la ville ou du département où l'on est né ; chose excusable pour un Dupont, un Martin, un Masson, parce qu'il y a beaucoup de personnes de ce nom ; mais bien inutile, sinon ridicule, de la part de celles qui portent un nom peu commun.

13. Quant aux ouvrages de deux ou plusieurs auteurs, on les classe au nom du premier, auquel on renvoie les autres.

14. Enfin les œuvres complètes d'un auteur se classent en tête de son nom et dans l'ordre chronologique des éditions ; ces ouvrages publiés séparément suivent alphabétiquement, et les éditions d'après leur date.

### K. DE LA CLASSIFICATION SYSTÉMATIQUE.

1. Un homme qui aime les sciences ne peut se dispenser, s'il est riche, de rassembler autant de livres que possible sur la matière dont il affectionne le plus l'étude ; s'il est pauvre, de recueillir un grand nombre de renseignements sur les titres et la portée de ces ouvrages, dont l'usage lui est si libéralement accordé dans nos bibliothèques publiques.

2. Pour l'un et pour l'autre, les catalogues systématiques sont indispensables comme guides et conseils,

---

(1) M. *Aimé-Martin* mettait autrefois sur le titre de ses ouvrages Louis-Aimé Martin ; M. *Abel-Rémusat* signait A. Rémusat, et mille autres exemples de ce genre.

mais la classification, pour bien remplir ce but, en est plus difficile que l'on ne pense, et il faut des études sérieuses et une critique éclairée pour savoir assigner à chaque livre sa place précise dans les différentes divisions d'un système bibliographique. On classera beaucoup plus facilement les diverses créations de la nature que les livres, aussi nombreux qu'elles, mais imparfaits comme toutes les productions de l'homme, qui n'atteindront jamais cette régularité systématique qui règne dans la nature.

3. On ne peut donc être assez circonspect dans le choix ou dans la formation d'un système bibliographique, afin qu'il soit également utile et commode aux différentes classes de lecteurs ; car souvent il peut arriver que le jurisconsulte cherche tel livre dans une autre division que le philosophe, l'historien ou le philologue. Chacun part d'un point de vue particulier, ses études lui faisant concevoir une autre filiation des connaissances humaines.

4. La différence entre un système bibliographique, selon les principes de la *philosophie*, et un système bibliographique dicté par la *pratique*, est très-sensible : dans le premier, les connaissances humaines sont trop analysées, anatomisées et disséquées ; dans le second, au contraire, on trouve un tableau clair et net de ces connaissances, réunies d'après les rapports entre elles dans la vie et dans leur application. Or, plus un système est simple et rationnel dans le développement naturel des classes principales par les divisions et subdivisions, plus il se rencontrera avec les idées que toute tête logique suit dans ses recherches ; mais aussitôt que l'on passe les limites d'un tel système pour se perdre dans les systèmes subtils, compliqués et incertains de la métaphysique, on ne travaille que pour soi ou pour ceux qui suivent la même route.

5. Il existe, dans le monde littéraire, un grand nombre de ces systèmes, adoptés par les différentes bibliothèques publiques et par les personnes qui ont fait

de la bibliographie une étude particulière; mais les progrès des sciences et des lumières demandent des modifications dont, il y a cinquante ans, on ne sentait aucune nécessité. L'absolutisme des Facultés universitaires n'exerce plus le même pouvoir sur les esprits d'aujourd'hui, qui ont secoué le joug de la routine, qui mettent la science et l'étude en harmonie avec la vie extérieure, et ne rangent plus certaines connaissances dans les mêmes catégories que nos aïeux.

6. Le choix parmi ces systèmes dépend absolument de l'étendue, de la spécialité d'une bibliothèque, et du goût, des études et des connaissances de celui qui s'occupe d'un pareil travail.

7. En France, le système le plus généralement adopté est celui de *P. J. Garnier*, qui était le premier qui, dans ce pays, employa ce système dans l'arrangement de la bibliothèque du collège de Clermont à Paris. Il en a donné l'exposition détaillée dans son *Systema bibliothecæ collegii parisiensis*. Soc. J. 4°. Paris. 1678, et le divisa en cinq classes principales : Théologie, — Jurisprudence, — Sciences et Arts, — Belles-Lettres, — Histoire.

Le libraire *Gabriel Martin*, durant sa longue carrière commerciale (1705-1760), a particulièrement contribué à répandre ce système dans les travaux bibliographiques, en rédigeant tous ses catalogues d'après cette classification; mais la primauté appartient à *George Willer*, libraire à Augsbourg, qui, de 1554 à 1584, publia annuellement, *classés par matières*, les catalogues des livres que les libraires d'Allemagne apportaient à la foire de Francfort-S.-M. On prétend même que *Chrétien Wechel*, imprimeur à Paris, a publié, déjà en 1543, un catalogue classé de même; toutefois, son fils *André*, établi à Francfort-S.-M., en a publié un en 1590, et en 1610 à 1625 parut le grand catalogue systématique de *George Draud*, sous le titre de :

Bibliotheca classica, sive catalogus officinalis Georgii Draudii, in quo singuli singular. facultatum ac professionum libri, qui in quavis fere lingua exstant, quique intra hominum fere memoriam prodierunt, secundum artes et disciplinas recensentur. 2 vol. 4º. Francofurti 1625. (1654 pages.)

Bibliotheca exotica, sive catalogus, etc. (*ut suprà*), 2 parties... 1 vol. 4º. *ibid.* 1625. (410 pages.)

Bibliotheca librorum germanicorum, sive catalogus, etc. (*ut suprà*), 1 vol. 4º. *ibid.* 1625 (793 pages.)

Ces trois catalogues réunis forment deux gros volumes ensemble de 2857 pages in-4º, d'une grande justification en *petit-romain* non-interligné, et contiennent presque tout ce qui a été publié en Allemagne jusqu'à cette époque. Chaque partie est divisée en Théologie, Jurisprudence, Médecine, Histoire, Politique, Géographie, Belles-Lettres.

8. En examinant le système du P. Garnier, tel qu'on le voit encore aujourd'hui, on doit s'étonner de trouver toujours en tête la *Théologie*, puis la *Jurisprudence;* et les *Mathématiques*, la *Médecine* etc. suivent comme subdivisions de la classe des *Sciences et Arts.* — Pourquoi la Jurisprudence a-t-elle cette prééminence? elle est donc plus qu'une science? — Et pourquoi les Mathématiques, la Médecine, l'Astronomie, etc., sont-elles rangées comme subalternes à la Théologie et à la Jurisprudence? Il en est de même de la *Géographie* et des *Voyages*, placés dans la classe *Histoire*, qui devraient se trouver dans celle des *Sciences;* car l'Histoire n'est que la narration des faits et des évènements, la Géographie, au contraire, est la description physique des pays et de ce qui est stable, et les voyages y fournissent des matériaux. — Les ouvrages sur l'art de la *Typographie* sont aussi classés dans l'*Histoire* (à la suite de la Bibliographie); cependant cet art n'a ni plus ni moins de rapport avec l'histoire littéraire que le métier de l'armurier avec l'art de la guerre, et on ne placera jamais celui-ci ailleurs qu'aux arts mécaniques.

On pourrait citer nombre de méprises de ce genre, si elles ne se faisaient pas remarquer d'elles-mêmes. Si on est obligé de former un système bibliographique, qu'on s'occupe donc plus de son application pratique et moins des théories; qu'on ne perde jamais de vue que l'on travaille plus rarement pour les gens instruits que pour ceux qui ne le sont pas, mais qui cherchent de l'instruction, ou même seulement un renseignement.

Adopter un système tout philosophique, avec des dénominations de métaphysique, c'est le moyen le plus sûr pour le rendre inintelligible, et par conséquent inutile au plus grand nombre de personnes. On trouve, par exemple, dans certain système de ce genre, la première division ainsi composée :

1º Origine des connaissances humaines;

2º Objets des connaissances humaines;

3º Considérations générales sur l'érudition;

4º Avantages et inconvénients des lettres, sciences et arts;

5º Méthodologie universelle; examen des esprits, science de douter, etc.;

6º Moyen de communiquer, de propager et de conserver les connaissances humaines;

7º Mélanges;

Quelle idée précise ces divisions présentent-elles, pour y classer des livres? — On demandera avec raison, que veut dire : Examen des esprits? Science de douter? — Le système de Gabriel Martin, malgré ses défauts, est certainement préférable.

9. On pourrait faire un gros volume en réunissant tous les divers systèmes que les savants ont imaginés depuis que l'on a senti le besoin de classer l'innombrable quantité de livres qui remplissent les bibliothèques. Plusieurs de ces classifications sont également bonnes, malgré la différence dans la ramification de leur ensemble; différence qui n'existe ordinairement que dans la transposition de certaines subdivisions, dont la place qu'elles occupaient jusqu'alors est souvent aussi bien à justifier, que la nouvelle qu'on leur assigne.

Le lecteur sera peut-être bien aise de trouver ici les systèmes les plus usités et les plus remarquables, tant pour établir une comparaison entre eux, que pour y faire un choix en cas de nécessité.

## 10. SYSTÈME DE LA BIBLIOTHÈQUE ROYALE A PARIS.

*Théologie.*
    A.  L'Ecriture-Sainte.
         Les Interprètes juifs et chrétiens.
         Les critiques sacrés.
    B.  Les Liturgies.
         Les Conciles et Synodes.
    C.  Les Pères de l'église.
          —     —     grecs.
          —     —     latins.
    D.  Les théologiens.
          —     de l'église grecque.
          —     de l'église romaine.
    D.2. Les théologiens hétérodoxes.
         Les auteurs d'erreurs particulières.

*Jurisprudence.*
    E.  Le Droit canon.
    E.*    —  de la nature.
          —  des gens.
    F.     —  civil.
          —  ancien.
          —  moderne.
          —  national de France.

*Histoire.*
    G.  La Géographie.
        La Chronologie.
        L'Histoire universelle.
          —  ancienne.
          —  générale.
    H.     —  ecclésiastique.
          —  de l'ancien testament.

L'Histoire du nouveau testament.
— des ordres religieux.
— des ordres militaires.
— des hérésies.
— des inquisitions.
J. — ancienne.
— grecque.
— byzantine et des turcs.
— romaine ancienne.
— des antiquités.
K. — d'Italie.
— de Rome moderne.
— des différents états d'Italie.
— des îles adjacentes.
L. — de France.
— des provinces.
M. — d'Angleterre.
— de l'Empire des pays de l'Europe
— Orientale.
des pays du Nord.
N. — des trois royaumes d'Angleterre,
— Ecosse et Irlande.
O. — d'Espagne.
— du Portugal.
— des pays hors de l'Europe.
Voyages en Asie.
— en Afrique.
— en Amérique.
P. Histoires mêlées.
— des personnes illustres dans les arts et les sciences.
Q. L'Histoire littéraire.
Journaux.
Bibliographie.

*Philosophie.*

R. Les Philosophes anciens.
— grecs.
— romains.
— modernes.

Les Traités de logique.
— de métaphysique.
— de morale.
— de physique.
S. L'Histoire naturelle en général.
— des animaux.
— des végétaux.
— des minéraux.
T. Les Médecins anciens.
— grecs.
— arabes.
— latins.
— modernes.
Les Anatomistes et chirurgiens.
Les Chimistes.
Les Alchimistes.
V. Les Mathématiques.

*Belles-Lettres.*

X. Les Grammairiens.
Les Orateurs.
Y. La Mythologie.
Les Poètes.
Les Fabulistes.
Y.2. Les Romans, Contes et Nouvelles.
Z. Les Philologues.
Les Epistolaires.
Les Polygraphes.
Z.2. Le Commerce.
Quelques Arts dépendant des Belles-Lettres.
Les Pompes.
Les Tournois.

11. SYSTÈME DU CATALOGUE DE LA BIBLIOTHÈQUE DU CONSEIL D'ÉTAT. (1)

*Théologie*, ou Cultes religieux de différents peuples.

(1) Rédigé par *A. A. Barbier*. 2 vol. in-f°. Paris, imprimerie impériale. 1803.

*Introduction.* — Ouvrages relatifs à la liberté des consciences et des cultes.

*Théologie naturelle.*

Religion naturelle, existence de Dieu, etc.

*Théologie révélée.*

1º Théologie juive et théologie chrétienne. Textes et versions de la Bible.
2º Histoire et figures de la Bible.
3º Ecrits et Evangiles apocryphes.
4º Interprètes, Paraphrastes et Commentateurs de la Bible.
5º Harmonies, Concordances et Dictionnaires de la Bible.
6º Philosophie sacrée.
7º Rites judaïques et des choses mentionnées dans la Bible.
8º Vérités de la religion chrétienne.
9º Sociniens.
10º Calvinistes.
11º Pour et contre la religion chrétienne.
12º Opinions particulières.
13º Liturgie et Recueils de prières de différentes églises.
14º Conciles généraux et particuliers de différentes églises.
15º Collections ou extraits des Saints-Pères et des monuments ecclésiastiques.
16º Les Saints-Pères grecs et latins.
17º Théologiens scolastiques, moraux et mystiques.
18º Cathéchismes.
19º Eloquence de la chaire, et Sermons.
20º Eglise catholique-romaine, Hiérarchie ecclésiastique, etc.
21º Controverse dans l'Eglise romaine sur la morale des Jésuites.
22º Cérémonies ecclésiastiques, Superstitions.
23º Traités sur le ciel, l'enfer, etc.

*Théologie des Chinois, des Perses, des Grecs, des Romains, des Gaulois*, etc.
*Théologie des Mahométans.*

## JURISPRUDENCE.

*Droit public universel.*
*Introduction.* — Traités généraux sur les lois.
   1° Droit de la nature et des gens.
   2° Mémoires, Négociations et Traités de paix.
   3° Droit de la guerre et de la paix.
   4° Droit maritime.

*Droit civil ancien.*
*Introduction.* — Traités généraux sur le Droit civil.
   1° Droit des Grecs et des Romains.
   2° Corps du Droit civil, Commentateurs.
   3° Jurisconsultes généraux et Collections de traités sur le Droit romain.

*Droit italien ou ecclésiastique.*
*Droit français.*
*Introduction.* — Traités généraux sur le Droit français.
   1° Droit public de France.
   2° Convocation des Etats généraux et autres assemblées nationales.
   3° Procès-verbaux des Etats généraux et autres assemblées nationales.
   4° Edits et Ordonnances des rois de France.
   5° Lois et Constitutions décrétées par les assemblées nationales de France.
   6° Commentateurs sur les ordonnances des rois de France.
   7° Commentateurs sur les lois de la république française.
   8° Arrêts des ci-devant parlements et cours souveraines de France.
   9° Coutumes des ci-devant provinces et villes de France.

10º OEuvres des Jurisconsultes français.
11º Traités particuliers de Droit français, relatifs aux mariages, testaments, successions, etc.
12º Styles et Pratiques des différents tribunaux de justice de France.
13º Plaidoyers, Factums, Mémoires et Harangues.

*Droit criminel.*
*Droit étranger.*

1º Droit ancien des peuples modernes de l'Europe.
2º Constitutions de différents états de l'Europe.
3º Droit public et Jurisprudence.
    (*a*) de divers états de l'Italie.
    (*b*) d'Espagne et de Portugal.
    (*c*) d'Allemagne.
    (*d*) des Pays-Bas.
    (*e*) d'Angleterre.
    (*f*) des pays orientaux.
    (*g*) des pays septentrionaux.
    (*i*) des États-Unis d'Amérique.

## SCIENCES ET ARTS.

*Introduction.* — Traités généraux et préparatoires.
*Philosophie.*

1º Histoire de la philosophie et des philosophes.
2º Philosophes anciens, avec leurs interprètes et sectateurs.
3º Philosophes modernes.

*Logique et Dialectique.*
*Éthique ou Morale.*

1º Moralistes anciens et modernes.
2º Traités particuliers des vertus, des vices et des passions.
3º Mélanges et philosophie morale.

*Économie.*

1º Traités généraux sur l'éducation.

2º Education des peuples, des hommes, des femmes, des filles, des jeunes gens, des enfants, des sourds-muets, des aveugles.
3º Devoirs de différents états de la société.

*Politique.*

1º Traités généraux de politique.
2º Fondements de la société civile et sur les droits des gens.
3º Différentes espèces de gouvernements.
4º Traités singuliers de politique sur les rois, sur leur éducation, sur les cours, les magistrats, ministres, ambassadeurs.
5º Traités de politique dont les principes sont tirés du christianisme.
6º Traités politiques sur les religions.
7º Droits de l'autorité souveraine sur les religions.
8º Politique et intérêt des princes et puissances de l'Europe.
9º Mélanges de politique.
10º Républiques imaginaires.

*Economie politique.*

1º Traités généraux et mélanges d'économie politique.
2º Statistique de divers états de l'Europe.
3º Du Commerce en général.
4º Histoire ancienne et générale du Commerce.
5º Histoire et état du Commerce en France.
6º Histoire et état du Commerce des Pays-Bas, de la Hollande, de Danemarck, d'Espagne, d'Italie.
7º Histoire et état du Commerce d'Angleterre.
8º Commerce des grains.
9º Dictionnaires d'Economie politique, de Commerce, Journaux.
10º Finances.
11º Impôts.
12º Poids, mesures e monnaies des anciens et des modernes.

13º Banques et papiers de crédit.
14º Capitaux et taux de l'intérêt en politique.
15º Produits des manufactures, Luxe, Mendicité, Hôpitaux, Population.
16º Pratique du commerce.
17º Colonies.

*Métaphysique.*

1º Traités généraux de métaphysique.
2º De l'âme, de la raison, de l'esprit de l'homme et de ses facultés.
3º Traités particuliers des esprits et de leurs opérations.
4º Art cabalistique; Magiciens et opérations magiques.

*Physique.*

1º Traités généraux de physique.
2º — de l'univers, le ciel, etc.
3º — sur l'homme et les animaux.
4º — sur les éléments, le feu, les météores, la putréfaction.
5º — sur l'air, le vide.
6º — sur le mouvement et mesure de la terre; tremblements, etc.
7º — sur l'électricité.
8º Découvertes microscopiques.

*Histoire naturelle.*

*Introduction.* — Traités généraux et préparatoires.
1º Histoire naturelle générale.
2º Histoire naturelle de la terre, des montagnes et des volcans.
3º Histoire naturelle particulière des différents pays.
4º Règne minéral :
  (*a*) Les mines et leur exploitation.
  (*b*) Histoire minéralogique de différents pays.
  (*c*) Histoire naturelle des métaux, cristaux et pierres précieuses.

(d) Histoire naturelle des eaux, fleuves, fontaines et eaux minérales.
5º Règne végétal :
  (a) Economie rustique, agriculture et jardinage.
  (b) Botanistes généraux, anciens et modernes.
  (c) Botanistes particuliers.
  (d) Catalogue de plantes.
  (e) Traités sur les arbres et arbustes.
6º Règne animal :
  (a) Quadrupèdes.
  (b) Oiseaux.
  (c) Reptiles et insectes.
  (d) Poissons et coquillages.
7º Histoire naturelle des monstres, prodiges, etc.

*Médecine.*

*Introduction.* — Traités préparatoires à l'étude de la médecine.
  1º Médecins anciens et modernes.
  2º Physiologie.
  3º Virginité, génération, vieillesse.
  4º Régime de la vie; aliments.
  5º Maladies et remèdes; morts subites ou apparentes.
  6º Maladies épidémiques.
  7º Mélanges de médecine.
  8º Médecine vétérinaire.

*Chirurgie.*

  1º Traités généraux et préparatoires à l'étude de la chirurgie.
  2º Traités particuliers et mélanges de chirurgie.

*Anatomie.*

  1º Traités généraux.
  2º  —   particuliers.

*Pharmacie.*

    1º Traités généraux.
    2º   — particuliers.

*Chimie.*

    1º Traités généraux.
    2º   — particuliers.

*Alchimie.*
*Mathématiques.*

    1º *Introduction.* — Traités généraux et préparatoires à l'étude des mathématiques.
    2º Mathématiciens anciens.
    3º   — modernes.
    4º Mélanges de mathématiques.
    5º Arithmétique.
    6º Algèbre.
    7º Calcul différentiel et intégral.
    8º Géométrie.
    9º Trigonométrie, Logarithmes.
    10º Géométrie pratique, Planimétrie, Stéréométrie.
    11º Le cercle, les sections coniques et autres courbes.
    12º Calcul des probabilités.
    13º Mécanique.

*Astronomie.*

    1º Histoire et traités généraux d'astronomie.
    2º Traités spéciaux; Cosmographie; usage de la sphère.
    3º Traités spéciaux des étoiles fixes et des planètes.

*Astrologie.*

    1º Traités généraux et spéciaux.
    2º Nativité, Songes et leur explication.
    3º Centuries, Prédictions astrologiques.

*Perspective, Optique, Dioptrique.*
*Hydrographie, Architecture navale.*
*Hydraulique.*
*Gnomonique.*
*Musique.*
*Mélanges sur différentes Sciences.*
*Construction des Instruments de mathémathique.*

## ARTS.

*Introduction.* — Théorie et Pratique des Arts en général; Vies des hommes célèbres dans les arts.
*Arts de la Mémoire naturelle et artificielle.*
*Arts de l'Ecriture et de l'Imprimerie.*
*Arts du Dessin, de la Peinture, de la Gravure et de la Sculpture.*

*Recueil d'Estampes.*

*Art de l'Architecture.*

    1° Architecture civile.
    2° Description d'édifices, de jardins, fontaines, ponts, etc.
    3° Architecture militaire.

*Art militaire.*

    1° Art militaire chez les anciens.
    2°    —    chez les modernes.
    3° Tactique.
    4° Artillerie.
    5° Descriptions de guerres, campagnes, campements, etc.
    6° Discipline militaire.
    7° Mélanges sur l'art de la guerre.

*Art de faire des armes.*
*Art pyrotechnique.*
*Art de manier et de traiter les chevaux.*

*Art de la Chasse.*
*Art de la Danse et des Jeux.*
*Art gymnastique.*
*Arts mécaniques.*

## BELLES-LETTRES.

*Introduction.*
*Langues diverses.*
    1º Traités généraux sur les langues.
    2º Grammaires et Dictionnaires.

*Langues orientales.*
    1º Grammaires et Dictionnaires des langues hébraïque, chaldaïque et syriaque.
    2º Grammaires et Dictionnaires des langues arabe, éthiopienne, persane et turque.
    3º Grammaires et Dictionnaires des langues chinoise, japonaise, géorgienne, annamitique et caraïbe.

*Langue grecque.*
    1º Grammaires de la langue grecque.
    2º Traités particuliers sur cette langue.
    3º Dictionnaires de la langue grecque.
    4º Grammaires et Dictionnaires de la langue grecque vulgaire.

*Langue latine.*
    1º Grammaires de la langue latine.
    2º Traités particuliers sur cette langue.
    3º Dictionnaires de la langue latine.

*Langue italienne.*
    Grammaires et Dictionnaires.

*Langues espagnole et portugaise.*
    Grammaires et Dictionnaires.

*Langue française.*

    1° Origine de la langue française.
    2° Grammaires.
    3° Traités particuliers sur la langue française.
    4° Dictionnaires.
    5° Grammaires et Dictionnaires en patois français.

*Langue hollandaise.*

    Grammaires et Dictionnaires.

*Langue allemande.*

    Grammaires et Dictionnaires.

*Langue anglaise.*

    Grammaires.
    Traités particuliers sur la langue anglaise.
    Dictionnaires.

*Langue irlandaise.*

    Grammaires.

*Rhétorique.*

    1° Rhéteurs grecs.
    2°   —   latins anciens.
    3°   —   modernes.

*Orateurs.*

    1° Orateurs grecs.
    2°   —   latins anciens.
    3°   —   latins modernes.
    4°   —   français.
      (a) Discours, Eloges, Oraisons funèbres, Panégyriques.

*Poésie.*

    1° l'Art poétique en général.
    2° Les différents genres de poésie.

*Poètes.*

    1° Poètes orientaux.
    2° Collections et extraits de poètes grecs.

3º Poètes grecs.
4º Collections et extraits de poètes latins.
5º Poètes latins anciens.
6º — latins modernes
7º — macaroniques.
8º — italiens.
9º — français.
    (*a*) Introduction à la poésie française.
    (*b*) Poètes français.
    (*c*) — — épiques et didactiques.
    (*d*) — — dramatiques.
    (*e*) Poésies en patois français.
10º Poésie et littérature espagnoles.
11º — — portugaises.
12º — — allemandes.
13º Poètes anglais.
14º Littérature orientale.
15º Poésie et littérature russes.

*Auteurs de Fables et Apologues.*
*Romans.*

1º Traités sur les Romans.
2º Collections et extraits de Romans.
3º Romans grecs.
4º — latins.
5º — français.
    (*a*) — de chevalerie.
    (*b*) Aventures amoureuses sous des noms empruntés de la fable et de l'histoire.
    (*c*) Aventures singulières sous diverses dénominations.
    (*d*) Nouvelles et Contes.
    (*e*) Contes moraux.
    (*f*) Contes des fées et autres contes merveilleux.
    (*g*) Romans philosophiques et moraux, la plupart en forme de lettres.
6º Romans politiques en différentes langues ou traduits de différentes langues.

7° Romans espagnols, nouvelles, etc.
8° — italiens, nouvelles, etc.
9° — allemands.
10° — anglais.

*Facéties, Pièces burlesques.*
*Philologie, Critiques, Interprétations, Commentateurs.*

1° Traités de la critique.
2° Critiques anciens et modernes.
3° Satires, Défenses, Apologies.
4° Gnomiques, Sentences, Apophthegmes, Adages, Proverbes, Bons Mots, Ana, Esprits, etc.
5° Hiéroglyphes, Symboles, Emblêmes et Devises.

*Polygraphes.*

1° Grecs.
2° Latins.
3° Italiens.
4° Français.
5° Allemands.
6° Anglais.

*Dialogues et Entretiens sur différents sujets.*
*Epistolaires.*

1° Traités du style épistolaire.
2° Lettres des auteurs grecs.
3° — — latins anciens et modernes.
4° — en français.
5° — en italien, ou traduites de l'italien.
6° — en allemand — de l'allemand.
7° — en anglais — de l'anglais.

## HISTOIRE.

*Introduction.* — Traités sur la manière de composer et d'étudier l'histoire.

*Géographie.*

1° Géographie ancienne.

2º Géographie moderne.
3º Tables et Cartes géographiques.
4º Dictionnaires —

*Voyages.*
1º Traités préparatoires à l'étude des voyages.
2º Collections générales de voyages.
3º Voyages autour du monde.
4º — en différentes parties du monde.
5º — en Europe.
6º — au Levant, en Turquie, en Grèce.
7º — en Asie, Afrique et Amérique.
8º — en Asie.
9º — en Afrique.
10º — en Amérique.
11º — pittoresques et Descriptions de lieux.
12º — amusants.

*Chronologie.*
1º Chronologie technique, ou Traités dogmatiques du temps et de ses parties.
2º Chronologie historique.

*Histoire universelle* ancienne.
— — moderne.
Journaux historiques et Gazettes.

*Histoire religieuse.*
1º Histoire de diverses religions.
2º — du peuple juif.
3º — de l'église chrétienne.
4º Mélanges sur l'histoire de l'église chrétienne.
5º Histoire des Conciles.
6º — des Papes et des Cardinaux.
7º Martyrologes et Vies des Saints.
8º Histoire des ordres religieux, séculiers et réguliers.
   (*a*) Histoire de l'ordre de Saint-Benoît.
   (*b*) — — de Saint-François.
   (*c*) — — des Jésuites.

  (d) Histoire de la congrégation des filles de l'enfance.
  (e) — des ordres militaires et de chevalerie.
 9º Histoire des hérésies.
 10º — des inquisitions.

*Histoire* des Egyptiens, des Assyriens, des Mèdes, des Perses et des Macédoniens.

*Histoire grecque.*

 1º Ecrivains anciens de l'histoire grecque.
 2º — modernes —
 3º Histoire des républiques de la Grèce et des Colonies anciennes.
 4º Mélanges sur l'histoire grecque.

*Histoire romaine.*

 1º Collections d'historiens romains.
 2º Ecrivains généraux et anciens de l'histoire romaine.
 3º Ecrivains généraux et modernes de l'histoire romaine.
 4º Ecrivains anciens et modernes de l'histoire romaine sous les rois et sous les républiques, jusqu'à la mort d'Auguste.
 5º Ecrivains anciens de l'histoire des empereurs.
 6º Ecrivains modernes de l'histoire des empereurs.
 7º Mélanges sur l'histoire romaine.

*Histoire bizantine* ou du *Bas-Empire.*
*Histoire d'Italie.*

 1º Histoire générale d'Italie.
 2º — de Gênes, de Lucques et de Parme.
 3º — de Milan.
 4º — de Venise.
 5º — de Toscane.
 6º — de l'Etat ecclésiastique.

7° Histoire de Naples.
8° — de Sicile et de Sardaigne.
9° — de l'île de Corse.
10° — de Savoie et du Piémont.

*Histoire de France.*
1° Géographie de la France.
2° Recueils des historiens et histoires générales de la France.
3° Histoire des anciens Gaulois et de l'établissement des Francs.
4° Histoire politique de France.
5° — militaire —
6° — ecclésiastique —
7° Mélanges sur l'histoire —
8° Histoire des rois de France.
   (*a*) 1re et 2e Race.
   (*b*) Rois de France, 3e race, ou Capétiens, 987-1328.
   (*c*) Règnes de la 1re branche des Valois, depuis Philippe VI, 1328, jusqu'à Charles VIII, 1498.
   (*d*) Règnes de la 2e branche des Valois, depuis Louis XII à François Ier, 1498-1547.
   (*e*) Règnes d'Henri II à François II, 1547-1560.
   (*f*) Règnes de Charles IX à Henri III, 1560-1589.
   (*g*) Règne de Henri IV, 1589-1610.
   (*h*) — de Louis XIII, 1610-1643.
   (*i*) — de Louis XIV, 1643-1715.
   (*k*) — de Louis XV, 1715-1774.
   (*l*) — de Louis XVI, 1774-1793.
9° Histoire des Assemblées nationales jusqu'au 1er vendémiaire an IV.
10° Constitution de l'an III.
11° ———— VIII.
12° Cérémonial de France.
13° — des offices de France

14º Histoire des anciennes provinces et villes de France.
- (*a*) Paris et Ile-de-France.
- (*b*) Picardie, Artois, Flandre française, Hainaut.
- (*c*) Normandie, Bretagne, Poitou et Aunis.
- (*d*) Orléanais, Anjou, Maine et Berry.
- (*e*) Bourgogne, Lyonnais et Auvergne.
- (*f*) Guyenne et Gascogne.
- (*g*) Languedoc.
- (*h*) Provence, Dauphiné et Avignon.
- (*i*) Lorraine et Alsace.

*Histoire de Suisse.*
*Histoire de Genève.*
*Histoire des Pays-Bas.*
1º Histoire générale des Pays-Bas.
2º — particulière des provinces et villes des Pays-Bas.
- (*a*) Brabant.
- (*b*) Flandre, Hainaut autrichien, Luxembourg.
- (*c*) République de Hollande.

*Histoire d'Allemagne.*
1º Histoire générale d'Allemagne.
2º — des empereurs d'Allemagne.
3º — particulière des cercles et villes d'Allemagne.
- (*a*) Autriche.
- (*b*) Souabe et Franconie.
- (*c*) Haut et Bas-Rhin.
- (*d*) Westphalie, Haute et Basse-Saxe.
- (*e*) Bavière.
- (*f*) Silésie, avec les royaumes de Bohême et de Hongrie.

*Histoire d'Espagne.*
1º Histoire générale d'Espagne.
2º — des rois —
3º — des provinces —

*Histoire de Portugal.*
*Histoire d'Angleterre.*
    1° Description géographique et voyages en Angleterre.
    2° Collections d'historiens et histoires générales d'Angleterre.
    3° Histoire politique d'Angleterre.
    4°   —     navale   —
    5°   —   des rois d'Angleterre jusqu'à Charles I.
    6°   —   de Charles I, et de la république d'Angleterre.
    7° Histoire de Charles II, jusqu'à Georges III.
    8°   —   d'Ecosse et d'Irlande.
    9°   —   ecclésiastique d'Angleterre.
   10° Mélanges sur l'histoire   —

*Histoire du Nord en général.*
    —   *de Suède.*
    —   *de Danemarck.*
    —   *de Prusse et de Pologne.*
    —   *de Moscovie et de Russie.*
    —   *des Arabes, des Sarrasins, des Turcs, de la Morée et des îles de l'Archipel.*

*Histoire d'Asie.*
    1° Histoire de Perse.
    2°   —   de la Palestine.
    3°   —   des Indes orientales.
    4°   —   de Siam et du Japon.
    5°   —   de la Tartarie et de la Chine.

*Histoire d'Afrique.*
    1° Histoire générale d'Afrique.
    2°   —   d'Egypte, de Barbarie et d'Ethiopie.

*Histoire d'Amérique.*
    1° Histoire générale d'Amérique.
    2°   —   de l'Amérique méridionale; Pérou; Brésil.
    3° Histoire de l'Amérique septentrionale; Mexique.

4º Histoire de l'Amérique anglaise; Etats-Unis d'Amérique.
5º Histoire des îles de l'Amérique septentrionale.

*Histoire de la mer du Sud.*
*Histoire héraldique et généalogique.*
1º Traités sur la noblesse.
2º — — généalogie des familles.

*Antiquités.*
1º Collections d'antiquités; cabinets d'antiquaires.
2º Sciences, arts et usages des anciens.
3º Fêtes et spectacles des anciens.
4º Rites et usages particuliers des Egyptiens et des Grecs.
5º — — — des Romains.
6º — — — des Chrétiens.
7º Histoire lapidaire et des inscriptions.
8º — métallique, ou médailles et monnaies.
9º Collections de médailles.
10º — médailles macédoniennes et romaines.
11º Médailles des monarchies modernes.
12º Descriptions d'anciens monuments.
13º Diverses antiquités, pierres gravées, cachets, etc.
14º Histoires des solennités et des pompes.

*Histoire littéraire, académique et bibliographique.*
1º Histoire des lettres et des langues.
2º — de l'imprimerie.
3º — des universités, académies et sociétés de gens de lettres.
4º Traités sur les bibliothèques.
5º Bibliographes généraux.
6º — nationaux.
7º Ecrivains anonymes, pseudonymes et homonymes.
8º Bibliographes professionaux : de théologie, de jurisprudence, de sciences et arts, de belles-lettres et d'histoire.

9º Bibliographes périodiques, ou Journaux littéraires.
- (*a*) Histoire des journaux littéraires.
- (*b*) Journaux littéraires *français*, ou qui traitent d'ouvrages français.
- (*c*) Journaux littéraires imprimés en Hollande (français, etc.), ou concernant la Hollande.
- (*d*) Journaux littéraires imprimés en différents états de l'Europe, ou qui les concernent.

10º Catalogues de différentes bibliothèques.
- (*a*) Catalogues et notices d'ouvrages manuscrits.
- (*b*) Catalogues et notices d'ouvrages imprimés.

*Vies des Hommes illustres.*

1º Recueils de vies des hommes illustres.
2º Vies des femmes illustres.
3º Vies particulières des hommes illustres.
4º Qualités, défauts et malheurs des savants.
5º Dictionnaires et Extraits historiques.

## 12. SYSTÈME ADOPTÉ PAR M. BRUNET. (1)

*Théologie.*

1º Ecriture Sainte.
2º Philosophie sacrée.
3º Liturgie.

---

(1) Dans son *Manuel des Libraires*. 7 vol. in-8º, Paris, 1820-1834. On assure que M. Brunet s'occupe à introduire plusieurs modifications dans cette classification, pour la réimpression qu'il prépare de son excellent ouvrage; on en dit autant de M. Merlin (libraire à Paris). Il serait beaucoup à désirer que des bibliographes aussi instruits, et qui font avec raison autorité, voulussent enfin entreprendre à former un système conforme aux progrès que les sciences ont faits.

4° Conciles.
5° SS. Pères.
6° Théologiens.
7° Opinions singulières; Illuminés et autres fanatiques.
8° Religions des Juifs et des Gentils.
9° — des Chinois, des Indiens et des Mahométans.
11° Déistes, Incrédules et Athées.

*Jurisprudence.*

1° Introduction à l'étude du droit et Traités généraux sur les lois.
2° Droit de la nature et des gens.
3° — civil et criminel.
4° — ecclésiastique.

## SCIENCES ET ARTS.

*Introduction.* — Traités généraux, Dictionnaires encyclopédiques, etc.

A. *Sciences.*
1° Philosophie.
2° Logique.
3° Métaphysique.
4° Morale.
5° Economie et Education.
6° Politique.
7° Economie politique.
8° Physique.
9° Chimie.
10° Histoire naturelle.
11° Médecine.
12° Mathématiques et Sciences qui en dépendent.
13° Appendice aux sciences.

B. *Arts et Métiers.*
Dictionnaires et Traités généraux.

1º Art de la mémoire naturelle et artificielle.
2º Beaux-Arts.
3º Arts mécaniques et Métiers.
4º Gymnastique.
5º Jeux de société, jeux de hasard et de calcul.

## BELLES-LETTRES.

*Introduction* à l'étude des belles-lettres et cours d'études.
    1º Grammaires et Langues.
    2º Rhétorique.
    3º Orateurs.
    4º Poétique.
    5º Poètes.
    6º Art dramatique.
    7º Mythologie.
    8º Romans.
    9º Facéties.
   10º Philologie.
   11º Polygraphes.
   12º Dialogues et Entretiens.
   13º Epistolaires.

## HISTOIRE.

*Introduction.*
    1º Géographie.
    2º Voyages.
    3º Chronologie.
    4º Histoire universelle ancienne et moderne.
    5º   —   des religions et superstitions.
    6º   —   ancienne.
    7º   —   byzantine, ou du Bas-Empire.
    8º   —   moderne.
         —   Europe.

Histoire Asie.
— Afrique.
— Amérique.
9º Histoire de la chevalerie et de la noblesse.
— héraldique et généalogique.
10º Antiquités.
11º Histoire littéraire.
12º Bibliographie (1).
13º Biographie.
14º Extraits historiques.

Ces différentes classes et divisions forment un ensemble de 305 subdivisions.

## 13. Système adopté dans le journal de la Librairie, rédigé par M. Beuchot.

### THÉOLOGIE.

Bibles, Extraits et Ouvrages y relatifs.
Liturgie.
Catéchistes, Cantiques, Sermonaires.
Apologistes, Mystiques, etc.

### JURISPRUDENCE.

Droit hébreu, romain, etc.
Droit français.

---

(1) *Bibliographie.*
Introduction. — Traités généraux sur les livres et les bibliothèques.
Histoire de l'imprimerie.
Bibliographes généraux.
——————— qui ont écrit sur les ouvrages condamnés, etc.
——————— nationaux.
——————— des ordres religieux.
——————— professionnaux.
——————— périodiques, ou journaux littéraires.
Catalogues des MSS. des bibliothèques publiques et particulières.
——————— des *livres* des bibliothèques publiques et particulières.

## SCIENCES ET ARTS.

Encyclopédie, Philosophie, Morale, Métaphysique.
Education et Livres d'éducation.
Politique, Economie politique, Administration.
Finances.
Commerce, Poids et Mesures.
Physique, Chimie, Pharmacie.
Histoire naturelle.
Agriculture, Economie rurale, vétérinaire et domestique.
Médecine et Chirurgie.
Mathématiques.
Astronomie.
Marine.
Art, Administration et Histoire militaire.
Sciences occultes.
Gymnastique et Jeux.
Arts et Métiers.
Beaux-Arts.

## BELLES-LETTRES.

Introduction.
Langues.
Rhétorique et Eloquence.
Poétique et Poésie.
Théâtre.
Romans et Contes.
Mythologie et Fables.
Philologie, Critique, Mélanges.
Polygraphes.
Epistolaires

## HISTOIRE.

Géographie.
Voyages.
Chronologie.
Histoire universelle, ancienne et moderne.

Histoire sacrée et ecclésiastique.
Histoire ancienne, grecque et romaine.
Histoire moderne des différents peuples.
Histoire de France.
Antiquités.
Sociétés particulières, secrètes, etc.
Sociétés savantes.
Histoire littéraire et Bibliographie.
Journaux.
Biographie et Extraits.

14. La méthode par laquelle M. le marquis *de Fortia d'Urban* veut désigner (1), au moyen de signes, ou plutôt d'un certain nombre de lettres, le sujet que traite chaque ouvrage, est sans doute fort ingénieuse, et il serait peut-être à désirer qu'elle pût être adoptée généralement, car *alors seulement* elle remplirait le but proposé. Mais comment parvenir à ce que tout le monde savant veuille bien être d'accord sur une innovation aussi complète, surtout quand elle impose une nouvelle étude.

Quant au système bibliographique même, que M. de Fortia base sur la suite des études des connaissances humaines, il est si rationnel, si commode, si simple dans sa composition graduelle; il a de plus le grand mérite de préciser, d'une manière si claire, les classes, sections et subdivisions, que l'on devrait s'étonner de ne le voir pas adopté par tous les bibliographes, s'il ne renversait pas entièrement l'ancienne classification une fois consacrée, et si toute routine ne l'emportait pas toujours sur les améliorations les plus évidentes.

### SYSTÈME DE M. LE MARQUIS DE FORTIA D'URBAN.

A. *Encyclopédies;* c'est-à-dire les ouvrages qui renferment à eux seuls toutes les connaissances humaines, et qui méritent d'être étudiés les premiers.

---

(1) Nouveau Système de Bibliographie, 3 parties en 1 vol. in-12. Paris. 1822.

B. *Belles-Lettres;* car l'homme cherche d'abord à exercer son esprit pour communiquer ses idées à ses semblables.

 (*a*) Grammaire. Rhétorique.
 (*b*) Poétique.
 (*c*) Philologie. Poligraphie.

L'homme s'élève ensuite à la création des sciences, en étudiant d'abord la matière, et employant ensuite son intelligence à utiliser la matière pour satisfaire les besoins que la nature lui a donnés, ce qui forme la classe des

C. *Sciences et Arts.*

 (*a*) Philosophie.
 (*b*) Mathématiques.
 (*c*) Physique.
 (*d*) Histoire naturelle.
 (*e*) Médecine.
 (*f*) Arts et Métiers.

La science dont l'objet est le plus élevé, est celle de la religion, ou la

D *Théologie.*

 (*a*) Ecriture Sainte.
 (*b*) Conciles.
 (*c*) Liturgies.
 (*d*) Saint-Pères.
 (*e*) Théologiens.

La science la plus usuelle dans l'administration intérieure des états, mérite un examen particulier, et compose la classe de la

E. *Jurisprudence.*

 (*a*) Droit canonique.
 (*b*) Droit civil.

Pour approfondir toutes ces sciences et mieux en connaître la marche et l'utilité, il faut en faire l'application à l'étude des faits, en s'occupant de l'Histoire:

F. *Histoire.*
  (*a*) Prolégomènes historiques.
  (*b*) Géographie.
  (*c*) Chronologie.
  (*d*) Histoire ecclésiastique.
  (*e*)  — profane des monarchies anciennes.
  (*f*)  — moderne de l'Europe.
  (*g*)  — moderne hors d'Europe.
  (*h*) Paralypomènes historiques, Antiquités, Histoire littéraire, Extraits historiques.

M. de Fortia d'Urban, dans son ouvrage, donne l'analyse très-détaillée de son système.

15. *Tableau de l'Entendement humain*, à quelques légères transpositions près, conforme au système de Bacon et de l'Encyclopédie de *d'Alembert* et *Diderot* (1).

## TRAVAUX DE LA RAISON.

### *Philosophie.*

*Métaphysique.*
- Théologie.... { Histoire (analytique) des Religions.
- Pneumatologie.. { Métoposcopie. Divination.

*Logique.*....
- Art de penser.. (Raisonnement).
- Art de retenir.. { Écriture. Imprimerie. Chiffres. } Orthograp.
- Art de communiquer...... { Grammaire. Réthorique. Prose. Versification. } Genres et parties des discours.

---

(1) Introduction aux Etudes encyclopédiques. 1 vol. 8º. Paris. 1798. (par Regnault-Warin).

| | |
|---|---|
| *Morale.* | Jurisprudence (*science des devoirs de l'homme.*) |
| | Economique (*science des devoirs de la famille.*) |
| | Politique (*science des devoirs de la société*). |
| | — intérieure . . { Législation. / Gouvernement. |
| | — extérieure . . Diplomatie. |

*Physique générale* . . . { Abstraits et convenables aux individus corporels. { Mouvement. / Etendue. / Vide. / Impénétrabilité, etc. }

*Mathématiques* {
Arithmétique.
Géométrie.
Algèbre.
Architecture militaire.
Tactique.
Mécanique. { Statique. / Navigation. / Astronomie géométrique. / Optique. / Acoustique. / Pneumatique. }
}

*Physique particulière.* {
Zoologie. { Anatomie. / Physiologie. / Médecine, curative. / Vétérinaire. }
Hygiène . . . Médecine, préservative.
Pathologie . . Causes et effets des maladies.
Thérapeutique. { Diète. / Chirurgie. / Pharmacie. }
Astronomie physique.
Météorologie.
Cosmologie.
Botanique. {
 Agriculture (générale). { Défrichement. / Dessèchement. / Aménagement. }
 Agriculture (particul.) *Jardinage.*
 Agriculture (artific.)
}
}

*Physique particulière.* { Géologie.
Minéralogie.
Chimie. — Alchimie.

## TRAVAUX DE LA MÉMOIRE.

### *Histoire.*

*Histoire*. . . . { Sacrée, Profane, Littéraire, Naturelle, } Ancienne et moderne.

*Chronologie*. . . . . . . . . . .
*Géographie*. . Voyages.
*Erudition*. . . Archéologie. Antiquités.

*Industrie*. . . . { Arts mécaniques, ou Métiers.
Commerce.

## TRAVAUX DE L'IMAGINATION.

### *Poésie.*

*Poésie*. . . . {
  Narrative. { Epopée. Roman, Nouvelle. Conte.
  Lyrique. . . . . Odes. Cantates.
  Dramatique. { Tragédie. Comédie. Drame. } Déclamation.
                    Opéra. Pastorale. Dialogue. Pantomime-Danse.
}

*Critique*. . . . { Dans les sciences. { Scholiaste. Journalisme. Commentateurs.
       — Arts.
}

| | | |
|---|---|---|
| *Musique*.... | { Instrumentale.<br>{ Vocale. | } Théorie et Pratique. |
| *Peinture*... | { Ses genres.<br>{ Gravure. | |
| *Sculpture*........... | | |
| *Architecture*.. | Civile. | |
| *Eloquence*... | { Tribune (*forum*).<br>{ Barreau.<br>{ Chaire. | |
| *Art de traduire*. | { Prose.<br>{ Vers. | |
| *Théorie des systèmes* | { religieux ou mystiques.<br>{ philosophiques.<br>{ politiques (*sociaux, économiques*). | |
| *Théorie des méthodes* | { scientifiques.<br>{ littéraires. | |

*Art* (*Artifice de nomenclature*). Vocabulaires, Lexiques.

16. Le système de *Camus*, dont il est souvent question dans les ouvrages de bibliographie, et que son auteur a développé dans ses *Observations sur la distribution et la classification des livres d'une bibliothèque* (1), est l'exposition de la marche des idées et des études de l'époque (an IV de la république), et en porte le cachet bien marqué. — Tout ingénieux qu'il puisse être, son application en pratique présenterait bien des difficultés.

17. En Allemagne, on suit assez généralement l'ancien système de *Willer* (V. page 127, § 7.), avec la différence cependant que l'on n'y adopte point cinq grandes classes, dans lesquelles on a souvent de la peine à ranger les diverses subdivisions; les Allemands divisent les connaissances en douze, quinze, vingt classes, d'importance égale, dont la dernière est tou-

---

(1) Mémoires de l'Institut de France : Belles-Lettres et Beaux-Arts. Tome 1er, *p.* 645 et suiv.

jours celle des *mélanges*. — Voici les nomenclatures qui présentent le mieux ce genre de systèmes :

CLASSIFICATION DE HINRICHS (*Libraire à Leipsick*). (1)

    Théologie.
    Jurisprudence.
    Médecine et Chirurgie.
    Philosophie.
    Pédagogie.
    Philologie.
    Histoire, Biographie, Antiquités, Mythologie.
    Géographie, Statistique, Cartes.
    Histoire naturelle.
    Économie, Technologie.
    Politique.
    Mathématiques, Astronomie.
    Art militaire.
    Commerce.
    Belles-Lettres, Arts d'imitation, Musique, etc.
    Mélanges.

CLASSIFICATION DE SCHRETTINGER (*Conservateur de la bibliothèque royale-centrale à Munich*).

    Philologie.
    Histoire.
    Mathématiques.
    Philosophie.
    Anthropologie.
    Physique.
    Théologie.
    Jurisprudence.
    Statistique.
    Médecine.
    Mélanges.

(1) Dans son Catalogue semestriel.

18. Les Anglais, dans leur classification, adoptent principalement l'ordre alphabétique ; peu de leurs catalogues sont rédigés par classes, divisions et subdivisions ; et dans ceux qui le sont, on adopte les mêmes principes qui dominent en France, et avec les mêmes variations.

19. Au résumé, quand on n'est pas obligé de respecter une classification déjà établie dans une bibliothèque, et qu'on a les mains libres pour en former une, il faut bien se pénétrer de l'impossibilité de créer un système à la satisfaction de tout le monde ; les habitudes, les prédilections pour certaines études, les opinions religieuses et politiques de chacun y demanderont toujours des changements et même une interversion complète de l'ensemble.

20. Si l'on voulait établir un système conforme à l'esprit de notre temps, on serait forcé d'être assez hérétique pour ne plus mettre en premier la classe *Théologie*, mais bien celle *Histoire*, qui sert de guide dans toutes nos situations publiques et privées, et qui fournit les *preuves* de la véritable théologie. On ferait suivre toutes les branches du *savoir positif* des hommes, et on ne mettrait la théologie qu'en tête des ouvrages d'imagination et de spéculation. Mais le temps n'est point encore venu pour qu'un pareil système puisse être reconnu, et il sera bien difficile d'introduire une réforme, même raisonnable, dans le système consacré par une routine de plus d'un siècle. En attendant, on fera bien de suivre l'ancienne classification, sauf quelques améliorations indispensables dans les divisions ; car un système, même suranné et médiocre, mais *bien observé* dans le classement, est toujours plus utile qu'un système moderne mal suivi ou obscur.

21. Au surplus, un moyen facile et immanquable pour éviter de longues recherches dans les cas douteux, ou pour des personnes peu exercées à se servir d'un catalogue, c'est d'y ajouter une *table alphabétique* de toutes les classes jusqu'à la dernière des subdivisions, avec des renvois aux pages. Une telle table

indiquera à l'instant si l'on doit chercher la Numismatique dans la classe des Arts et Métiers ou dans celle de l'Histoire; la Géographie dans la classe des Sciences ou dans celle de l'Histoire, etc. Enfin, une table des auteurs compléterait ce travail.

22. Beaucoup de difficultés se présenteront encore en dressant un catalogue systématique : principalement lorsqu'il paraît un ouvrage sur une matière jusqu'alors inconnue, telle que le galvanisme ou la phrénologie, ignorés il y a cinquante ans, ou un livre de géographie politique d'un état récemment formé ou qui n'existe plus. Les révolutions politiques, comme les découvertes dans les sciences, offrent constamment des exemples de ce genre. Cependant, il faut être aussi circonspect dans la suppression d'une ancienne division que dans la création d'une nouvelle.

23. On doit encore se mettre en garde contre les titres qui promettent trop, ou autre chose que ce que les ouvrages contiennent, et examiner ceux-ci avec attention pour leur assigner la place qui leur revient. Lorsque le contenu laisse en doute, on fait un renvoi d'une place à celle où le livre se trouve classé. Par exemple, la biographie d'un *Réformateur et Écrivain* est-elle à placer dans l'histoire littéraire, ou dans l'histoire ecclésiastique, ou parmi les biographies des hommes célèbres? Ce n'est donc qu'en consultant le livre même que l'on peut décider et éviter les méprises les plus grossières et les plus ridicules, dont on trouve des exemples dans plusieurs catalogues, même dans ceux qui du reste ont du mérite.

24. Dans les titres des livres qui composent les diverses divisions, on doit adopter l'ordre quelquefois alphabétique, quelquefois chronologique, suivant le genre des ouvrages. Par exemple, les biographies, d'après l'alphabet des noms; les classiques, d'abord alphabétiquement, et ensuite par date des éditions.

25. Quant au mécanisme du classement des titres, il est absolument le même que celui de l'ordre alphabétique : on commence par les distribuer en grandes

classes, et on continue le triage de chacune d'elles, d'abord par divisions, ensuite par subdivisions, jusqu'au dernier échelon du système adopté.

## XXIX.

### DES INCUNABLES.

**1.** Sous la dénomination d'*Incunables* (1) ou *Paléotypes* (2), on comprend les livres imprimés depuis l'invention de la typographie jusqu'en 1500, parce qu'alors les parties techniques de cet art avaient atteint le degré de perfection qu'on leur reconnaît encore aujourd'hui. Si Maittaire, Panzer, Kaiser, Uffenbach, Schelhorn et autres mettent ce terme jusqu'en 1520, 1523, 1536, c'est que ces auteurs s'occupent plutôt de l'histoire de l'imprimerie que spécialement des incunables, qu'on ne peut plus appeler ainsi, lorsqu'ils s'éloignent de plus d'un demi-siècle du berceau de cet art.

**2.** Ces anciens livres, qui forment la transition des manuscrits aux livres imprimés, sont d'autant plus importants qu'ils sont des documents authentiques pour l'histoire de l'imprimerie, et ouvrent un vaste champ aux recherches intéressantes des bibliographes. Ils présentent, en outre, par leurs illustrations, des matériaux pour l'étude de l'histoire des arts, et par les éditions *princeps*, ils rendent les services les plus essentiels aux études des anciens classiques.

**3.** Dans une bibliothèque, ils attirent l'attention du collectionneur par leur âge, par les particularités de leur exécution et par le contenu qui les rangent dans les classes suivantes :

---

(1) *Incunabula* signifie berceau, commencements.

(2) *Paléotype* dérive de παλαιός, ancien, et τύπος, modèle, signe frappé.

*a.* Les avant-coureurs (*xylographes*) (1) et premiers essais de l'imprimerie et les impressions avec des caractères mobiles qui portent une date et qui commencent avec les lettres d'indulgence du pape Nicolas V (1454), quoique le premier *livre* d'une date incontestable, qui soit arrivé jusqu'à nous, est toujours le Psautier de 1457 (2).

*b.* Les premières impressions de certains pays ou de certaines villes, qui font partie des raretés bibliographiques.

*c.* Celles qui sont imprimées en langues étrangères ou avec des types particuliers. — Les plus anciens sont en caractères gothiques ; plus tard on employait les lettres rondes ou romaines qui commençaient alors à être en vogue, surtout en Italie. — Quelques mots grecs, d'abord gravés en bois, se trouvent pour la première fois dans le *De Officiis* de Cicéron, de 1465, et dans le Lactance de la même année. Le premier volume entièrement imprimé en grec, est la grammaire grecque de Lascaris, de 1476.

*d.* Les produits de certaines imprimeries d'où n'est sorti qu'un petit nombre de volumes ; par exemple, celles de *Adam Rot*, de *Arnaud* de Bruxelles, de *Kune* de Memmingen, et autres.

*e.* Les impressions dans lesquelles on peut suivre la marche de la perfection de la typographie, telles que *J. Nideri præceptorium divinæ legis*. f°. Cologne. Koelhof. 1473, qui est le premier livre où on voit des *signatures* ; le *Sermo ad populum prædicabilis*. 4°. Co-

(1) *Xylographes* (ξύλον bois, et γράφειν écrire), dénomination donnée aux impressions qui ont fait naître la première idée de multiplier les livres par le moyen mécanique des *types mobiles*. — Les productions xylographiques les plus anciennes remontent à 1423 où, pour imiter l'écriture, on gravait en relief sur des planches de bois, des lignes et même des pages entières, sur lesquelles on tirait les épreuves par le même procédé que l'on emploie encore aujourd'hui pour imprimer les cartes à jouer. — Ce premier pas fait, les inventeurs de l'imprimerie sur caractères mobiles s'en sont emparé pour ouvrir la carrière à la perfection où nous voyons aujourd'hui l'art typographique.

(2) Psalterium latinum, etc., grand in-f°. (Mayence). 1457.

logne. *Ter Hoernen*, 1470, qui est le premier avec *pagination;* le *Cicero de Officiis* de 1465, qui est le premier du *format* in-4°, et le *Officium B. Mariœ Virgin.* 32°. Venise. N. Jenson 1473, qui est le premier en *petit format*. — Les *feuillets de titre*, ou frontispices, ne se rencontrent que depuis 1485.

*f*. Les essais de l'emploi des arts calcographiques pour orner les livres : le premier accompagné de gravures sur cuivre, est *il Monte Santo di Dio, del Antonio de Siena*. f°. Florence, 1477. — Les gravures en bois et les miniatures sont beaucoup plus anciennes que l'imprimerie avec des caractères mobiles; ce sont même elles qui ont donné l'idée des xylographes, qui de leur côté ont ouvert la voie à cette grande invention.

*g*. Les livres qui se distinguent par une exécution matérielle particulière : par exemple, ceux qui sont imprimés sur peau de vélin, en lettres d'or, etc. — Parmi les incunables il y en a plusieurs, surtout du premier temps de l'art, dont l'édition entière a été tirée sur peau de vélin (1), et dont les exemplaires sur papier sont beaucoup plus rares et plus recherchés que ceux qui sont sur vélin. Par cette même raison, de la rareté seulement, donne-t-on la préférence aux exemplaires, sur peau de vélin, des anciens imprimeurs qui tiraient principalement sur papier, tels que *Schweinheim* et *Pannartz* à Rome.

*h*. Enfin, il y a certaines collections ou suites d'incunables que l'on aime à posséder; surtout celle d'*Alopa* de Florence, composée des six ouvrages grecs (2) seulement, imprimés en capitales, celle des auteurs grecs imprimée en lettres rondes à Milan (3), celles de *Schweinheim*, de *Pannartz*, des *Alde*, des *Junte*, et quelques autres de cette époque.

---

(1) p. e. la *Biblia latina*. 2 vol. in-f°. *s. l.* (Gutenberg à Mayence). 1450-1455.

(2) *Anthologia, Apollonius-Rhodius, Euripides, Callimachus, Gnomæ, Musæus.* 1494-1496.

(3) Le premier de cette collection est le *Lascaris* de 1476, et le dernier, le *Suidas*, de 1499.

4. De même que les manuscrits, par leurs indices caractéristiques, désignent l'époque et le siècle où ils ont été écrits, les incunables, sans date, ont les leurs par lesquels ils se font connaître. Les principaux de ces indices sont :

L'absence d'un feuillet de titre, ou frontispice;

L'absence des lettres capitales au commencement des chapitres et des alinéas;

La rareté de ces divisions mêmes;

Le non-emploi des virgules et des points-virgules;

L'inégalité et la grossièreté des types;

Le manque de pagination;

Le manque des signatures et des réclames;

La solidité et l'épaisseur du papier;

La non-apposition des noms de l'imprimeur, du lieu et de l'année;

La grande quantité d'abréviations;

Les points carrés, le trait oblique en place du point sur les i, etc.

5. Toutes ces particularités exigent que dans le catalogue, ces volumes soient mentionnés d'une manière très-circonstanciée : il faut marquer avec la plus grande exactitude, outre l'auteur et le titre, le genre de caractère, la pagination, le nombre des lignes et des colonnes sur chaque page, les signatures, le nombre de volumes, le format, la ville, l'imprimeur, l'année et même les défectuosités qui se trouvent assez souvent dans ces anciens livres qui ont passé par plusieurs siècles.

6. Quelquefois la date, le nom de la ville, de l'imprimeur, de l'auteur, paraissent manquer, mais ils se trouvent souvent soit dans la dédicace, soit dans la préface ou autres liminaires, ou à la fin du volume. Si cependant on cherche vainement ces indications, on copie les premières et les dernières lignes. Les ouvrages des Laserna-Santander, Brunet, Ebert, Panzer, Audiffredi, Francke et autres, plusieurs fois cités dans ce volume, en présentent des exemples parfaits de ce genre; mais le plus complet, le plus riche et le plus moderne que nous possédons maintenant sur les incunables, c'est

celui de *Hain* (1) qui dispense presque de consulter le plus grand nombre de ses prédécesseurs.

7. Pour donner une idée juste de la manière dont on rédige la description de cette espèce de curiosités, on en donne une ici, prise au hasard dans le Manuel de Brunet :

*Cy commence le Livre de Boëce de Consolation de Philosophie, compilé par Reynier de Sainct-Trudon, etc. Fait et imprimé à Bruges, par Colard Mansion, l'an et jour dessus dit* ( 1477, la veille des SS. Apôtres Pierre et Paul), in-f°. Un volume grand in-f° de 279 f. imprimés à deux colonnes, en gros caractères gothiques, sans chiffres, réclames ni signatures. Les 16 premiers feuillets contiennent la préface et la table, et commencent par :

« Cy commence le livre de Boe-
ce de consolation de phyloso-
phye compile par vénérable
homme maistre Reynier.....
de Sainct Trudon docteur en
Saincte Théologie et nagai-
res translate de latin en fran-
cois par un honneste clerc
desole qrant sa consolatiô en
la translation de cestui liure
et pmierement le proheme.

Le 17e feuillet est blanc, et le texte commence au 18e.

On lit dans l'avis du *Translateur*, placé au *verso* de l'avant-dernier feuillet, et au *recto* du dernier feuillet, la date : *en l'an m. cccc. lxxvij, la veille des Sains Apostres Pierre et Paul.*

Cet avis est terminé par la souscription :

Fait et imprime
a Bruges par Colard

(1) *Ludov. Hain*; Repertorium bibliographicum, in quo libri omnes ab arte typographic. inventa usque ad a. 1500. typis expressi ord. alphabet. enumerantur vel recensentur. 4 parties en 2 vol. 8°. Stuttgard, 1828-1838.

Mansion lan et jour
dessus dis.

8. La classification des incunables est toute particulière, parce que l'intérêt que ces livres présentent est de deux genres : l'un est produit par leur mérite littéraire, l'autre par leur exécution matérielle. Cependant, leur importance principale ayant rapport à l'histoire littéraire et à l'art de l'imprimerie, il est rationnel de les classer par pays et villes, ensuite par nom d'imprimeur, enfin d'après leur date ; néanmoins, il ne faut pas négliger de porter leurs titres à leurs places respectives dans les catalogues généraux.

## XXX.

## DES MANUSCRITS.

1. La science des anciens manuscrits est une étude toute particulière ; elle demande, outre une grande familiarité avec les langues anciennes et l'habitude de lire les écritures des siècles reculés, la connaissance approfondie de l'histoire littéraire et des auteurs classiques de l'antiquité. Mais les études paléographiques ne sont pas assez répandues ; peu de personnes savent préciser l'âge de ces manuscrits ; on ignore ordinairement leur véritable origine, le sort qu'ils ont eu jusqu'à nos jours, les variations que chaque siècle a introduit dans les caractères et dans l'orthographe ; même les moyens techniques employés à l'exécution matérielle de ces précieux volumes et des peintures qui les ornent, restent douteux.

Cette partie de la bibliographie étant trop étendue pour être traitée ici dans tous ses détails, elle fera le sujet d'un travail spécial que l'auteur se propose de publier plus tard (1) ; toutefois il croit utile d'en donner ici un aperçu succinct.

(1) On possède déjà plusieurs bons ouvrages qui peuvent servir à acquérir les premières connaissances diplomatiques : les meilleurs sont :

2. Le mérite littéraire des manuscrits consiste dans l'importance du sujet et dans la correction présumée du texte, et le mérite matériel dans l'ancienneté, dans la beauté de l'exécution et dans le bon état de conservation. Toutes ces qualités réunies dans un tel volume doivent nécessairement en faire un document précieux pour l'histoire littéraire, et un des joyaux les plus désirables pour un amateur.

3. Le plus grand nombre des anciens manuscrits qui sont venus jusqu'à nous, sont écrits ou sur papier ou sur parchemin : le papier est fait de papyrus d'Egypte, de coton ou de soie (*charta bombycina*), inventé dans l'Orient, vers 706 de J.-C., dont on se servait jusqu'au XIVe siècle, même encore après l'invention du papier de chiffon de lin.

4. Des plumes à écrire, on n'en trouve mention que dans le VIIe siècle; quant aux encres, la noire a été d'usage dès les temps les plus reculés, à l'exception que la toute ancienne ne contenait point de vitriol comme la nôtre, mais était composée de noir de fumée de bois, de résine ou de poix, de noire d'ivoire, de charbon pulvérisé, etc. L'encre rouge, déjà employée dans les manuscrits très-anciens, était de la plus grande beauté ; on s'en servait pour les initiales, les premières lignes et sommaires des chapitres (de là le mot *Rubrique*).

*Le Moine;* Diplomatique pratique; ou Traité de l'arrangement des Archives et des Chartes. 4o. Metz. 1765. — Avec un supplément sur la méthode pour déchiffrer les anciennes écritures, par *Bartheney*, avec 53 planches. 4o. Paris. 1772.

*F. A. de Landine;* Essai historique sur les manuscrits, leur matière, leur ancienneté, leurs ornements, etc., dans son ouvrage : Manuscrits de la bibliothèque de Lyon. 3 vol. 8o. Lyon. 1812. Vol. 1.

*A. Chassant;* Paléographie des Chartes et des Manuscrits du XIe au XVIIe siècle. Avec 8 gravures. 8o. Evreux, 1859.

*A. F. Pfeiffer;* Ueber Buecherhandschriften. 8o. Erlangen. 1810.

*Tassin et Toussain :* Traité de diplomatique, où l'on examine les fondements de cet art; on établit des règles sur le discernement des Titres, et l'on expose historiquement les caractères des bulles, etc. 8 vol. 4o. Paris. 1750.

*De Vaines :* Dictionnaire raisonné de diplomatique, contenant les règles principales pour déchiffrer les anciens titres, diplômes et monuments, etc., avec gravures. 2 vol. 8o. Paris. 1774.

Moins souvent trouve-t-on l'emploi de l'encre bleue, et plus rarement encore les verte et jaune. — On se servait aussi d'or et d'argent pour écrire les initiales et même des manuscrits entiers qui, au reste, à cause de la cherté de leur exécution, sont très-rares.

5. La forme primitive des manuscrits anciens est celle d'un rouleau (*volumen*), qui est la plus ancienne (1); plus tard, ce fut celle de livres ou cahiers cousus ensemble (*codices*).

6. Les copistes, chez les anciens, étaient principalement des esclaves ou des affranchis (*scribœ, librarii*); au moyen-âge ce furent les moines, parmi lesquels les *Bénédictins* étaient obligés à ce genre de travail par la règle de leur ordre.

Les correcteurs relisaient et corrigeaient ensuite les manuscrits, et les *rubricatores* les ornaient.

7. Les indices des diverses époques de leur antiquité, que l'on trouve dans l'écriture même, sont cependant, pour l'étude bibliographique, plus importants que ces parties de l'exécution matérielle des manuscrits.

La connaissance de l'âge des manuscrits *grecs*, par les traits de l'écriture, est plus difficile que celle des *latins*, parce que la seule marque caractéristique dans l'écriture grecque se voit dans sa légèreté et dans sa grâce, qui augmentent à mesure de sa plus grande ancienneté; plus elle s'approche des temps modernes, et plus elle devient lourde et raide. — Le manque ou la présence des accents ne décide rien à cet égard. En tout cas, on ne trouvera guère des manuscrits grecs plus anciens que du VIIe ou VIe siècle.

8. L'écriture des manuscrits latins est distinguée par les divers genres qu'elle présente : d'abord par majuscules et minuscules, ensuite par les différentes formes adoptées à certaines époques et chez les diverses nations (*Scriptura romana, longobardica* et *carolingica*); la gothique, qui n'est qu'une écriture de minuscules carrées et ornées, forme, depuis le XIIe

---

(1) Dans laquelle les Troubadours écrivaient encore leurs poésies.

siècle, un nouveau genre. Cependant, chacune de ces écritures se fait remarquer par plusieurs particularités qui établissent des règles de chronologie d'après lesquelles on juge l'antiquité d'un manuscrit.

9. A l'exception du *point*, les signes de ponctuation ne se voient presque jamais dans les manuscrits antérieurs au viiie siècle; même encore dans ceux du xve on trouve quelquefois ces signes remplacés par des barres diagonales.

10. Les manuscrits qui ne sont coupés ni en chapitres, ni en alinéas ou autres divisions, sont toujours très-anciens; les réclames commencent dans le xiie siècle, et plus les abréviations sont rares ou faciles à comprendre, plus l'écriture est ancienne. Enfin, dans les manuscrits d'une grande antiquité, tous les mots se tiennent et se suivent sans aucune interruption; ce n'est que dans le ixe siècle que la méthode de séparer les mots est devenue plus générale, quoiqu'on trouve des manuscrits des xive et xve siècles, où tous les mots se suivent encore sans aucune séparation. Les chiffres arabes commencent à se rencontrer dans les xiie et xiiie siècles.

11. Beaucoup de manuscrits portent à la fin l'indication du lieu où ils ont été écrits, quand et par qui; mais, sans la coïncidence des signes de reconnaissance dont on vient de parler, on risque encore d'être induit en erreur parce que souvent la date n'a rapport qu'à l'époque de la copie, ou à une partie seulement du volume; ou, ce qui est plus trompeur, elle est supposée.

12. Depuis la découverte des manuscrits d'Herculanum, nous avons la preuve irrécusable qu'aucun des manuscrits que nous possédons, n'est d'une date plus ancienne que les premiers siècles de l'ère chrétienne. Le seul que l'on connaisse de tous les auteurs classiques, et présumé plus ancien que cette époque, c'est un fragment de l'Iliade, découvert en 1825, sur l'île Éléphantine, en Egypte, par un français voyageant pour le compte du riche anglais *Banks*; il contient 800 à

900 vers, en commençant au 160º, est écrit sur papyrus en majuscules, d'une belle conservation et probablement du temps des Ptolémées.

13. Au moyen-âge, pour économiser la dépense du parchemin, on effaçait ou grattait l'écriture d'anciens manuscrits, pour y écrire de nouveau des missels antiphonaires, etc. Cette économie nous prive sans doute maintenant des plus précieux ouvrages de l'antiquité classique, et ne nous laisse que des regrets. Ces manuscrits, nommés *Palimpsestes* ( *codices rescripti, rasi*) (1), font partie des grandes raretés, et sont de la plus haute importance, s'ils contiennent quelque morceau perdu ou inconnu d'un auteur estimé. Heureusement cet usage, si pernicieux pour les lettres, a cessé dans le xive siècle, où le papier de chiffon est devenu plus commun.

14. Quoique les manuscrits soient aussi bien des livres que les volumes imprimés, leur rareté, leur importance littéraire et philologique, leur exécution technique, et leur prix en font cependant un genre tout particulier, et les en séparent très-distinctement. Aussi la rédaction d'un catalogue de manuscrits exige-t-elle des connaissances spéciales et une exactitude plus grande encore dans la description de la partie matérielle, que celle des imprimés; car tout manuscrit est unique, varie à chaque copie d'un ouvrage, et présente des particularités qui lui sont propres. Il serait donc difficile de donner une règle générale pour cette description, mais, sauf les exceptions, elle doit contenir:

Le titre dans tous ses détails;

Le format, ou plutôt la grandeur par centimètres, parce que les manuscrits ne se composant pas de feuilles ployées, on ne peut indiquer leur format pour constater avec précision l'identité d'un volume;

Sur quelle matière il est écrit: sur papier, sur vélin ou autre;

---

(1) *Ang. Maï*; Scriptorum veterum nova collectio vaticanis codicibus edita. 10 vol. in-4º. Rome. 1827.-1838.

Si le nom de l'auteur s'y trouve oui ou non ;
Les paroles par lesquelles il commence et se termine ;
S'il a des notes, des ornements, des peintures, etc.;
S'il est divisé en livres, en chapitres ou autres ;
Le nom de l'écrivain ou copiste, et s'il est entièrement de la même main ;
Dans quelle ville, ou dans quel lieu ;
Dans quelle année ;
Combien de feuillets ;
Si la reliure en est remarquable ;
Son historique, ses anciens possesseurs ;
S'il en est fait mention dans quelque ouvrage.

15. Un grand nombre de volumes manuscrits renferment plusieurs ouvrages ou pièces réunis; l'examen le plus minutieux en est donc indispensable pour bien connaître ce que chaque volume contient et pour en inscrire les titres à leurs places respectives en renvoyant au numéro collectif qu'ils portent.

16. Quant à la classification même des manuscrits, elle est nécessairement subordonnée au nombre qu'une bibliothèque en possède ; s'il n'est pas considérable, on peut les placer dans le catalogue des livres imprimés en tête de chaque division ou subdivision; si, au contraire, ils sont assez nombreux pour former un certain ensemble, on les classe par langues et chronologiquement ou suivant le système bibliographique adopté pour le reste de la bibliothèque, et on en dresse un catalogue particulier.

17. A la bibliothèque royale de Paris, la plus riche de toutes, les manuscrits sont classés par fonds qui portent les noms de ceux qui les ont légués ou vendus au roi, et chaque fonds est classé par langues.

A. *Langues anciennes.*

1º Hébreux.
2º Syriaque.
3º Samaritain.
4º Copte.
5º Ethiopien.

6° Arménien.
7° Arabe.
8° Persan.
9° Turc.
10° Chinois.
11° Indien.
12° Siamois.
13° Grec.
14° Latin.

B. *Langues modernes.*

1° Français.
2° Italien.
3° Anglais.
4° Espagnol.
5° etc.

Dans le catalogue imprimé de cette vaste bibliothèque, la diversité des langues a réglé les divisions, qui sont subdivisées d'après les cinq grandes classes des imprimés.

18. Enfin, de même que des catalogues de Francke (1), de Barbier (2), et quelques autres, serviront toujours de modèle pour la partie des livres imprimés, le catalogue de Bandini (3) a été jusqu'ici le modèle pour tous ceux qui ont rédigé des catalogues de manuscrits; cependant, plusieurs autres ouvrages du même genre (4) méritent avec raison le même éloge, et facilitent beaucoup, par leur richesse de notes, une pareille besogne.

---

(1) *J. M. Francke*; Catalogus bibliothecæ Bunavianæ. 6 vol. 4o. Lipsiæ. 1750-1756.

(2) *A. A. Barbier*; Catalogue de la bibliothèque du Conseil-d'Etat. 2 vol. fo. Paris. 1803.

(3) *A. M. Bandini*: Catalogus codicum MSS. bibliothecæ Mediceæ-Laurentianæ. 8 vol. fo. Florentiæ. 1764-1778. (3 vol. MSS. grecs. 4 vol. MSS. latins. 1 vol. MSS. italiens).
—————————— Bibliotheca Leopoldino-Laurentiana, sive Catalogus MSS., qui jussu Petri Leopoldi in Laurentianam translati sunt. 3 vol. fo. *ibid.* 1791-1793.

(4) *Morelli*; Codices MSS. latini bibliothecæ Nanianæ. 2 vol. 4o. Venetiæ. 1776.

*S. E. Assemann*; Catalogus codicum MSS. orientalium bibliothecæ

19. La conservation matérielle des manuscrits sur parchemin demande les mêmes soins dont on a parlé à l'occasion des livres imprimés : on ne doit les faire relier que lorsque l'écriture, les peintures et la peau sont parfaitement sèches ; et malgré cette précaution, il faut encore que le relieur mette du papier joseph entre chaque feuillet pour empêcher que l'encre ou les couleurs ne maculent ou déchargent. Lorsque la reliure en est faite, elle doit être encore exposée à l'air, ou à une chaleur très-modérée avant de la serrer. Si ensuite on se sert de ces sortes de livres, il ne faut les laisser ouverts que le temps nécessaire aux recherches, car rien ne perd son lustre et ne jaunit plus vite que le vélin, et la moindre humidité, ou une trop grande chaleur, le font crisper.

## XXXI.

## DES AUTOGRAPHES, ESTAMPES ET MÉDAILLES.

Il y a peu de bibliothèques de quelque étendue qui ne possèdent un certain nombre d'autographes, d'estampes ou de médailles, sans qu'il soit assez considérable pour en former une collection à part ; cependant, il faut les conserver et les classer d'une manière rationnelle et commode pour ne pas les laisser sans aucune utilité.

Ne pouvant entrer dans tous les détails qu'exigerait ce genre de collections, dont chacun fait un sujet d'é-

---

Mediceæ-Laurentianæ et Palatinæ ; curante *A. F. Gorio*. fo. Florentiæ. 1742.

*F. A. Ebert*; Bibliothecæ Guelferbytanæ codices græci et latini classici (942). 8o. Lipsiæ. 1827.

—————— Catalogus codicum MSS. orientalium bibliothecæ Guelferbytanæ. 4o. *ibid.* 1831.

*H. O. Fleischer*; Catalogus codicum MSS. orientalium bibliothecæ regiæ Dresdensis. 4o. *ibid.* 1831.

tudes toutes particulières, on se borne à donner ici les indications générales mais suffisantes, pour mettre de l'ordre dans ces sortes d'objets.

## A. AUTOGRAPHES.

**1.** Tant que les autographes ne sont pas des documents authentiques qui fournissent quelques renseignements historiques ou littéraires, ils n'ont guère d'autre intérêt que celui de présenter les traits de plumes d'une main célèbre à un titre quelconque. Cependant, ce genre de collections est devenu de mode depuis une trentaine d'années, et la critique doit s'arrêter même devant cette manie, si l'on réfléchit qu'elle donne occasion de conserver des pièces qui, plus tard, pourront peut-être fournir des matériaux intéressants aux études historiques.

**2.** La méthode la plus simple, qui permet le changement de classification autant de fois qu'on le voudra, est de mettre toutes les pièces d'un même auteur, ou signataire, dans une *chemise* (double feuille de papier), sur laquelle on écrit les nom, prénoms, naissance, mort, etc. de celui dont elle renferme les autographes, auxquels on peut aussi joindre son portrait. Plus on ajoutera de notes biographiques, historiques et littéraires d'une exactitude bien reconnue, à ces premières indications, plus une pareille collection acquerra de mérite et de valeur, parce que, outre l'importance des pièces mêmes, elle présentera un ensemble de notions qui forment un travail original et différent de tout autre du même genre.

**3.** Que l'on *se garde* bien d'écrire la moindre chose sur un autographe, ou de le fixer sur un autre papier avec de la colle ou autrement; enfin, il faut en éloigner toute chance de déérioration, car l'intégrité la plus complète est aux yeux des amateurs le premier mérite d'un autographe. La seule marque que l'on puisse y apposer, c'est celle (au crayon) du numéro d'ordre, correspondant au catalogue, et encore la place-t-on avec précaution au dos, le moins évidemment possible.

4. Les catalogues de la classification des autographes ne sont point encore soumis à une règle ou à un système bien fixe, et sont à peu près abandonnés à la volonté et au goût de chaque personne qui s'en occupe. Cependant, quelques antécédents que l'on trouve dans des catalogues, rédigés par des hommes qui, à juste titre, font autorité en fait de bibliographie, peuvent déjà servir de premiers guides dans un genre de travail qui ne fait que de naître.

Le catalogue publié par M. *Francisque Michel*, de la précieuse collection d'autographes et chartes de **M.** *Mommerqué*, est classé dans l'ordre alphabétique des noms, sans aucune subdivision quelconque.

Celui de la vente des lettres autographes du cabinet de M. *Riffet*, rédigé par M. *Merlin*, présente la classification suivante :

A. *Célébrités politiques, religieuses et militaires. de la France.*

  (1) Rois, Reines, Princes, Ministres, Généraux etc., *avant la Révolution.*
  (2) Rois, Reines, Princes, Ministres, Généraux, etc., *depuis la Révolution.*

B. *Célébrités de l'Etranger.*

  (1) Angleterre.
  (2) Italie, Espagne, Portugal.
  (3) Empire d'Allemagne, Etats du Nord, etc.,
et chaque subdivision classée chronologiquement.

Une autre belle et grande collection, appartenant à un amateur distingué, et dont le catalogue n'existe encore qu'en manuscrit, n'est classée qu'en une seule série chronologique, sans nulle subdivision.

**5.** En comparant ces différentes méthodes, le meilleur système de classification de ces sortes de pièces paraîtrait être le suivant :

D'abord par NATION, ou par PAYS,
Ensuite par CATÉGORIES DE RANG, D'ÉTAT, ou de CÉLÉBRITÉ :

>Souverains et Princes,
>Guerriers,
>Magistrats,
>Clergé,
>Sciences,
>Lettres,
>Arts,
>Femmes,
>Mélanges.

Et enfin, chaque subdivision par *ordre chronologique*.

**6.** Deux catalogues sont aussi indispensables que pour une bibliothèque, l'un systématique, conforme à la classification des pièces mêmes, l'autre alphabétique avec des renvois aux divisions et aux numéros des chemises qui, de leur côté, dûment étiquetées, numérotées et annotées, doivent être rangées, selon le système adopté, dans des boîtes ou dans des porte-feuilles formant volumes (1).

### B. ESTAMPES.

**1.** Il n'en est point des estampes comme des autographes ; le goût de réunir des collections de gravures de tous genres est ancien, et l'expérience a enseigné la méthode de leur classement et de leur conservation. Nous possédons d'excellents ouvrages qui traitent aussi bien la théorie de la connaissance de ces productions

---

(1) Voyez aussi : *Manuel de l'Amateur d'Autographes*, par *P. J. Fontaine*. 8º. Paris. 1836.

de l'art, que la pratique de leur arrangement (1). Ces livres ne laissent rien à désirer à l'amateur et ont établi une classification si bien reconnue bonne qu'elle est presque généralement adoptée. — Elle forme les douze classes suivantes :

1. Sculpture, Architecture, Génie, Gravure.
2. Piété, Morale, Emblèmes et Devises sacrés.
3. La Fable, les Antiques grecques et romaines, etc.
4. Généalogie, Chronologie, Héraldique, Médailles, Numismatique.
5. Fêtes publiques, Entrées de villes, Cavalcades, Tournois et Carrousel.
6. Géométrie, Machines, Mathématiques, Art militaire, Marine, Arts et Métiers.
7. Romans, Facéties, Bouffonneries, Caricatures.
8. Histoire naturelle, Anatomie.
9. Cartes géographiques et historiques.
10. Monuments anciens et modernes, et Topographie.
11. Portraits.
12. Modes, Costumes et Mœurs.

Chaque classe est divisée par écoles, et chaque école par œuvre de maîtres.

## C. MÉDAILLES.

1. Les médailles et monnaies, témoins irrécusables de l'histoire et de l'archéologie, sont depuis assez longtemps le sujet des plus savantes études pour que l'on ait établi pour elles un système fondé sur des bases rai-

---

(1) *A. J. B. de Bartsch;* Anleitung zur Kupferstecherkunde. 2 vol. 8o. Vienne. 1821.
——————————— Le Peintre-Graveur. 21 vol. 8o. *ibid.* 1803-1821.
*Joubert;* Manuel d'Amateurs d'estampes. 8o. Paris. 1820.
*Ch. H. de Heinecken;* Idée générale d'une collection complète d'estampes. 8o. Leipsic. Kraus. 1778.

sonnées et confirmées depuis un siècle par les travaux les plus remarquables (1).

2. Quoique le nombre des médailles d'une collection détermine principalement le genre de leur arrangement, on suit toujours dans leur classification le système adopté par les principaux cabinets de l'Europe.

MÉDAILLES *antiques*, formant cinq suites de têtes :

1º des Rois.
2º des Villes.
3º des familles romaines (consulaires).
4º des Empereurs.
5º des Déités, des Héros et des hommes illustres.

MÉDAILLES *modernes*, en trois divisions.

1º d'Europe.
2º des autres parties du monde.
3º Jetons.

Et chaque suite ou division subdivisée :

en or.
en argent.
en bronze.

---

(1. *J. H. Eckhel*: Doctrina numorum veterum. 8 vol. 4º. Viennae. 1792-1798.

*A. L. Millin*; Introduction à l'étude des Médailles. 8º. Paris. 1796.

*J. G. Lipsius*; Bibliotheca numeraria, sive catalogus auctorum qui usque ad finem seculi XVIII de re monetariâ et nummis scripserunt; edidit *C. G. Heyne*. 2 vol 8º. Lipsiae. 1801.

*J. C. Rasche*; Lexicon universi rei nummariæ veterum et principæ Græcorum et Romanorum; cum observationibus antiquariis, geographicis, chronologicis, historicis, criticis et passim cum explicatione monogrammatum, edidit *C. G. Heyne*. 7 tomes en 14 vol. 8º. *ibid*. 1785-1805.

*Th. E. Mionnet*; Description des Médailles antiques, grecques et romaines. 6 vol. 4º. Paris. 1806-1813, et 5 supplém. 1819-182...

## XXXII.

# ESSAI D'UNE STATISTIQUE

### DES BIBLIOTHÈQUES PUBLIQUES DANS L'ÉTRANGER.

### (1839.)

Après les savantes *Recherches sur les bibliothèques anciennes* de feu *Petit-Radel*, il serait difficile d'ajouter beaucoup à l'histoire de ces établissements, depuis que les hommes ont commencé à former des collections de livres jusqu'au milieu du xv$^e$ siècle; on ne manque pas non plus d'ouvrages qui traitent spécialement des bibliothèques en France, mais on ne connaît presque rien de celles des autres pays d'Europe; et, en cela, comme en bien d'autres choses, les Français ressemblent aux habitants du *Céleste-Empire* (1) : tout ce qui n'est pas France est une terre inconnue pour nous, et, malgré les milliers de Français qui, dans nos dernières guerres, ont franchi le Rhin, les Alpes et les Pyrénées, nous savons peu de la littérature et de la bibliographie de nos plus proches voisins. Les voyages *ad hoc* de plusieurs de nos savants ne fournissent même à ce sujet que peu ou point de renseignements de quelque importance. Le résultat de ces tournées se renferme ordinairement dans les étroites limites d'un rapport au ministre, si toutefois ces voyageurs ne mettent pas leur lumière entièrement sous le boisseau.

Il ne sera donc pas sans intérêt, pour les bibliographes français, d'avoir quelques notions sur les bibliothèques publiques, au-delà de cette muraille chinoise que la circonscription de la nationalité et le peu de connaissance des langues étrangères ont élevé autour de la France.

(1) La Chine

Je conviens de bonne foi que ce travail est bien incomplet et laisse beaucoup à désirer; mais on le jugera peut-être avec quelque indulgence si l'on veut bien considérer que c'est le *premier essai* de ce genre, surtout quand on saura combien peu j'ai trouvé de secours auprès de certaines personnes qui, par leur position de bibliothécaires, ou par le goût qu'elles affichent pour les études bibliographiques, auraient pu facilement me fournir des renseignements les plus utiles pour ce travail. — Mes instantes prières adressées à ce sujet dans les pays les plus éloignés comme dans les plus proches, n'ont trouvé accueil que rarement. L'Allemagne et l'Italie seules ont répondu avec quelque prévenance à ma demande; et j'ai fait de nouveau l'expérience bien affligeante, qu'en fait de recherches littéraires ou historiques, on trouve rarement aide et assistance chez ses confrères en études. — Est-ce indifférence, jalousie de métier ou espoir de relever plus d'erreurs et omissions dans cet essai? Je ne chercherai à approfondir aucune de ces suppositions, ne serait-ce que pour l'honneur du corps !

Mais si j'ai été privé des renseignements que j'espérais recevoir, j'en ai trouvé en revanche dans les consciencieux ouvrages d'*Ebert*, de *Balbi*, de *Namur* et autres. Ces indications m'étaient d'autant plus précieuses que je pouvais m'en servir de confiance, sûr qu'elles avaient passé à l'examen de ces auteurs distingués.

J'ai, au reste, la conviction que tous ceux qui s'occupent de recherches historiques ou statistiques doivent connaître la difficulté extrême de découvrir la vérité au milieu des renseignements souvent les plus contradictoires, et ce n'est qu'avec la plus grande circonspection que je me suis servi des nombreux matériaux que j'ai réunis sur mon sujet.

L. A. C.

## ALLEMAGNE. (*Villes libres et petits Etats.*) (1)

Brême. (*Ville libre.*) (2)

 Bibl. du *Chapitre* ; f...... Peu nombreuse, mais plusieurs mss. de prix.

 Bibl. du *Gymnase* ; f. 1615, considérablement augmentée par l'acquisition de la bibl. de *M. Goldast*. — 16,000 vol.

Carlsruhe (*Grand-Duché de Baden.*) (3)

 Bibl. *Grand-Ducale* ; f. 1756, par le transfert de Bâle de la bibl. de *Durlach* ; augmentée en 1771 par celle de *Rastatt*, en 1803 par celle des couvents supprimés, et depuis encore par la collection de *J. Reuchlin*. — 70,000 vol.

Cassel. (*Hesse électorale.*) (4)

 Bibl. *Electorale* ; f..... par le landgrave *Guillaume-le-Sage* ; rendue publique en 1700. — 60,000 vol. parmi lesquels beaucoup de mss. rares.

Constance. (*Grand-Duché de Baden.*) (5)

 Bibl. de la *Ville*......

---

(1) Abréviations adoptées dans cette Statistique.
 Bibl. — Bibliothèque, bibliothèques.
 f. — Fondé, formé.
 Vol. — Volumes.
 Impr. — Imprimé.
 mss. — Manuscrits.

(2) *J. Nonne;* Entwurf einer Gesch. der Bremer oeffentlichen Bibliotheken. 4º. Brême. 1775.
*J. P. Cassel;* de bibliothecis Bremensibus. 4º. *ibid.* 1776.

(3) *F. Molter;* de bibliothecâ Carolo-Fridericianâ. 4º. Carlsruhe. 1771.
——————— Beiträge zur Gesch. und Literatur aus einigen Handschriften der Badiichen Bibliothek. 8º. Francfort-s.-M. 1797.
*J. A. C. Buchon;* Souvenirs de mes courses en Suisse et en Baden. 8º. Paris. 1836.

(4) *J. C. G. Hirsching;* Versuch einer Beschreibung sehenswürdiger Bibliotheken Teutschlands. 4 vol. 8º. Erlangen. 1786-1790.

(5) *J. A. C. Buchon;* Souvenirs, etc. (Voyez plus haut.)

DARMSTADT. (*Grand-Duché de Hesse-Darmstadt.*) (1)

    Bibl. *Grand-Ducale*; f. 1760, augmentée en 1811 par celle du professeur *Baldinger*. — 30,000 vol. y compris les incunables et quelques mss.

DESSAU. (*Duché d'Anhalt.*)

    Bibl. *Ducale*; f. en 1819 par la réunion de plusieurs petites bibl. dispersées dans les divers châteaux du Duc. — 20,000 vol. impr.

DELMOLD. (*Principauté de la Lippe.*)

    Bibl. de la *Ville*; f. 1823, par le prince Léopold. Aug.-Alex., de plusieurs bibl. dispersées.

FOULDE. (*Hesse électorale.*)

    Bibl. de la *Ville*; f. 1775. — 12,000 vol.

FRANCFORT-S.-M. (*Ville libre.*) (2)

    Bibl. de la *Ville*; f. 1484 par un legs de *Louis de Marbourg*, augmentée en 1690 par la bibl. de *J. Max de Jungen*, en 1704 par celle de *Job. Ludolf*, en 1708 par celle de *Pistoris*, et en 1721 par celle de *Waldschmid*. — 40,000 vol. impr., 300 incunables et quelques mss.

    Bibl. de l'*Institut Senkenberg*; f. 1769 par *J. G. de Senkenberg*.

    Bibl. de l'*Institut Staedel*; f. 1816 par legs de *J. F. Staedel*.

FRIBOURG. (*Grand-Duché de Baden.*) (3)

    Bibl. de l'*Université*; f.... Augmentée en 1778 par la principale partie de la bibl. du professeur de *Riegger*, et plus tard par les collections de plusieurs couvents supprimés, surtout de

---

(1) *H. B. Wenck*; Von der Bibliothek zu Darmstadt. 4º. Darmstadt. 1789.

(2) *J. J. Lucius*; Catalogus bibliothecæ publicæ Moeno-Francofurtensis. 4º. Francfort-s.-M. 1728.

(3) *H. Amann*; Præstantiorum aliquod codicum mss., qui Friburgi servantur, notitia. 4º. Fribourg. 1837.

celui de Saint-Blaise. — 70,000 vol. impr., dont beaucoup d'incunables et quelques mss.

GIESSEN. (*Grand-Duché de Hesse-Darmstadt.*) (1)

Bibl. de l'*Université;* f. 1650 par une grande partie de la bibl. de *Marbourg.* Elle a reçu une augmentation considérable en 1800 par la bibl. de *de Senkenberg.* — 24,000 vol. parmi lesquels plusieurs mss. précieux.

GUSTROW. (*Grand-Duché de Mecklembourg-Schwerin*).

Bibl. *Chapitrale;* . . . .

HAMBOURG. (*Ville libre.*) (2)

Bibl. de la *Ville;* f. 1529. (1651?) Son principal accroissement date de 1739, où la bibl. de *J. C. Wolf* y fut réunie. — 50,000 vol. impr. et 3,000 mss.

Bibl. de la *Boersenhalle;* . . . . . . .

HEIDELBERG. (*Grand-Duché de Baden.*) (3)

Bibl. de l'*Université;* f. 1703, par l'électeur *Jean Guillaume*, en achetant la bibl. de *Graevius* et en y réunissant les débris de l'ancienne bibl. palatine, pillée, et incendiée à plusieurs reprises. En 1787 elle fut rendue publique. Depuis son origine elle reçut des dons et des legs considérables, mais la grande augmentation lui survint en 1803 par l'acquisition de la bibl. de l'école d'économie politique et par les collections des couvents supprimés. — Les mss. de

---

(1) *C. F. Ayrmann;* Specimen bibliothecæ Giessensis academiæ librorum rariorum. 4º. Giessac. 1755.

*J. F. Wahl;* Bibliothecæ Giessensis memorabilia. 4º. Ibid. 1745.

*A. Boehm;* De libris rarioribus bibliothecæ Giessensis. 4º. Ib. 1771.

(2) *M. Kirsten;* Memoria bibliothecæ Hamburgensis. fº. Hamburgensis. 1651.

(3) *F. Wilken;* Geschichte der Bildung, Beraubung und Vernichtung der alten heidelberger Büchersammlung. 8º. Heidelberg. 1817.

*J. A. C. Buchon;* Souvenirs de mes courses en Suisse et en Baden. 8º. Paris. 1836.

la bibl. palatine ayant été enlevés en 1623 pour la Vaticane à Rome, la principale partie en fut rendue à l'Université en 1816 (1), et fait maintenant un des plus beaux ornements de cette bibl. — 145,000 vol. impr. et 2000 mss. Ces derniers sont surtout précieux pour l'histoire d'Allemagne.

(L'ancienne bibl. palatine existait déjà en 1396.)

Lubeck. ( *Ville libre.* ) (2)

Bibl. de la *Ville*; f. 1620, par la réunion de toutes les bibl. des églises de la ville. — 20,000 vol. impr. dont beaucoup de beaux incunables, et 100 mss.

Manheim. ( *Grand-Duché de Bade.* )

Bibl. du Lycée. f. . . . . . . — 20,000 vol.

Marbourg. ( *Hesse électorale.* ) (3)

Bibl. de l'*Université*; f. 1527, par la réunion des collections de plusieurs couvents supprimés; augmentée en 1603 par la bibl. du Comte de *Dietz*, mais privée en 1650 de la moitié de ce qu'elle possédait pour être donnée à l'Université de Giessen. De nouveau augmentée en 1757 de la bibl. du conseiller *Senning*, des doubles de la bibl. électorale de Cassel en 1760, des bibl. du chancelier *Estor* 1768, du prof. *Borell* 1771,

---

(1) *F. Creutzer;* Catalogus codicum palatinor. academ. heidelbergens. restitutorum. 4º. Heidelberg. 1816.

(2) *J. G. Gessner;* De signis atque imaginibus in bibliothecâ Lubecensi specimina tres. fº. Lubeck. 1757-1761.

————— Verzeichniss seltener Bücher die i. d. oeffentl. Biblioth. zu Lübeck befindlich sind. 8º. *Ibid.* 1779.

————— Verzeichniss der vor 1500 gedruckten auf der oeffentl. Biblioth. zu Lübeck befindlichen Schriften. 4º. *Ibid.* 1782.

————— Idem 1500 à 1520. 4º. *Ibid.* 1785.

(3) *J. C. G. Hirsching;* Versuch e. Beschr. sehensw. Bibl. Teutschlands. 4 vol. 8º. Erlangen. 1786-1790.

*C. F. Hermann;* Catalogus codicum mss. qui in bibl. acad. Marburgensi asservantur. 4º. Marburg. 1838.

du prof. *Duysing* 1781; et dans les derniers temps de la bibl. de la Commanderie de Luculm et d'une partie de celle de Corvey et de Helmstaedt. — 55,000 vol. dont quelques incunables et mss.

MAYENCE. (*Hesse électorale.*)

Bibl. de la *Ville*; f. . . . . . Réorganisée et rendue publique en 1800. — 17,000 vol. dont beaucoup d'incunables très-rares.

NEUSTRELITZ. (*Grand-Duché de Mecklembourg-Schwerin.*)

Bibl. de la *Ville*; f. . . . . . .

OLDENBOURG. (*Duché d'Oldenbourg.*) (1)

Bibl. *Ducale*; f. 1792, par l'achat de la bibl. du conseiller *Brandes*, de Hanovre. — 21,000 vol. impr.

ROSTOCK. (*Grand-Duché de Mecklembourg-Schwerin.*) (2)

Bibl. de l'*Université*; f. 1569. Enrichie par beaucoup de dons et de legs, surtout dans les derniers temps par la bibl. de l'ancienne université de Bützow en 1789, et par celle du prof. *Tychsen* en 1816. — 43,000 vol.

SALMONSWEILER. (*Grand-Duché de Baden.*) (3)

Bibl. de l'*Abbaye*; f. . . . . Peu nombreuse, mais remarquable par des incunables et des mss. très-anciens.

UEBERLINGEN. (*Idem.*)

Bibl. de la *Ville*; f. . . . .

WIESBADEN. (*Grand-Duché de Nassau.*)

Bibl. *Grand-Ducale*; f. . . . — 40,000 vol.

---

(1) *L. W. C. von Halem;* Bibliographische Unterhaltungen. 8o. Bremen. 1795.

(2) *O. G. Tychsen;* Geschichte der Universitaets-Bibliothek. und des Museums zu Rostock. 4o. Rostock. 1790.

(3) *J. A. C. Buchon;* Souvenirs de mes courses en Suisse et en Baden. 8o. Paris. 1836.

**Wolfenbuttel.** (*Duché de Brunswick*. (1)

> Bibl. *Ducale*; f. 1604, par le duc *Auguste* qui l'augmenta encore par les bibl. des *Curions* et de *Célius Augustinus* et par une partie de celle de *Freher*. En 1636 elle fut enrichie de la bibl. de *Cutenius*, en 1689 des mss. du couvent de Weissenberg, en 1710 des mss. de *Gudius* (2), et en 1737 de la bibl. du bibliothécaire *Hertel*. Plus tard on y ajouta encore la bibl. particulière du duc qui se conservait au château de Blankenbourg, et la belle collection de bibles jusqu'alors gardée à Brunswick. — 190,000 vol. impr. et 4,500 mss.

## AUTRICHE,

### ET TOUS LES ÉTATS QUI Y SONT ATTACHÉS.

**Bischofteiniz.** (*Bohême*.) (3)

> Bibl. du *couvent des Capucins*. f. . . .

**Brunn.** (*Autriche*.) (4)

> Bibl. de l'église St. Jacques; f. . . . . . . . Très-riche en incunables et 425 mss. de beaucoup de prix.

**Carlsbourg.** (*Hongrie*.)

> Bibl. *Batyani*; f. . . .

---

(1) *H. Conringius;* Epistola de bibliothecâ augustâ quæ est in arca Wolfenbuttelensi, etc. 4º. Helmstaedt. 1684.
*J. G. Burckhardt;* Historia bibliothecæ augustæ, quæ Wolfenbutteli est. 2 parties. 4º. Lipsiae. 1744-1746.
*F. A. Ebert;* Bibliothecæ Quelferbytanæ codices græci et latini classici. 8º *Ibid.* 1827.
——————— Catalogus codicum mss. orientalium biblioth. Quelferbytanæ. 8º. *Ibid.* 1831.
(2) Voyez son Catalogue. 8º Kiel. 1709.
(3) *J. Dobrowsky;* Boehmische Litteratur, 1er vol. p. 290.
(4) *Ibid.* 1er vol. p. 151.

GRAETZ. (*Autriche.*)

Bibl. du *Johannéum*; f. 1826, par le don que l'archiduc *Jean* fit de toute sa bibl. particulière. — 10,000 vol.

Bibl. de l'*Université*; f. . . . des bibl. de divers couvents supprimés dans le voisinage.—100,000 vol. dont 3,500 incunables.

HERMANNSTADT. (*Autriche.*)

Bibl. de *Bruckenthal.*; f. . . . .

INSPRUCK. (*Autriche.*) (1)

Bibl. de l'*Université*, f. . . . — 40,000. vol. dont 200 incunables et quelques MSS.

KLOSTERNEUBOURG. (*Autriche.*)

Bibl. *Chapitrale*; f. . . . — 30,000 vol. impr., et beaucoup de MSS. orientaux et latins.

KREMSMUENSTER. (*Autriche.*)

Bibl. *Chapitrale*; f. . . . — Elle est riche et possède un grand nombre de MSS. de classiques latins.

KRUMAU. (*Bohème.*)

Bibl. du *Prince de Schwartzenberg.*; f. . . . — 30,000. vol.

LEMBERG. (*Autriche.*) (2)

Bibl. de l'*Université*; f. 1786, par la bibl. *Garelli*, et augmentée en 1795 par le legs de celle du comte *Ossolinski*. — . . . .

LINTZ. (*Autriche.*)

Bibl. . . . . .

MAROS-VASARHELY. (*Autriche.*)

Bibl. du comte *Teleky*; f. . . . .

---

(1) Catalogus bibliothecæ universitatis OEnipontanæ. 8o. Inspruck. 1792.

(2) *M. Denis*; Merkwürdigkeiten der Gallerinischen Bibliothek. 4o. Vienne. 1780.

**Moelk.** (*Autriche.*) (1)

    Bibl. du *Couvent*; f... — 16,000 vol. impr. dont plusieurs incunables de prix, et 1500 mss.

**Nikolsbourg.** (*Autriche.*)

    Bibl. du *Prince Dietrichstein*; f. dans le xvii siècle. — 10,000 vol. impr. et 650 mss.

**Olmuetz.** (*Autriche.*)

    Bibl. du *Lycée*; f... Elle fut augmentée en 1786 des bibl. de 36 couvents supprimés. — 70,000 vol. dont beaucoup de mss.

**Ossek.** (*Autriche.*)

    Bibl. du couvent *des Cistériens*; f.... — 10,000 vol. dont quelques mss.

**Pesth.** (*Hongrie.*)

    Bibl. de l'*Université*; f. 1792... — 50,000 vol. (2)

    Bibl. du *Musée national de Hongrie*; f... par celle du comte *Szecheny*. (3)

    Bibl. du prince *Fürstenberg*; f...

    — *Strahow*; f.....

    — des *Régnicoles*; f...

    — *chapitrale*; f.....

**Prague.** (*Bohème.*) (4)

    Bibl. du *Chapitre métropolitain*; f. dans le xiie siècle, et augmentée de celle du préposite *Pontinus de Breitenberg*; en 1732 elle reçut encore, par

---

(1) *Kropff*; Historiæ bibliothecæ Mellicensis, 4°. Vienne. 1747.

(2) *G. Pray*; Index rariorum librorum bibliothecæ universitatis regiæ Budensis. 2 parties. 8° Bude. 1780-1781.

(3) Catalogus bibliothecæ hungaricæ franc. com. Szechenyi. 2 vol. 8°. Sopronii. 1799.

——————————— Index alter secund. scientiar. ord. 8°. Pesthii 1803. Index supplementi. 1803.

Catalogus manuscriptorum biblioth. nationalis hungaricæ Szechenyano regnicolaris. 3 vol. 8°. Sopronii. 1815.

(4) *B. Balbinus*; De bibliothecis et mss. codicibus in Bohemia. ed. F. C. Kanh. 8°. Prague. 1780.

don, la bibl. de l'archevêque *Meyer*. — 4000 vol impr., mais une très-belle et riche collection de mss.

Bibl. *impériale et royale*, ou de l'*Université*, f. 1370, par l'achat de la bibl. du diacre *G. de Hasenberg*. En 1621 elle fut remise aux jésuites, mais rendue en 1777 ; on y réunit alors les bibl. de tous les collèges des jésuites et celle des comtes *Kinsky* ; puis on y incorpora encore non-seulement quelques bibl. particulières, mais aussi celle d'un grand nombre de couvents supprimés en Bohême. — 150,000 vol. y compris les mss.

Bibl. des *Chanoines-Prémontrés de Strohof*; f. 1665, augmentée en 1772 de la bibl. de *Klauser*, en 1781 de celle de *Heydel*, et plus tard de la belle collection d'auteurs classiques de *de Reiger*. — 50,000 vol. impr. dont beaucoup d'incunables, plus de 1000 mss.

Bibl. *Archiépiscopale*, sur le Hradschin; f.... — 6,000 vol.

Bibl. du musée national; f.... —

— du prince *Aug. de Lobkowitz*; f... —— 70,000 vol.

Bibl. du comte *de Clam-Martinitz*; f.... —— 21,000 vol.

Bibl. du comte *de Klebelsberg*; f...... —— 18,000 vol.

Bibl. du prince *de Kinsky*; f... —— 40,000 vol.

## Presbourg. (*Hongrie*.)

Bibl. du comte d'*Appony*; f. .....

## Raitz. (*Autriche*.)

Bibl. du comte de *Salm*; f... — 20,000 vol.

## Raudnitz. (*Bohême*.)

Bibl. du prince *Lobkowitz*; f... — 100,000 vol. impr. et 1680 mss.

REICHENAU. (*Bohême.*)

Bibl. du comte de *Kolowrat;* f. . — 16,000 vol.

SALZBOURG. (*Autriche.*)

Bibl. de la *Ville;* f. 1810, par l'ancienne bibl. de l'Université, de celles de l'abbaye *Brechtesgarden* et des couvents supprimés et d'une partie de la bibl. de la Cour. —20,000 vol. dont quelques incunables et MSS.

TOTH-MEYER. (*Hongrie.*)

Bibl. du comte *Louis Karoly;* f.... — 18,000 vol.

VIENNE. (*Autriche.*) (1)

Bibl. *Impériale;* f. 1440 par l'empereur *Frédéric III*, et successivement augmentée par les collections de *Conr. Celtes, J. Faber* et *J. Dernschwamm*, par les MSS. réunis dans l'Orient par *Auger de Busbeck*, par les bibl. de *W. Lazius, J. Sambucus, de Stein, S. Tengnagel,* de la famille *Fugger* d'Augsbourg, *Lambeccius,* par une partie de la bibl. d'*Ambras*, par les bibl. du marquis *Gabrega*, du baron de *Hohendorf* (2), de *Cardon*, du prince *Eugène,* d'*Héraeus,* d'A-

---

(1) *P. Lambeccius;* Commentar. de bibl. cæsar. Vindobonensi. ed. altera stud. *A. F. Kollarii.* 8 vol. fo. Viennae. 1766-1782.

*A. F. Kollarius;* Supplementum ad Lambeccii commentar. vol. 1. fo. *ibid.* 1790.

———————— Analecta monumentorum omnis æri Vindebonensia. 2 vol. fo. *Ibid.* 1761.

*D. de Nessel;* Catalogus, s. recensio specialis omnium codic. MSS. græcorum, nec-non linguarum oriental. bibl. cæsar. Vindobonensi. 2 vol. fo. *Ibid.* 1690.

———————— Jor. Breviarium et supplementum commentar. bibl. cæsar. Vidobon. 2 vol. fo. *Ibid.* 1809.

*M. Denis;* Codices MSS. theolog. biblioth. Vindobonensi. 6 vol. fo. *Ibid.* 1795-1800.

*J. de Hammer;* Codices arabicæ, turc. persic. bibliothecæ cæsar. Vindobonensi. fo. *Ibid.* 1820.

*F. J. V. Mosel;* Geschichte der k. k. Hofbibliothek zu Wien. 8o. *Ibid.* 1835.

(2) Bibliotheca Hohendorfiana, ou catalogue de la bibl. de G. G

*lexandre Riccardi*, par les bibl. particulières des empereurs *Charles VI, François* 1er, *Joseph II,* et *Léopold II,* par celles du château de Gratz, du comte *Starhenberg*, de l'ancienne bibl. de l'université de Vienne, du baron *van Swieten*, de la *Ville* de Vienne même (1), et d'un grand nombre de couvents supprimés. — Elle est publique depuis 1575, et contient, outre ses riches cabinets d'estampes et autographes, 270,000 vol. impr. et 16,000 mss.

Bibl. de la nouvelle *Université*; f. 1777, par la réunion des bibl. des jésuites et des couvents supprimés; augmentée par celles de *Windhagen* (2) et de *Geschwind* (3). — 102,000 vol.

Bibl. de l'académie *Thérésienne*; f... — 30,000 vol. impr. dont 700 incunables.

Bibl. du prince *de Liechtenstein*; f... — 40,000 vol.
— de l'archiduc *Charles*; f... — 25,000 vol. et un cabinet de cartes et d'estampes.

Bibl. du prince *de Metternich*; f. 1816. — 23,000 vol. et un cabinet de cartes.

Bibl. des *Archives militaires*; f. 1801, par *François* Ier. — 22,000 vol. et un cabinet de cartes et d'estampes.

Bibl. des *Pères Servites*; f... — 22,000 vol. dont plusieurs mss. et incunables.

Bibl. du prince *Esterhazy*; f. 1791. — 20,000 vol. et un cabinet d'estampes.

Bibl. du prince *Rasoumoffsky*; f... — 15,000 vol. et un cabinet de cartes et d'estampes.

Bibl. des *Augustins*; f... — 15,000 vol.
— du comte de *Schoenborn*; f... — 14,000 vol.
— des *Ecossais*; f... — 13,000 vol.
— particulière de l'empereur *Ferdinand* Ier; f. par lui-même en... — 12,000 vol.

---

(1) *P. J. Lambacher*; bibliotheca antiqua Vindobonensis civica. 4o. Viennae. 1750.

(2) Bibliotheca Windhagiana. 4o. Viennae. 1733.

(3) Catalogus bibliothecæ Geschwindianæ. 8o. *Ibid.* 1757.

Bibl. de feu l'archiduc *Antoine;* f.... — 12,000 vol.
— de l'*Institut polytechnique;* f. 1815, par *François* I<sup>er</sup>. — 12,000 vol.

Bibl. *dramatique* de M. *Castelli;* f.... — 12,000 vol.
— du cabinet d'*Histoire naturelle;* f. 1796. — 10,000 vol.

Bibl. du baron *de Bretfeld-Chlumczansky;* f.... — 10,000 vol.

Bibl. du prince *Dietrichstein;* f.... — 10,000 vol.
— du comte *Fuchs;* f. . . . — 8,000 vol.
— de l'académie *Joséphine;* f. . . . — 6,000 vol. remarquable par le choix des livres.

Bibl. du cabinet de *Numismatique;* f....—6,000 vol.
— du chevalier *de Kesaer;* f.... — 5,000 vol.
— de l'académie des *Langues orientales;* f. 1754, par *Marie-Thérèse*. . . — 3,500 mss. et 15,000 chartes.

Bibl. de M. *Portalaka;* f. . . . — 2,200 vol.
— du duc *Albert de Saxe-Tesche;* f. . . .
— du comte *Harrach;* f. . . .
— des *Dominicains;* f. . . .

Vienne fait, comme on le voit, une remarquable exception parmi beaucoup d'autres grandes villes de l'Europe, par le grand nombre de bibliothèques particulières qui, par leur étendue et leur richesse, surpassent bien des bibliothèques nationales; et, si l'entrée n'en est pas publique *de nom*, elle l'est *de fait* par la libéralité de leurs propriétaires.

## BAVIÈRE.

Augsbourg. (1)

Bibl. de la *Ville;* f. 1537, par la bibl. du couvent

---

(1) *E. Ehingerus;* Catalogus bibliothecæ Augustæ-Vindelicorum. fo. Augsbourg. 1633.

*A. Reiser;* Index mss. bibliothecæ Aug.-Vindelic. 4o. Ibid. 1675.

*J. C. G. Hirsching;* Versuch einer Berchreibung sehenswürdiger Biblioth. Teutschlands. 4 vol. 8o. Erlangen. 1786-1790. – 2 vol. p. 26.

*G. W. Zapf;* Die Augsburgische Bibliothek. 2 vol. 8o. Augsbourg 1795.

des Carmélites de sainte-Anne, à laquelle on a réuni en 1544 les mss. grecs d'*A. Eparchus*, et plus tard celle de *Welser*. — 24,000 vol. impr. Autrefois elle possédait 338 mss. dont beaucoup de la plus grande valeur, mais ils ont été transportés à la bibliothèque royale de Munich; et les incunables ont été vendus à l'amiable, il y a peu de temps.

BAMBERG. (1)

Bibl. de la *Ville*; f. 1803, des bibl. des couvents supprimés dans la ville et ses environs, et d'une partie de la bibl. ducale de Deux-Ponts. — . . Elle contient une belle collection d'incunables et de mss. (2)

BAYREUTH. (3)

Bibl. de la *Chancellerie*; f. 1736, et considérablement augmentée en 1798. — 25,000 vol.

ERLANGEN. (4)

Bibl. de l'*Université*; f. 1743, par la bibl. du château de cette ville et par celle de l'académie des nobles et du couvent de Heilbron; ensuite augmentée de celle du Dr. *Superville*, de la margrave *Sophie-Frédérique* et du margrave *Frédéric-Chrétien*, des doubles de la bibl. de *Trew* à Altdorf, et de la bibl. entière du prof. *Masius*. En 1800 elle reçut encore une partie de

(1) *H. J. Jaeck*; Vollstaendige Beschreibung der oeffentlichen Bibliotheken zu Bamberg. 5 vol. 8º. Nuremberg. 1831-1835.

(2) Un catalogue de ces mss., rédigé par *Jaeck*, se trouve dans le Journal allemand : *Isis*. 4º. Leipzig. 1819. vol. 2. p. 1221, et dans *Pertz's* Archiv für deutsche Geschichtskund. 8º. Hanovre. 1820. . . T. 6. p. 40-79.

(3) Verzeichniss der Bayreuther Bibl. 8º. Bayreuth. 1799.

(4) *F. A. Pfeiffer*; Beytraege zur Kenntniss alter Bücher und Handschriften. 3 vol. 8º. Hof. 1783-1785.

*G. C. Harles*; Programma de memorabilibus bibl. academ. Erlangæ. fº. Erlangen. 1800.

*J. C. Irmischer*; Diplomatische Beschreibung der mss. in der Universitaets-Bibliothek zu Erlangen. 8º. Erlangen. 1829.

l'ancienne bibl. du château d'Anspach, et en 1813 plus de la moitié de celle de *Schreber*. — 50,000 vol. impr., 900 incunables et 600 mss.

Hof (1).

Bibl. du *Lycée*; f. . . . . . .

Landshut.

Bibl. de l'*Université*; f. 1800, par celle de l'ancienne université d'Ingolstadt. (2) — Elle possédait 100,000 vol., dont beaucoup d'incunables et de mss.; mais en 1826 la majeure partie en a été transportée, avec l'université même, à Munich, et la bibl. actuelle est presque insignifiante.

Munich. (3)

Bibl. *Royale-Centrale*; f. 1595 par Albert V, et peu après augmentée par les mss. du Pt *Victorius*, par une partie de la bibl. de la famille *Fugger* et par la collection d'*Alb. Widmanstadt*. Pendant la guerre de trente ans elle fut encore enrichie par les conquêtes de Tubingue et Ludwigsburg, mais son importance actuelle ne date que de 1803; à cette époque on y a réuni la bibl.

---

(1) *J. T. B. Helfrecht*; Ueber die Hofer Schulbibliotek. 3 parties. 8o. Hof. 1795-1796.

(2) *S. Seemiller*; Bibliothecæ academiæ Ingolstadiensis incunabula typographica. 4 vol. 4o. Ingolstadt. 1787-1792.

(3) Catalogus græc. mss. cod.cum qui asservantur in Bavariæ ducis bibliotheca. 4o. Ingolstadt. 1602.

*A. Reiser*; Index mss. bibliothecæ Augustæ-Vindelicorum. 4o. August.-Vindelic. 1675.

*G. Steigenberger*; Entstehung und Aufnahme der churfurstlichen Bibliothek in Munchen. 4o. Munich. 1784.

*P. Braun*; Notitia de codic. mss. in biblioth. monast. ad. SS. Udalr. et Afram Augustæ exstantibus. 6. vol. 4o. Aug. Vindel. 1791-1795.

——— Notitia de libris ad anno 1500 impressis in ead. biblioth. exstantibus. 2 vol. 4o *Ibid*. 1788-1789.

*J. C. de Aretin*; Catalogus codic. mss. bibliothecæ regiæ Bavariæ. 4o. Sulzbach. 1812.

*J. Hart*; Catalogus codic. mss. (græc.) bibliothecæ reg. Bavar. 4 vol. 4o. Munich. 1806-1812.

*O. Frank*. Ueber die morgenlaendischen Handschriften der k. Bibl. in München. 8o. *Ibid*. 1814.

de Manheim et on a commencé à faire des réquisitions dans les couvents et dans les autres bibl. publiques du pays. C'est ainsi qu'on a successivement transporté les mss. de la bibl. d'Augsbourg, la majeure partie de celles de *Cobres* (en 1811), de *Schreiber* (en 1813), de l'université de Landshut (en 1826) et de beaucoup d'autres. — 530,000 vol. impr., 12,000 incunables et 8,000 mss.

Bibl. de l'*Université* ; f. . . . . — 150,000 vol. impr. 2,000 mss.

Neustadt (*sur l'Aisch*.) (1)

Bibl. de l'*Eglise*; f. vers 1525, par les bibl. de quelques couvents supprimés. — Elle est riche en incunables et en mss.

Bibl. de l'*Ecole*; f. . . . . . . — Elle possède plusieurs livres impr. et mss. très-rares.

Nuremberg. (2)

Bibl. de la *Ville*; f. à l'époque de la réforme, par la réunion des bibl. des couvents supprimés dans le pays. L'augmentation principale date de 1766, où elle reçut la bibl. de *Solger*. Dans les derniers temps on y a encore joint les bibl. de *Wille*, de *Marperg* et celle du couvent des converts. — 30,000 vol. dont beaucoup d'incunables, plus 800 mss.

---

(1) *G. M. Schnitzer*; Anzeigen von den in der Bibliothek zu Neustadt an der Aisch befindlichen Handschriften. 6 parties 4º. Nuremberg. 1782-1787.

*C. A. OErtel*; Catalogus bibliothecæ Scholæ Neustadii ad Aissum. 7 parties 8º. *Ibid*. 1787-1790.

(2) Bibliotheca norica. 8 vol. 8º. Nuremberg. 1772-1795.

*C. F. de Murr*; Memorabilia bibliothecarum public. Norimbergensium. 3 vol. 8º. *Ibid*. 1786-1791.

*G. C. Ranner*; Beschreibung der Nürenberger Stadtbibliothek. 8º. *Ibid*. 1821.

Bibliotheca *A. R. Solgeri*. 3 vol. 8º. *Ibid*. 1760-1762.

**Ratisbonne.** (1)

Bibl. de la *Ville*; f. 1430, augmentée en 1782 de la bibl. du Gymnase et en 1783 de celle du Ministère. Les ouvrages les plus importants et les plus précieux ont été transportés dans la bibl. centrale à Munich. — 20,000 vol. impr.

**Wurtzbourg.** (2)

Bibl. de l'*Université*; f. . . . L'augmentation la plus importante lui est parvenue par la suppression des abbayes et couvents des environs, où il se trouvait de grandes richesses en incunables et en MSS., dont cependant une grande partie a été transportée dans la bibl. centrale à Munich.

## BELGIQUE.

**Anvers.**

Bibl. de la *Ville*; f. 1796, par les bibl. des couvents supprimés en 1794. —

**Bruges.**

Bibl. de l'*Université*; f. 1797, par les bibl. d'un grand nombre de couvents supprimés en 1794. — 10,000 vol. impr. 536 MSS.

Bibl. du *Séminaire*; f. . . .

**Bruxelles.**

Bibl. *Royale*; f. 1836, par l'achat de la bibl. de *Van Hulthem* à Gand (3). Rendue publique en

---

(1) *L. W. C. v. Halem*; Bibliographische Unterhaltungen. 8º. Breme. 1795.

*K. T. Gemeiner*; Beschreibung der Handschriften in der Stadtbibliothek. von Regensburg. 4º. Ingolstadt. 1791.

(2) *G. Hufeland*; Nachricht von den juristischen Schaetzen der Würtzburger Universitaets-bibliothek. 8º. Bamberg. 1805.

(3) *A. Voisin*; Bibliotheca Hulthemiana, ou catalogue méthodique de la collection de livres et de MSS. laissés par M. *van Hulthem*. 6 vol. 8º. Gand. 1836-1838.

1839. — 80,000 vol. impr. et quelques MSS. — Cabinet de médailles et d'estampes (1).

Bibl. de *Bourgogne*; f. 1380, par *Philippe-le-Hardi*; continuellement augmentée par les princes de ce pays, elle est devenue une des plus riches en MSS. précieux (2). — Cette bibl. a été rendue publique en 1772, et forme depuis 1838 la deuxième division de la bibl. royale. — 18,000 MSS.

Bibl. de la *Ville*; f. 1795, par les collections des couvents supprimés et des émigrés dont les biens furent confisqués à cette époque. — En 1813, elle comptait 80,000 vol. Aujourd'hui 1840, elle renferme environ 120,000 vol.

Bibl. de la *Chambre des Représentants*; f. . . .
— de l'*Académie royale*; f. . . . .
Bibl. des *Ecoles militaire* et *vétérinaire*; f. . . . .
— de l'*Observatoire*; f. . . . . .
— de la *Cour de cassation*; f. . . . . .
— de la *Cour d'appel*; f. . . . . .

GAND. (3)

Bibl. de l'*Université*; f. au milieu du xviij siècle, et augmentée par les débris des bibl. des couvents supprimés. — 52,000 vol. impr. 556 MSS.

Bibl. des *Jésuites*; f. . . . .

LIÈGE.

Bibl. de l'*Université*; f. au commencement du xviij siècle. — 62,000 vol. impr. 400 MSS.

Bibl. du *Séminaire*; f. . . . . .

LOUVAIN. (4)

Bibl. de l'*Université*; f. 1639, par les bibl. de

---

(1) *P. Namur*; Histoire des Bibliothèques publiques de Belgique. 2 vol. 8o. Bruxelles. 1840. — 1er vol., contenant les Bibliothèques de Bruxelles.

(2) *De Laserna-Santander*; Mémoire historique sur la bibliothèque dite de Bourgogne. 8o. Ibid. 1809.

(3) *J. A. Walwin de Tervliet*; Catalogue des MSS. de la bibliothèque publique de Gand. 8o. Gand. 1816.

(4) *E. Paleanus*; Auspicia bibliothecæ publ. Lovaniensis; accedit

*Beyerlinck, Romain* et de l'archevêque *Boonen*. Récemment (1822) elle a reçu de grandes augmentations, surtout par les acquisitions faites dans la vente du prof. *Wyttenbach* à Leiden. — 120,000 vol. impr. 246 mss.

MALINES.

Bibl. du *Séminaire* ; f. . . . . .

MONS.

Bibl. de la *Ville* ; f. vers 1796, par les bibl. des couvents supprimés en 1794. — . . . .

NAMUR. (1)

Bibl. de la *Ville* ; f. 1797, par les bibl. des couvents supprimés en 1794.

TOURNAY. (2)

Bibl. de la *Ville* ; f. dans le xvii<sup>e</sup> siècle.

## DANEMARCK.

AALBORG.

Bibl. du *Diocèse* ; f. . . . . .

AARHUUS.

Bibl. du *Diocèse* ; f. . . . . .

ALTONA. (3)

Bibl. du *Gymnase* ; f. 1727. — 10,000 vol. dont plusieurs incunables et mss. de prix.

COPENHAGUE. (4)

Bibl. *Royale* ; f. 1664, par le roi *Frédéric III*. —

---

(1) Catalogue de la bibliothèque publique de la ville de Namur. 8º. Namur. 1718.

(2) *V. Deflinne-Mabille* ; Précis historique et bibliographique de la bibliothèque de la ville de Tournay. 8º. Tournay. 1835.

(3) *J. C. G. Hirsching* ; Versuch einer Beschreibung sehenswürdiger Bibliotheken Teutschlands. 4 vol. 8º. Erlangen. 1786-1790.

(4) *J. Erichsen* ; Udsigt over den gamle mss. Samling i det store Kongelige Bibliothek. 8º. Copenhague. 1786.

Les augmentations les plus importantes qu'elle a reçues sont la bibl. *de Suhm*, et la célèbre collection d'incunables du baron *de Thott*. — 410,000 vol. dont un très-grand nombre d'incunables et de mss. de prix, ainsi qu'une belle collection de bibl.

Bibl. de l'*Université* (1). L'ancienne bibl. f. 1483, de 35,000 vol. et de beaucoup de précieux mss., fut entièrement détruite, en 1728, par un incendie. Celle qui existe maintenant fut fondée peu de temps après par le roi *Christian* VI, et ensuite enrichie des mss. d'*Arnas Magnœus* et de *J. A. Fabricius*, et des bibl. de *Chr. Falster*, de *O. Fréd. Müller* et de *F. Roostgaard*. — 60,000 vol. impr. et 4,000 mss.

KIEL. (2)

Bibl. de l'*Université*; f. 1506, par la bibl. du couvent supprimé de Bordesholm; augmentée en 1779 par celle du chapitre de Schleswig, et en 1784, par celle du ministre *Wolf*.

MARIEBOE.

Bibl. du *Diocèse*; f. . . . .

ODENSEE.

Bibl. du *Diocèse*; f. . . . .

---

*C. G. Hensler*; Codices græci in bibl. regia Havniensis. 8º. *Ibid.* 1784.

———————— Codicum V. T. græcorum bibl. regiæ Havniensis notitia. 8º. *Ibid.* 1782.

*E. Nyerup*; Specimen bibliographicum ex bibl. reg. Havniensis. 3 fascic. 8º. *Ibid.* 1783.

*C. Molbech*; Om offentlige Bibliotheker. 8º. *Ibid.* 1831.

(1) *R. Nyerup*; Om et gammalt Suensk Manuscript. paa Universitaets-Bibliotheker in Skandinavisk Museum. vol. 1. p. 257-281.

———————— Catalogus librorum Sanskritanorum quos Bibliotheca universitatis Havniensis vel dedit vel paravit *N. Wallich*. 8º. Copenhague. 1821.

(2) *S. Kortholt*; De Bibliotheca academiæ. 4º. Kiel. 1705-1709.

*C. F. Cramer*; Ueber die Kieler Universitaets-Bibliothek. 8º. *Ibid.* 1798.

**REIKIAWICK** (*en Islande*).

Bibl. de la *Ville*; f. . . . .

**RIBE.**

Bibl. du *Diocèse*; f. . . . .

**ROËSKILDE.**

Bibl. du *Diocèse*; f. . . . .

**VIBORG.**

Bibl. du *Diocèse*; f. . . . .

## ESPAGNE.

**ALCALA DE HENARÈS.**

Bibl. de l'*Université*; f. 1499, par le cardinal *Ximenès* qui lui légua en outre, à sa mort, toute sa bibl. particulière.

**BARCELONNE.**

Bibl. de la *couronne d'Aragon*; f. . . . .

**BURGOS.**

Bibl. de . . . .

**ESCURIAL.** (1)

Bibl. de l'*Escurial*; f. 1583, par le roi *Philippe II*, en réunissant les collections de MSS. de *Benoît Arias* et de *Diego Hurtado de Mendoza*. Le 7 Juin 1671, elle fit des pertes considérables par un incendie; cependant, d'après un inventaire fait en 1764, elle possédait encore à cette

---

(1) *A. Ximenès*; Description del real monasterio del Escurial. . . p. 185-210.

*M. Caviri*; Bibliotheca arabico-hispan. Escorialensis 2 vol. f°. Madrid. 1760-1770.

*A. Barvoeti*; Catalogus præcipuor. auctor. ineditor. MSS. in bibl. Scorial. v. *J. J. Mader*; de bibliothecis, etc., 8°. Helmstaedt. 1703. p. 124.

*C. Clemens*; Musei sive bibliothecæ exstructio, etc., 4°. Lyon. 1635. p. 515 et suiv.

époque 17,800 vol. impr. et 4,300 mss. du plus grand intérêt. — Elle est partagée en trois divisions.

**MADRID.**

Bibl. *Royale*; f. 1712. — 200,000 vol. impr. 2,500 mss. (1)
Bibl. *Particulière-Royale*; f. . . .
— de *San Isidoro*; f. . . . — 50,000 vol.
— de *San Fernando*; f. . . .
— des *Jésuites*; f. . . .
— du Duc de l'*Infantado*; f. . . .
— du Duc d'*Osuno*; f. . . .
— du Duc de *Médina-Cœli*; f. . . .

**MALAGA.**

Bibl. de . . .

**SALAMANCA.** (2)

Bibl. de l'*Université*; f. 1215, par le roi *Alphonse* IX. Elle est renommée par sa richesse en mss.; entre autres, de ceux en langue grecque de *Fréd. Nonus*.

**SANTÏAGO.**

Bibl. de . . . . .

**SARAGOSSE.**

Bibl. de l'*Université*; f. . . . . .

**SÉVILLE.**

Bibl. des *Archives des Indes*; f. . . . .

**TERRAGONE.**

Bibl. de . . . . .

---

(1) *J. Iriarte*; Regiæ bibliothecæ Matrit. codices græci mss. f°. Madrid. 1769.

(2) *J. Ortiz*; Bibliotheca salmantina, seu index libror. omnium qui in publica Salmant. academiæ bibl. asservantur. 3 vol. 4°. Salamanca. 1777.

**Tolède.**

Bibl. de la *Cathédrale*; f. . . . — Elle est riche en incunables et MSS.

**Valence.**

Bibl de. . . . . .

## GRANDE-BRETAGNE et IRLANDE. (1)

**Aberdeen.**

Bibl. du *Collége royal*; f. . . — 20,000 vol.

**Birmingham.** (2)

Bibl. de la *Ville*; f. . .

**Cambridge.**

Bibl. de l'*Université*. Elle n'a acquis de l'importance que par l'achat que fit pour elle George I, en 1715, de la bibl. de *Moore*, évêque d'Ely. En 1815, elle reçut par legs encore celle du comte *Fitz-William*. — 100,000 vol. impr. y compris beaucoup d'incunables, et 2,000 MSS. (3)

Bibl. du *Corpus-Christi-Collége*; f. . . . . . par M. *Parker*, archevêque de Canterbury (4). —

Bibl. de Ste *Catherine's hall*; f. . . . . de la bibl. de *Sherlock*, évêque de Londres et de quelques dons particuliers. —

---

(1) Dans toute la Grande-Bretagne chaque collège a une bibliothèque particulière; mais l'accès n'en est possible, pour les personnes qui n'appartiennent pas à chacune de ces institutions, que moyennant une permission spéciale.

(2) Catalogue of the books belonging to the Birmingham library. 8º. Birmingham. 1807.

(3) *Ackermann*; History of the University of Cambridge. 2 vol. 4º. London. 1815.

*Hartshorne*; The book-rarities in the University of Cambridge. 8º. Ibid. 1829.

(4) *J. Nasmith*; Catalogus librorum MSS. in biblioth. collegii corporis Christi in Cantabrigia quos legavit M. *Parker*. fº. Cambridge.

Bibl. de *St-John's-Collège*; f. . . . En réunissant les bibl. de *Gunning*, évêque d'Ely, et du poète *Prior*. —

Bibl. du *Trinity-Collège*; f. . . . A laquelle a été réunie celle de *Isaac Barrow*. Le bâtiment qu'elle occupe est remarquable par sa magnificence. — 40,000 vol.

Bibl. du *Magdalen-Collège*; f. . . . Augmentée par celle de *Sam-Pepys*. (1)

DEVONPORT.

Bibl. de la *Ville*; f. . . .

DUBLIN. (2)

Bibl. du *Trinity-Collège*; f. . . . Elle contient un grand nombre de précieux mss.

DURHAM.

Bibl. de la *Cathédrale*; f. . . . Contient beaucoup d'incunables et mss. précieux.

EDIMBOURG.

Bibl. de l'*Université*; f. 1580. Elle est remarquable par le choix des livres qui la composent, et par la célèbre collection de thèses de médecine dont elle a fait acquisition de *Reimarus* à Hambourg en 1770. — 50,000 vol., y compris quelques incunables et mss (3).

Bibl. des *Avocats*; f. 1682. — Elle est une des plus complètes sur l'histoire et l'ancienne poésie de l'Ecosse. — 150,000 vol. impr. et 6,000 mss. (4)

Bibl. des *Writers to the signet* (secrétaires du sceau); f. . . . . — 20,000 vol. (5)

---

(1) *E. Bernard et H. Wanley*; Catalogi libror. mss. angl. Hibern. 2 vol. fo. Oxford. 1696-1697. T. 1. pars 3. p. 89.

(2) ——————————————— T. 2. pars 2. p. 1.

(3) Catalogus librorum ad rem medicam spectantium in biblioth. academiæ Edinburgens. 8o. Edinburg. 1798.

(4) *Th. Brown*; Catalogus of the library of the faculty, of advocates. 3 vol. fo. Edinburg. 1742-1807.

(5) Catalogue of the library of the Writers of his Majesty's signet. 2 vol. 4o. *Ibid.* 1805-1820.

Edon.

    Bibl. de la *Ville*; f. . . . . . . — Elle est assez nombreuse et remarquable par la réunion des bibl. de *Saville* et de *Storer* qui s'y trouvent.

Glasgow.

    Bibl. de l'*Université*; f. . . . .—30,000 vol.
    — du *Musée hunterien*; f. 1783, par le legs que le célèbre médecin *William Hunter* fit à la ville de Glasgow, de toute sa bibl.—15,000 vol. parmi lesquels un grand nombre d'incunables.(1)
    Bibl. de l'*Académie Anderson*; f. 1796, par *J. Anderson*, professeur à l'université de Glasgow. — 36,000 vol.

Herford.

    Bibl. de la *Cathédrale*; f. . . . . . —

Lincoln.

    Bibl. de la *Cathédrale*; f. 1681, et augmentée par celle de *Mich-Honywood*.

Liverpool.

    Bibl. de l'*Athénée*; f. . . . . .
    — du *Lycée*; f. . . . . .

Londres.

    Bibl. du *Musée Britannique*; f. 1753, par l'acquisition des diverses collections de livres et objets d'arts et d'histoire naturelle du chevalier *J. Sloane*. Depuis cette époque elle a reçu continuellement des augmentations importantes, telles que les mss. de *Rob. Cotton*; sauvés de l'incendie de 1731, les mss. de *Ed. Harley* Comte d'*Oxford*, la bibl. établie dans le Westminster depuis 1615, les bibl. du major *Edwards* et du docteur *Birch*, les mss. de *Landsdown*, de *Hargrave* et de *Rich*, la grande collection

---

(1) *J. Laskey*; A general account of the Hu rian Museum. 8o Glasgow. 1813.

dramatique anglaise de *Garrick*, les bibl. de *Cracherode*, de *Giguené*, de *D. Burney*, de *Rymer* et beaucoup d'autres, sans compter les présents, donations et acquisitions continuels. — 220,000 vol. impr. et 30,000 mss. et chartes. (1)

Bibl. *Royale;* f. . . . . A laquelle a été réunie celle du consul *Smith*. (2)

Bibl. de la *Ville;* (Guildhall.) f. . . .
— de l'*Hôtel des Indes Orientales;* f. . . . .
— du *Middle Temple;* f. . . .
— du *Inner Temple;* f. . . . . (3)
— de l'*Académie royale des Sciences;* f. . . par la bibl. du duc *Norfolk* (4). Augmentée en 1715 de celle d'*Aston* et dans les derniers temps de la superbe bibl. d'histoire naturelle de *Banks*. (5) — 50,000 vol. impr. et 1000 mss. (6)

(1) Catalogus librorum mss. bibliothecæ Cottonianæ. fo. London. 1696.
*M. Planta;* Catalogue of the mss. in the Cottonian library. fo. *Ibid.* 1802.
*D. Casley;* Catalogue of the mss. in the King's library. 4o. *Ibid.* 1734.
Catalogue of the Harleïan collection of mss. preserved in the british Museum (by *Humphry, Wanley, Casley* and *Hooker*). 2 vol. fo. *Ibid.* 1759.
A Preface and Index to the Harleïan collection of mss. fo. *Ibid.* 1763.
*Nares;* Catalogue of the mss. of the Harleïan library in the british Museum. 4 vol. fo. *Ibid.* 1808-1815.
*Ayscough;* Catalogue of the mss. preserved in the british Museum. 2 vol. 4o. *Ibid.* 1782.
Catalogue of the Landsdowne mss. 2 vol. fo. *Ibid.* 1812-1819.
Catalogus librorum impressor. qui in Museo britan. adservantur. 2 vol. fo. *Ibid.* 1787.
*H. Ellis et H. Harwey Baber;* Libror. impressor. qui in Museo britan. adservantur catalogus. 3 vol. 8o. *Ibid.* 1812.
Catalogue de la bibl. de Ginguéné. 8o. Paris. 1817.
Catalogue of the Syriac mss. in the british Museum. fo. London. 1839.
(2) Catalogus bibliothecæ Smithianæ. 4o. Venise. 1755.
(3) Catalogue of the printed books and mss. in the library of the inner Temple. 8o. London. 1806.
(4) Bibliotheca Norfolciana. 4o. London. 1681.
(5) *J. Driander;* Catalogus bibliothecæ historico-naturalis. 5 vol. 8o. *Ibid.* 1796-1800.
(6) ——— ——— Voyez *Savage's* Librarian. 3 vol. 8o. *Ibid.* 1808-1809. vol. 1. p. 71.

Bibl. de l'*Institution royale;* f. 1821. . . . . (1)
— de la *Société royale;* f. . sous Charles II. (2)
— de *London-Institution;* f. 1806. . . .
— de la *Société royale de Sculpture;* f. . . .
— de la *Société des Antiquaires;* f. 1751.. (3)
— de la *Société des Arts;* f. 1753. . . .
— de la *Société des Mathématiques;* f. 1717, par *J. Middleton.* . . . . .
— de l'*Institution de Mécanique;* f. 1823. .
— de la *Société Littéraire de West-London;* f.
— de la *Société Littéraire de Nord-London;* f.
— de l'*Institution Belgrave;* f. . . . .
— de l'*Institution Russell;* f. . . . . (4)
— de l'*Institution Surry;* f. . . . (5)
— de la *Société Médicale;* f. 1773. — 30,000 vol. (6)
Bibl. de la *Société Medico-Chirurgicale;* f. . (7)
— de la *Société Linnéenne;* f. 1788, par *J. E. Smith.* — . . . (8)
— de la *Société de Zoologie;* f. 1826. . . .
— de la *Société d'Entomologie;* f. 1806. . .
— de la *Société d'Horticulture;* f. 1805. . .
— de la *Société de Géographie;* f. . . .
— de la *Société de Statistique;* f. . . .
— de la *Société de Géologie;* f. 1813.
— des *Inns of Court;* f. . . . . .

(1) *W. Harris;* Catalogue of the library of the royal Institution. 8º. London. 1821.
(2) Catalogue of the scientific books in the library of the royal Society. 8º. *Ibid.* 1839.
(3) Catalogue of the printed books et MSS. in the library of the Society of Antiquarians. 4º. *Ibid.* 1816.
(4) Catalogue of the library of the Russell Institution. 8º. London. 1811.
(5) Catalogue of the library of the Surry Institution. 8º. *Ibid* 1812.
(6) Catalogue of the library of the medical Society of London. 8º. *Ibid.* 1808.
(7) *H. J. Todd;* Catalogue of the library of the medical and chirurgical Society of London. 3 vol. 8º. *Ibid.* 1816-1826.
(8) Voir les transactions of the Linnean Society. 4º. *Ibid.* vol. 5 et suiv.

Bibl. de *Gray's Inn;* f. . . . . .
— de *Lincoln's Inn;* f. . . . .
— des *Doctor's Commons;* f. . . . .
— du *Collège de Sion;* f. 1629, à l'usage du clergé et détruite en 1666 par un incendie; mais en 1670 on en a formé une nouvelle qui existe encore. — . . . . (1)
Bibl. du *Collège of Phisicians;* f. 1652, par *Harvey.* — . . . .
Bibl. du *Collège of Arms;* f. . . . . .
— du *Collège of Surgeons;* f. . . . . .
— de l'*Archevêque de Canterbury;* (Lambeth-Palace); f. 1611, par l'archevêque *Samroft.* — 20,000 vol. imp. et 700 mss. (2)
Bibl. de lord *Spencer;* f. . . . .
— du comte *Bridgewater;* f. . . . .
— du duc de *Devonshire;* f. . . . .
— du duc de *Sussex;* f. . . . .
— de lord *Gower;* f. . . . .
— de lord *Vernon;* f. . . . .
— de sir *Th. Phillips;* f. . . . .
— of sir *Fr. Feeling;* f. . . . .
— of sir *Th. Greenville;* f. . . . .
— of *D. Williams* (Reed-cross-street); f. . . . .

Aucune ville dans le monde ne possède, comme Londres, un si grand nombre de *bibliothèques particulières*, dont chacune ferait l'ornement remarquable de plus d'une des capitales des continents; mais aussi l'accès pour le public n'est nulle part plus difficile qu'en Angleterre. Quelques-unes seulement font une rare exception de cette bibliotaphie.

Il en est de même des bibliothèques des collèges dans toute la Grande-Bretagne; aucun n'est sans bibliothèque plus ou moins étendue, mais aucun n'admet de visiteur.

(1) *G. Reading;* Bibliothecæ cleri Londinensis in collegio Sionensi catalogus. f°. *Ibid.* 1724.
(2) Catalogue of the mss. in the library of the archbishop of Canterbury at Lambeth. f°. *Ibid.* 1812.

Manchester. (1)

Bibl. de la *Ville*; f. . . . . . —7,000 vol.

Oxford. (2)

Bibl. *Bodleyenne*; f. 1597 (1480?) par *Th. Bodley* de plusieurs collections que l'université possédait alors, et auxquelles il joignit la sienne qui était très-considérable. Elle n'a été rendue publique qu'en 1602. Les principales augmentations, postérieures à cette époque, sont la collection de mss. de *Barocci*, donnée par le comte *Pembrock* en 1629, et celle de *Kenelm-Diby* en 1634, les 1,300 mss. de l'archevêque *W. Laud* en 1639, la bibl. de J. Selden en 1659, la collection de mss. donnée par *Fr. Junius*; la bibl. d'Edw. *Bernard*. Dans les temps modernes elle s'est enrichie des mss. de d'*Orville* (3), de la bibl. de *Rich. Gough* de 20,000 vol. en 1797 (4), des mss. du voyageur Clarke (5), et d'*Oppenheim* et de beaucoup d'autres.—250,000 vol. impr. et 25,000 mss. — Elle s'augmente

---

(1) *J. Radcliffe*; Bibliothecæ Chetamensis, s. bibliothecæ publicæ Mancuniensis ab *Huberto Chetam* armigero fundatæ catalogus. 2 vol. 8º. Manchester. 1791.

(2) *Ackermann*; History of the University of Oxford. 2 vol. 4º. Londres. 1814.

Catalogus impressor. librorum biblioth. Bodleyanæ. 2 vol. fº. Oxford. 1738.

———————————— Supplement. fº. *Ibid.* jusqu'en 1828.

*J. Uri et A. Nicoll*; Bibliothecæ Bodleyanæ codic. mss. oriental. catalogus. 2 vol. fº. *Ibid.* 1787-1821.

Notitia editionum quæ, vel primariæ vel sec. xv impressæ vel Aldinæ in bibliothecà Bodleyana adservantur. 8º. *Ibid.* 1795.

Catalogi libror. mss. angliæ et hibernæ (a *Bernard* et *H. Wanley*). 2 vol. fº. *Ibid.* 1696-1697.

(3) Codices mss. et impressi cum notis olim d'Orviliani, qui in bibl. Bodleyana adservantur. 4º. *Ibid.* 1806.

(4) Catalogue of the books relating to british topography and Saxon and northern litterature, bequeathed to the Bodleyan library by *Rich. Gough*. 4º. *Ibid.* 1814.

(5) Notitia seu catalogus codicum mss. qui ab E. D. Clarke comparati in biblioth. Bodleyana adservantur. 2 vol. 4º. *Ibid.* 1812-1815.

continuellement par la réception qu'elle fait d'un des exemplaires que les libraires des trois royaumes réunis sont tenus de déposer à Londres, de leurs publications.

Parmi les bibl. des Collèges (1) se distinguent particulièrement :

    Bibl. du *Allsouls-Collège*; f. . — 50,000 vol.

    — du *Christ-Church Collège*; f. . 30,000 vol.

    — du *Corpus-Christi Collège*; f. par *Fox*, évêque de Durham, et augmentée par celle de *Turner*; — . . .

    Bibl. du *John's-Collège*; f. . . . Remarquable par le grand nombre d'incunables. — . . .

    Bibl. de *Radcliffe*; f. . . . Etablie dans un très-beau local et principalement consacrée à la médecine et à l'histoire naturelle. — 80,000 vol.

    Bibl. du *Ashmolean Museum*; f. . . .

**PLYMOUTH.**

    Bibl. de la *Ville*; f. . . .

**SAINT-ANDREWS. (?)**

    Bibl. de l'*Université*; f. . . . — 12,000 vol.

**SHREWSBURY.**

    Bibl. de l'*Ecole publique*; f. . . . —

**SKIPTON.**

    Bibl. de Miss. *Richardson-Currer* à Eshtonhall près Skipton; f. . . .

**WORCESTER.**

    Bibl. de la *Cathédrale*; f. . . .

**YORK.** (2)

    Bibl. de la *Cathédrale*; f. 1612, par l'archevêque *Mathew*, et augmentée en 1686 par l'archevêque *Dolben*, et en 1731, par *Fothergill*. . . . .

---

(1) Catalogi libror. MSS. Angliæ et Hiberniæ (a *E. Bernard* et *H. Wanley*). 2 vol. f°. Oxford. 1696-1697.

(2) *Idem*.

## HANOVRE.

**Gottingue.** (1)

Bibl. de l'*Université*; c'est la bibl. la plus complète, la mieux organisée, la plus utile de l'Europe; f. 1736, par la bibl. de l'ancien gymnase de la ville, composée de 708 vol. seulement, elle reçut peu de temps après la bibl. du Grand Bailli *de Bülow* de 9,300 vol. et 2150 doubles de la bibl. royale de Hanovre. Des nombreux dons, des subventions accordées par le gouvernement, et les économies de la sage administration universitaire firent que cette bibl. contenait déjà en 1765 près de 65,000 vol.; en 1785, 120,000 vol.; en 1820, 240,000 vol.; et en 1836, 300,000 vol. impr. et 5,000 mss. de premier mérite. — Le catalogue général (en manuscrit) par ordre alphabétique, formait, en 1838, plus de 200 vol. in-f°.

**Hanovre.** (2)

Bibl. *Royale*; f. 1660. — 50,000 vol. parmi lesquels quelques mss. de prix.

**Lunebourg.** (3)

Bibl. de la *Ville*; f. . . . par la bibl. du couvent des Carmes déchaussés de Sainte-Marie, et augmentée en 1695 par la bibl. de *Rickemans*, et en 1713, par celle de *Witzendorf*.

---

(1) *S Pütter*; Geschichte der Universitaet Goettingen, und fortgesetzt von *Saalfeld* und Oesterley. 4 vol. 8°. Gottingen. 1765-1838.

(2) *J. E. Hausmann*; De bibliothecis Hanoveranis publicis. 4°. Hanover. 1725.

*J. F. Hahn*; Conspectus bibliothecæ regiæ Hanoveranæ. f°. *Ibid*. 1727.

(3) *J. C. G. Hirsching*; Versuch einer Beschreibung sehenswürdiger Bibliotheken Teutschlands. 4 vol. 8°. Erlangen. 1786-1790. T. 2. p. 395.

## ITALIE.

**Agrigente.**
    Bibl. *Luchesi*; f. . . .

**Arezzo.**
    Bibl. de la *Ville*; f. . . . — 10,000 vol.

**Bellune.** (1)
    Bibl. de la *Ville*; f. . . . Elle possède plusieurs mss. remarquables.

**Bergame.**
    Bibl. de la *Ville*; f. . . . par des dons volontaires de quelques particuliers de Bergame. — 45,000 vol.

**Bologne.** (2)
    Bibl. de l'*Université* ou de l'*Institut*; f. 1690, par le comte *A. F. de Marsigly*, et augmentée en 1725 par le pape Benoît XIV. — 150,000 vol. impr. et 400 mss., dont une grande partie en langues orientales.
    Bibl. des *Bénédictins*; f. . . . . A laquelle ont été réunies celles de plusieurs couvents supprimés, entre autres la belle bibl. des Augustins de S. Salvador. — . . .
    Bibl. *Magnani*; f. . . . . par le legs d'un dominicain de ce nom; récemment enrichie par le don de celle du professeur *Valeriani*. Le fondateur, en léguant sa bibl. à la ville, a expressément prescrit qu'elle soit ouverte au public *les jours où les autres seraient fermées*. — . . .
    Bibl. *Albomotienne*; f. . . . .

---

(1) Nova raccolta d'oposc. scient. e. filolog. T. IV. p. 145-170.
(2) *Mich. Talman*; Elenchus libror. orientalium mss. a Marsiglio collectorum. fo. Vienne. 1702.
*Montfaucon*: diarium italium. 4o. Paris. 1702.

BRESCIA.

    Bibl. de la *Ville*; f. . . . par le don qu'en fit le cardinal *Quirini*. — 280,000 vol. parmi lesquels beaucoup de précieux MSS. et incunables.

CAGLIARI.

    Bibl. de la *Ville*; f. . . . de la bibl. particulière du roi *Charles-Emanuël* et de celle du comte *Bogin*; augmentée par des vol. de l'imprimerie royale de Turin, et par des acquisitions faites par le roi *Victor-Amédée III*. — 17,000 vol.

MONT-CASSIN.

    Bibl. du monastère du *Mont-Cassin*; f. . . . Les archives de ce couvent sont célèbres par un grand nombre de chartes de la plus haute importance. — 18,000 vol., dont beaucoup d'incunables et de MSS. très-précieux.

CAVA (La).

    Bibl. du monastère de la *Trinité*; f. . . . Peu nombreuse, mais remarquable par le grand nombre d'incunables et de MSS. de prix.

CESÉNA. (1)

    Bibl. de la *Ville*; f. 1454, par *Malatesta Novello*. Elle possède beaucoup de MSS.

CHIAVARI.

    Bibl. de la *Ville*; f. . . . — 6,000 vol.

COME.

    Bibl. de la *Ville*; f. . . . — 10,000 vol., dont quelques anciens MSS.

CORTONE.

    Bibl. de l'*Académie étrusque*; f.... par *Ridolfino Venuti*, et beaucoup augmentée par l'acquisition de la bibl. du chanoine *Maccari*. Elle est

---

(1) *S. M. Muccioli*; Catalogus codicum MSS. Malatestianæ Cæsenatis bibliothecæ. 2 vol. f°. Ceséna. 1780-1784.

FAENZA.

Bibl. d'*Imola*; f..... par le comte *Blaise Sassatelli d'Imola*. Elle ne contient que 4,000 vol. et 4 MSS.

FERRARE. (1)

Bibl. de la *Ville*; f. 1546. — Récemment elle a été augmentée de celle du cardinal *Riminaldi*. Elle est une des mieux choisies et une des plus belles bibl. de l'Italie, et possède entre autres MSS. remarquables des autographes d'Arioste, du Tasse et de Guarini. — 80,000 vol. impr. et 900 MSS.

FLORENCE.

Bibl. *Laurentienne*; f. 1444, par *Côme de Médicis*, pillée par l'armée française en 1494, les restes vendus en 1496 au couvent des Dominicains de Saint-Marco, et revendus par celui-ci en 1500 au cardinal *J. de Médicis* à Rome. Successivement complétée et augmentée par ses divers propriétaires, cette bibl. fut rapportée à Florence en 1523 par ordre du pape *Clément V*, et enfin rendue publique en 1571. Elle fut ensuite enrichie des MSS. de la famille *Gaddi* en 1755, des franciscains de Montepulciano en 1758, du couvent de S. Croce en 1766, du palais *Pitti* en 1772, du chapitre S. Maria del fiore et du couvent franciscain *il bosco ai frati* en 1778, de la famille *Strozzi* et du couvent de Fiosole (2) en 1784, et dans les derniers temps elle reçut en don la bibl. du comte *A. M. d'Elci* (3). — Cette belle bibl. n'est composée

---

(1) Notizia delle bibliothece di Ferrara e dei manuscritti contenutivi del Cavalieri, etc. 8o. Ferrare. 1818.

(2) *A. Pallavicini*; Summa bibliothecæ MSS. Fesulanæ. 8o. Florence. 1752.

(3) Catalogo dei libri dal Conte A. M. d'Elci donati al libreria Mediezo Laurenxiana. 4o. *Ibid*. 1826.

que de mss. au nombre de près de 10,000 (1), car tous les livres imprimés des diverses bibl. ci-dessus mentionnées, ont été réunis, aux mêmes époques, à la bibl. *Magliabecchienne*.

Bibl. *Magliabecchienne*; f. 1714, par legs au Grand-Duc par *Ant. Magliabecchi*, et augmentée à différentes époques de celles de *Marmi*, de *Gaddi* et de *Biscioni*, de la majeure partie de la bibl. *Medico-Lorraine* du palais *Pitti*, de la collection de mss. de *J. Lami* et des livres imprimés de l'abbaye de *Fiosole*, de l'hôpital *S. Maria nuova*, des Jésuites, des Théatins, des Minimes de Saint-François di Paula et des Dominicains de Montepulciano. Cette bibl. a été livrée à l'usage public depuis 1747. — 150,000 vol. impr. (dont beaucoup d'incunables) et 10,000 mss. (2).

Bibl. *Marucellienne*; f. 1753, par *François Marucelli*. — 40,000 vol. impr., quelques centaines de mss. et un cabinet d'estampes. Parmi les mss. se remarquent ceux de Ant. et de Marc Salvini, de Gori et autres. Cette bibl. est soumise à la même administration que la *Laurentienne*.

Bibl. du palais *Pitti*; f..... par le grand-duc *Ferdinand III*, qui y réunit les deux bibl. *Rewiczky* et *Poggiali*. Elle est riche, choisie et belle. — 80,000 vol. impr. et 1,500 mss., dont plusieurs très-remarquables.

Bibl. particulière du *Grand-Duc*; f.... — 45,000 vol. impr. et 200 mss.

Bibl. *Riccardi*; f. 1558, par *Richard-Romulus*

(1) *S. E. Asseman*; Catalogus bibliothecæ Mediceæ-Laurentianæ et Palatinæ codicum mss. orientalium. c. notis *A. Fr. Gorio*. fo. *Ibid.* 1742.

*A. M. Biscioni*; Catalogus bibliothecæ Mediceæ-Laurentianæ codicum oriental. et græc. 2 vol. fo. *Ibid.* 1752-1757.

*A. M. Bandini*; Catalogus codicum mss. bibliothecæ Mediceæ-Laurentianæ. 8 vol. *Ibid.* 1764-1778.

———————— Bibliotheca Leopoldina-Laurentiana. 3 vol. fo. *Ibid.* 1791-1793.

(2) *F. Fossi*; Catalogus codicum sæc. xv impressorum in biblio-

*Riccardi*, maintenant la propriété dell'Academia della Crusca, quoiqu'elle ait conservé son ancien nom. Elle n'est rendue publique que depuis 1811. — 23,000 vol. (dont beaucoup d'incunables) et 3,450 mss. (1).

Bibl. de *Belle-Arti* ; f. . . . .

GÊNES.

Bibl. de l'*Université* ; f. . . . . des bibl. des couvents supprimés en Ligurie. — 45,000 vol. impr. et 1,000 mss.

Bibl. des Missionnaires de *S. Carlo* ; f. . . . . — 30,000 vol. impr. et quelques mss.

Bibl. *Franzoniana da S. Ambrogio* ; f. . . . . — 30,000 vol. impr.

Bibl. *Beriana* ; f. . . . par le don que *Borio* fit de sa belle bibl. — 15,000 vol. impr. et 1,500 mss.

GUASTALLA.

Bibl. de la *Ville* ; f. 1801, par legs de *Marc-Ant. Maldotti*, et rendue publique en 1817. — 6,000 vol. impr. très-choisis.

LA VALLETTE (*île de Malte*).

Bibl. de la *Grande-Commanderie* ; f. . . . . — 40,000 vol.

LUCQUES.

Bibl. de l'*Université* ; f. . . . . de celles des couvents supprimés.

Bibl. du *Palais Ducal* ; f. . . . . — 25,000 vol.

— de l'*Archevêché* ; f. . . . .

— de *Saint-Martin* ; f. . . . .

MALTE. (Voyez *La Vallette*.)

MANTOUE. (2)

Bibl. de la *Ville* ; f. . . . . — 80,000 vol. impr. et 1,000 mss. anciens et modernes.

---

(2) Inventario e stima della libreria Riccardi. 4º. *Ibid.* 1810.

J. *Lami* ; Catalogus codicum mss. biblioth. Riccardi. fº. Livourne. 1756.

(2) G. G. *Orti* ; Notizie interno alcuni mss. dell i. r. bibl. di Man-

MESSINE. (1)

    Bibl. de la *Ville*; f ....
    — du couvent Bénédictin *Saint-Placide*; f....
    — du couvent *S. Salvador*; f..... Elle est très-ancienne et contient parmi les MSS. précieux, 150 en langue grecque. — .....

MILAN.

    Bibl. *Ambrosiana*; f. 1604-1609, par le cardinal *Fréd. Boromée*, qui l'enrichit entre autres de tous les MSS. du célèbre couvent de *Bobbio* (2) et de la collection de *J. V. Pinelli*. — 60,000 vol. impr. et 15,000 MSS. (3), parmi lesquels quelques mexicains.

    Bibl. *Brera*; f. 1797 (1779?), par la réunion des bibl. des Jésuites, du couvent *S. Fedele* (4) et d'autres couvents supprimés, auxquelles on a joint celles du président *Percusati*, du cardinal *Durici*, du célèbre *A. de Haller* et du comte *Firmiani* (5). — 170,000 vol. impr. et 1,000 MSS.

    Bibl. *Trivulzio*; f.....

MODÈNE. (6)

    Bibl. d'*Este*; f. au commencement du XVIII$^e$ siècle et successivement augmentée par les ducs régnants. — 90,000 vol. impr. (dont beaucoup d'incunables) et 3,000 MSS.

---

(1) Thesaurus antiquitat. et histor. Italiæ. T. IX.
*Reyna*; Notitia urbis Messanæ.
(2) *Muratori*; antiquit. Italiæ. medii ævi. 6 vol. fo. Milan. 1738-1742. — T. 3. p. 807.
(3) *Montfaucon*; Bibl. bibliothecarum MSS. 2 vol. fo. Paris 1739. — T. 1, p. 491.
(4) *Zaccaria*; Lettera sopra alcuni MSS. delle librerie di S. Fedele e di Brera. — Voir: Calogera; raccolta opusc. T. XLIV, p. 469.
(5) Catalogus bibliothecæ firmianae. 6 vol. 4o. Milan. 1783.
(6) *Zacharias*; Excursus litt. per Italiam. 4o. Venise 1754.
*Montfaucon*; Bibl. bibliothecarum MSS. 2 vol. fo. Paris 1739. — T. 1, p. 534.
*Tirabosch*; Bibl. Modenese, o notizie della vita e delle opere degli scrittori nativi in duca di Modena. 6 vol. 4o. Modène. 1781-1786. — T. IV. p. 139.

NAPLES.

Bibl. *Royale* ou du *Musée Bourbon*; f. 17.., par Charles III, qui fit transporter à Naples celle qui se trouvait à Palerme; elle a été considérablement augmentée, d'abord par les meilleurs livres des collèges des Jésuites, par la plus grande partie de la bibl. du prince *Tarsia* (1), et ensuite successivement par les débris de l'ancienne bibl. S. Giov. della Carbonara (2), par les bibl. de S. Martino, de S. Severino (3) et de Sossio, par les livres des couvents supprimés en 1807 dans la capitale et ses environs, enfin par l'acquisition, en 1810, de la belle collection du chev. *Melch. Delfico*, riche en incunables d'un grand prix. L'ancienne bibl. formée par le roi *Alphonse* a été enlevée par les Français en 1495, et se trouve maintenant dans la bibl. Royale à Paris. — 165,000 vol. impr. et 4,000 mss.

Bibl. *Brancacciana*; f. 1675, par le legs que le cardinal *Franç. Brancaccio* fit de toute sa bibl. — 50,000 vol., dont beaucoup de mss. sur l'état militaire.

Bibl. de la *Ville*; f. . . . . . par l'acquisition que la ville fit de la bibl. du marquis *Taccone*.

Bibl. de l'*Université*; f. . . . . . par les bibl. de plusieurs couvents supprimés. — 40,000 vol.

Bibl. du *Ministère de l'Intérieur*; f. 1807, par les bibl. de divers couvents supprimés.

Bibl. des *Dominicains*; f. . . . . .
— de *Saint-Philippe de Neri*; f. . . . . .
— du couvent *Saint-Jérôme*; f. . . . . .
— *Militaire*; f. . . . . .
— du *S.S. des Grecs*, près du phare; f. . . .

---

(1) *F. V. Spinelli*; Tarsiæ principis bibliothecæ index alphabeticus. 4º. Naples. 1780.

(2) *Montfaucon*; Bibliotheca bibliothecarum mss. 2 vol. fº. Paris. 1739. — Vol. 1, p. 231.

(3) *Ibid.* Vol. 1, p. 233.

NOVARE.

> Bibl. du *Séminaire*; f. ... — 12,000 vol., riche en incunables et de mss. très-anciens (1).

PADOUE. (2)

> Bibl. de l'*Université*; f. 1629. — 70,000 vol. impr. Les mss. qu'elle possédait autrefois ont été envoyés à la bibl. de S. Marc à Venise.
> Bibl. du *Chapitre de S. Giustina* (3); f. .... La bibl. du célèbre mathématicien *Poleni* y a été jointe en .... — 52,000 vol. impr. et 300 mss.
> Bibl. de *Saint-Antoine*; f. ....
> — de *Saint-Jean de Latran*; f. ....
> — de *Saint-Daniel de Friou*; f. ....
> — du *Séminaire*; f. ..... —55,000 vol. impr. 800 mss., et une collection d'estampes, léguée par le marquis *Fréd. Manfredi* en 1829.

PALERME.

> Bibl. du *Sénat*; f. 1760. — 40,000 vol.
> — du couvent de *Saint-Martin delle Scale*; f. 1768. — Elle ne possède que peu de mss. et d'incunables, mais ils sont d'un grand prix. (4)
> Bibl. des *Jésuites*; f. ...
> — *dell'Olivella*; f. ....
> — du *Prince Trabia*; f. ...

PARME. (5)

> Bibl. *Ducale*; f. 1760, et rendue publique en 1770. Elle a été augmentée en 1816 de la précieuse

---

(1) *G. Andres*; Lettera sopra alcuni codici delle biblioth. capitolari di Novare e di Vercelli. 8o. Parma 1804.

(2) *J. P. Tomasini*; Bibliothecæ Patavinæ mss. publicæ et privatæ. 4o. Utini. 1639.

(3) *Fort Federici*; della bibliotheca di S. Giustina. 8o. Padoue. 1815.

(4) Opuscoli di autori siciliani. XII. p. 1 — 24, XV. p. 45-22, XX p. 345 — 418.

(5) *P. M. Raciaudi*; Discorso sulla biblioth. di Parma. 4o. Parme 1815.

bibl. de l'orientaliste *Rossi* (1), et de plusieurs bibl. de couvents supprimés. — 100,000 vol. impr. 4,000 mss. et un cabinet d'estampes.

Pavie.

Bibl. de l'*Université*; f. 1771, par l'impératrice *Marie-Thérèse*, et enrichie de la plus grande partie de la bibl. célèbre de *Haller*, qui a été partagée entre elle et celle de *Brera* à Milan. Elle n'est composée que dans le but de l'utilité pour les étudiants, et ne contient que 40,000 vol. impr.

Pérouse.

Bibl. de la *Ville*; f. . . . — 30,000 vol. dont quelques mss. de mérite.

Pesaro.

Bibl. de la *Ville*; f. . . . par legs de l'antiquaire *Olivieri*. — 15,000 vol. y compris 1,000 mss.

Pise.

Bibl. de l'*Université*; f. . . . — 30,000 vol. impr. et 300 mss.

Pistoie.

Bibl. des *Philippins*; f. . . . par le don de celle du cardinal *C. A. Fabroni*.

Bibl. du collège de *Forteguerri*, ou de la *Sapienza*; f. . . . — Peu nombreuse. (2)

Plaisance.

Bibl. de la *Ville*; f. . . . — 30,000 vol. impr., point de mss. ni d'incunables.

---

(1) mss. codici hebraici bibliothecæ J. B. de Rossi. 3 vol. 8o. *Ibid*. 1803-1805.

Libri stampati di letteratura sacra, ebraica ed orientale di J. B. Rossi. 8o. *Ibid*. 1812.

(2) *F. N. Zacharia*; Epistolæ de mss. codic. in biblioth. sapientiæ. — Voir Raccolta d'opusc. xxx, p. 455-486.

———— — Bibliotheca pistoriensis descripta. 2 vol. 4o. Turin. 1752-1755.

RAVENNE.

>Bibl. de la *Ville*; f. 1714, par l'abbé *Pierre Canneti*, et considérablement augmentée en 1804 par les bibl. des couvents supprimés à cette époque. — 40,000 vol. impr. dont 600 incunables et 750 MSS.

>Bibl. de l'*Archevêché*; f. . . . — Peu nombreuse.

REGGIO.

>Bibl. de la *Ville*; f. . . . — 50,000 vol. impr. dont beaucoup d'incunables, mais point de MSS.

RIMINI.

>Bibl. de la *Ville*; f. 1617, par un legs d'*Alexandre Gambalunga*. — 30,000 vol. dont quelques incunables et MSS.

ROME.

>Bibl. *Vaticane*; le pape *Saint-Hilaire* en fut le premier fondateur en 465, et déjà sous Grégoire-le-Grand elle était très-étendue. Clément V la fit transporter en 1305 à Avignon, sa résidence, d'où Martin V la fit ramener à Rome en 1417 et la plaça au Vatican. Nicolas V l'augmenta en 1447 de 3,000 MSS. et *Sixte-Quint* lui fit disposer un beau local et la rendit publique en 1588. Elle reçut ensuite des augmentations très-importantes, entre autres celles de la plus grande partie de la belle bibl. du duc d'*Urbino* en 1608, des MSS. de celle de Heidelberg en (1623?) 1634 (1), de 1,900 MSS. de la bibl. de la reine *Christine* de Suède en 1680 (2), de 2,000 MSS. orientaux acquis en 1715 par Clément XI, de toute la bibl. du marquis *Capponè* (uniquement composée de livres italiens) en

---

(1) *Mieg*; Monumenta pietatis et liter. virorum illustrium. T. 1, p. 1. La plus grande partie de ces MSS. a été rendue à l'université de Heidelberg en 1816.

(2) *Montfaucon*; Bibliotheca bibliothecarum. 2 vol. f°. Paris. 1739. Vol. 1, p. 14.

1747 (1), de la collection *Ottobonia* contenant 3,300 mss., acquise par *Benoît XIV* en 1749, de la bibl. *Chiaramonti* appartenant au cardinal *Felada*, et acquise par Pie VII. — On estime actuellement le nombre total de ces richesses à 30,000 vol. impr. et 25,000 mss. Le dénombrement de ces derniers, fait en 1767, était de 30,900.

La collection des mss. orientaux, donnée par Clément XI est décrite par *Asseman* (2), et un catalogue général de tous les mss. commencé en 1756 (3), ne contient que les mss. hébreux et syriaques, qui ne se trouvent pas dans celui d'*Asseman*, 4 vol. fo. de 1719 — 1728; dans un incendie (30 août 1768), presque toute l'édition ayant été brûlée, on renonça à la contination de ce catalogue, quoique 40 feuilles du 4e vol. fussent déjà imprimées.

Bibl. *Barberini* (4); f. dans le xviie siècle par le cardinal *Barberini*. — 55,000 vol. impr. et 6,000 mss. parmi lesquels 1,000 d'auteurs grecs et un grand nombre italiens.

Bibl. *Casanata*, ou de la *Minerve* (5); f. ..... par le cardinal *J. Casanata*, et léguée en 1700 au couvent des Dominicains de *S. Maria sopra Minerva*. C'est parmi toutes les bibl. de Rome la plus accessible et la plus utile. — 120,000 vol. impr. non compris les brochures et 4,500 mss.

---

(1) Catalogo della libreria capponiana. 4o. Rome. 1747.

(2) *J. S. Asseman*; Biblioth. orientalis Clementino-Vaticana. 4 vol. fo. Rome. 1719-1728.

(3) Bibliothecæ apostolicæ vaticanæ codicum mss. catalogus in tres partibus distributus, in quarum prima *orientales*, in alterà *græci*, in tertià *latini*, etc. codices, St. *Evod* et *J. S. Asseman* recensuerunt. Pars I. Vol. 1, 2, 3. fo. Rome. 1756-1759.

(4) Index bibliothecæ *Fr. Barberini*. 2 vol. fo. *ibid.* 1681. (Un 3e vol. qui devait comprendre les mss., n'a pas paru, mais on en trouve le catalogue dans *Montfaucon*; biblioth. bibliothecarum. vol. 1, p. 170.

(5) Bibliothecæ casanatensis libror. typis impress. (par *J. B. Audiffredi*) 4 vol. fo. Rome. 1761-1788. (Ces 4 vol. ne comprennent que A.-J.)

Bibl. *Angélique* (1), aux Augustins ; f. 1605—1620, par *Ange Racca*. Depuis sa fondation les augmentations les plus remarquables sont : les livres légués par le savant *L. Holstenius* et la riche et bonne bibl. du cardinal *Passionei*.

Bibl. du cardinal *Corsini alla Lungara* ; f. ... par le pape *Benoît XIII*. Elle possède parmi ses mss. plus de 1,200 sur l'histoire d'Italie. Le nombre des incunables et des mss. reçut en 1768 un grand accroissement par la bibl. de l'abbé de *Rossi* (2), secrétaire de la famille Corsini.

Bibl. alla *Sapienza*, ou *Alexandrina* ; (3) f. .... par le pape Alexandre III. — 50,000 vol.

Bibl. de *Saint-Philippe de Neri* ; f. .... — Riche en mss. anciens.

Bibl. *Ghigi* ; f. .... par le pape Alexandre VIII. — Elle possède quelques mss. de prix.

Bibl. du couvent *Sainte-Croix-en-Jérusalem* ; f. ... d'une origine très-ancienne. Réunie à la Vaticane en 1804 ; elle n'a été restituée au couvent qu'en 1815.

Bibl. *Laniesi* ; f. ....
— *Alteriana* ; f. ....
— de *Colona* ; f. ....
— du *Musée de Kircher* ; f. ....
— du *Collège Romain* ; f. .... — 50,000 vol.
— du *Collège de la Propagande* : f. .....

SASSARIE.

Bibl. de la *Ville* ; f. .... — 5,000 vol.

SIENNE.

Bibl. de la *Ville* ; f. 1758,— 50,000 vol. impr. et 5,500 mss.

---

(1) Bibliotheca angelica. 8o. Rome. 1608.
(2) Catalogus select. bibliothecæ N. Rossii. 8o. *ibid.* 1786.
(3) *Montfaucon* ; Bibliotheca bibliothecarum. 2 vol. fo. Paris. 1739. Vol. 1, p. 14.

TURIN.

Bibl. de l'*Université*; f. 1436. Elle n'a acquis d'importance qu'en 1580, où elle reçut plusieurs augmentations; entre autres une de 2,500 MSS.(1); récemment le savant *Valperga-Caluso* lui a fait un legs riche de MSS. et de livres impr. (2). Elle n'est publique que depuis 1729.

VENISE. (3)

Bibl. de *Saint-Marc*; fondée moins par le don que Pétrarque fit au sénat en 1362 de quelques MSS. et qui y restèrent oubliés pendant un siècle; que par le legs de *Bessarion* en 1468 de toute sa collection de 800 MSS. — Les augmentations principales qu'elle a reçues sont les bibl. de *M. Guilandini* en 1589, de *G. Grimani* en 1593, de *J. Contarini* en 1734, sans compter les acquisitions plus ou moins importantes, surtout celle qu'elle fit en 1819 par la succession de la bibl. de *Morelli*, son bibliothécaire.—65,000 vol. impr. et 5,000 MSS., dont plusieurs très-précieux.

Le musée des antiques, attaché à cette bibl., est remarquable.

Bibl. du couvent de *Saint-Michel* (4); f. dans le XIV<sup>e</sup> siècle, contient principalement beaucoup d'incunables.

---

(1) Codices MSS. bibliothecæ regiæ Taurinensis athenæi, edid. *Passinus, Hivantella* et *Berta*. 2 vol. f°. Turin. 1749.

(2) *A. Peyron*; Notitia libror. manu typisve descriptorum qui donante Valperga-Calusio illati sunt in r. Taurin. athenæi bibliothecam. 4°. Lipsiae. 1820.

(3) *J. Morelli*; Dissertat. storia della libreria publ. di. S. Marco. 8°. Venise 1774.
—————— Bibliotheca MSS. græca et latina. 8°. Bassano. 1802. T. 1.
Græca d. Marci bibliotheca codicum MSS. f°. Venise. 1740.
*A. M. Zanetti*; Latina et græca d. Marci bibliotheca codicum MSS. f°. *Ibid.* 1741.

(4) *J. B. Mittarelli*; Bibl. codic. MSS. monaster. S. Mich. c. appendice libror. impressor. sœc. XV. f°. *ibid.* 1779.

Bibl. du couvent Dominicain de *Saint-Jean et de Saint-Paul*; f. . . . — Riche en MSS. (1).

Bibl. du *Palais Nani* (2); f. . . . — Peu nombreuse, mais d'une haute importance par le mérite de ses MSS. coptes, arabes et grecs.

Bibl. de *Bali Farsetti* (3); f. . . .

— du *Séminaire de la Salute*; f. . . . — 20,000 vol.

Bibl. du *Couvent Arménien* sur l'île de *Saint-Lazare*; f. . . . — 10,000 vol. impr. et 400 MSS. principalement arméniens.

VERCEIL. (4)

Bibl. *Agnesiana*; f. . . — 12,000 vol. impr. et un certain nombre de MSS. de la plus grande ancienneté.

VÉRONE. (5)

Bibl. du *Chapitre*; f. dans le XVI<sup>e</sup> siècle. On la cacha, pendant la peste de 1603, dans un endroit secret où elle fut oubliée et découverte en 1723 par *Maffei*.— vol. impr. et 1,600 MSS.....

Bibl. de la *Ville*; f. 1802. — 10,000 vol.

---

(1) Nuova raccolta d'opuscoli scientif. e filolog. T. 20. 32. 26.

(2) S. *Assemann*; Catalogo di codici MSS. orientali. 2 vol. 4º. Padoue. 1787-1792.

J. A. *Mingarelli*; Ægyptior. codic. reliquiæ. 4º. Bologne. 1785.

J. *Morelli*; Codices MSS latini bibliothecæ Nanianæ. 2 vol. 4º. Venise. 1776.

————— I codici MSS. volgari della biblioth. Naniana. 4º. *Ibid.* 1776.

(3) Bibliotheca manuscritta di *Tom. Gius Farsetti*. 2 vol. 12º. *Ibid.* 1771-1780.

Catalogo di commedie italiane raccolta da Farsetti. 12º. *Ibid.* 1776.

——— di Storia d'Italia raccolta da Farsetti. 12º. *Ibid.* 1782.

——— di libri italiani raccolta da Farsetti. 12º. *Ibid.* 1785.

——— di libri latini raccolta da Farsetti 12º. *ibid.* 1788.

Ces cinq catalogues sont rédigés et accompagnés de notes, par J. *Morelli*.

(4) G. *Andres*; Letera sopra alcuni codici delle biblioth. capitolari di Novare e di Vercelli. 8º. Parme. 1804.

(5) G. G. *Orti*; Notizie intorn. alcuni MSS. dell i. r. biblioth. de Mantova e della capitolare Veronese. 8º. Vérone. 1835.

**VICENCE.**

Bibl. *Bertoliana* ; f. . . . . par le comte *S. Bertolo* de Venise. — 36,000 vol. impr. et 200 mss.

Bibl. *della Pieta del monte* ; f. . . . .

**VOLTERRE.**

Bibl. de la *Ville* ; f. . . . . par legs de *Guarnacci*. — 12,000 vol., dont quelques incunables et mss.

## PAYS-BAS.

**AMSTERDAM.**

Bibl. de l'*Athéné* (1) ; f. . . . . — 8,000 vol.
— de l'*Institut royal* (2) ; f. . . . .
— de la société *Felix meritis* ; f. . . . .

**DELFT.** (3)

Bibl. du *Collège* ; f. . . . . .

**DEVENTER** (4)

Bibl. du *Collège* ; f. 1597. — Elle est peu nombreuse, mais possède quelques bons mss.

**FRANEKER.** (5)

Bibl. de l'*Université* ; f. 1590. — Assez nombreuse.

**GOUDA.** (6)

Bibl. de la *Ville* ; f. . . . . — Peu nombreuse, mais possède plusieurs mss. de mérite.

---

(1) Catalogus biblioth. publicæ Amstelodamensis, edidit *L. C. Cras*. f°. Amsterdam. 1797.

(2) Catalogus biblioth. Instituti regii Belgii. 8°. *ibid*. 1821.

(3) Catalogus biblioth. Collegii Litterarii Gymnasii Delphinensis. f°. Delft. 1721.

(4) *Z. C. v. Uffenbach*; Reisen durch Niedersachsen, Holland und England. 3.vol. 8°. Francfort-s.-M. 1753-1754. Vol. 2. p. 575.

(5) Catalogus biblioth. publicæ in frisiæ ordinum academiâ Franckerana. f°. Francker. 1656.

*A. Savois*; Catalogus biblioth. in frisiæ ordin. acad. Franckerana. f°. *ibid*. 1723.

*Z. C. v. Uffenbach*; Reisen ( voir ci-dessus ). vol. 2. p. 302.

(6) Bibliothecæ Goudanæ publicæ catalogus. f°. Gouda. 1766.

GRONINGUE. (1)
> Bibl. de l'*Université*; f. .... — Peu nombreuse, mais très-choisie, et possède quelques mss.

HARDERWYK. (2)
> Bibl. de l'*Université*; f. ..... — Peu nombreuse, mais remarquable par ses mss. orientaux.

HARLEM. (3)
> Bibl. de la *Ville*; f. .....
> — de la Société de *Taylor*; f. .....

LA HAYE. (4)
> Bibl. *Royale*; f. ..... Augmentée par la majeure partie de la bibl. de la famille d'*Orange de Dillenbourg*.
> Bibl. de *Meerman van Dalen*; f. .....

LEUWARDE. (5)
> Bibl. de l'*Université*; f. .....

LEIDEN. (6)
> Bibl. de l'*Université*; f. 1586. Elle a été augmentée des collections de mss. de *Scaliger*, de *J. Vossius* et de *L. Warner* et des bibl. de *Perizonius*, de *P. Marchand* et de *Ruhnkenius*. — 40,000 vol. impr. (dont beaucoup d'incunables) et 10,000 mss., dont 2,000 orientaux.

LUXEMBOURG.
> Bibl. de la *Ville*; f. 1795, des bibl. des couvents supprimés à cette époque.

---

(1) *L. Offerhaus;* Catalogus libror. biblioth. universitatis Groningæ et Omilandiæ ordinum, sec. seriam litter. alphabeti digestus, notitia librorum MSS. auctus. f°. Groningue. 1758.

(2) *Z. C. v. Uffenbach;* Reisen durch Niedersachsen, Holland und England. 3 vol. 8°. Francfort-s.-M. 1753-1754. vol. 2. p. 398.

(3) Catalogus librorum biblioth. Harlemianæ. 4°. Harlem. 1768.

(4) Catalogus van de boeken der nationale biblioth. 8°. ten Haag. 1800.

(5) *S. Arcerius;* Catalogus instruct. biblioth. quæ est in suprema Frisorum curia. f°. Leuwarde. 1688.

(6) Catalogus libror. tam impressor. quam MSS. bibliothecae publicæ et supplem. 2 vol. f°. Leiden. 1716-1741.

*H. Arens Hamaker;* Specimen catalogi codic. MSS. orientalium

MAESTRICHT.
>   Bibl. de la *Ville*; f. 1795, des bibl. des couvents supprimés à cette époque.

UTRECHT. (1)
>   Bibl. de l'*Université*; f. .... des bibl. de couvents supprimés après la réforme protestante, et principalement augmentée par les bibl. de *Buchelius* et *Pollio*. — Elle n'est pas très-nombreuse, mais possède des incunables et des MSS. de grande valeur.

## PORTUGAL.

ALCOBACA. (2)
>   Bibl. du couvent des *Bénédictins*; f. .... Elle est ancienne et considérable, surtout riche en MSS.

COIMBRE.
>   Bibl. de l'*Université*; f. ....

LISBONNE. (3)
>   Bibl. *Royale*; f. vers la fin du xv$^e$ siècle, par le roi *Alphonse V.* — 80,000 vol., dont beaucoup de MSS.
>   Bibl. du couvent des *Bénédictins de Nossa Senhora de Jesus*; f. .... Elle est riche et très-complète dans la littérature portugaise.
>   Bibl. du couvent de *S. Vincente de Fora*; f. .... Elle n'est publique qu'avec des restrictions.

## PRUSSE.

BERLIN. (4)
>   Bibl. *Royale* (autrefois bibl. du *Château*); f. 1650,

---

(1) Catalogus biblioth. Rheno-Trajectinæ. 2 vol. f°. Utrecht. 1835-1836.

(2) Index codicum bibliothecæ Alcobatiæ. 4°. Lisbonne. 1775.

(3) *Murphy*; View of the state of Portugal. 8o. Londres. 1815. p. 241.
*Link*; Reise nach Portugal. 3 vol. 8o. Kiel. 1801. p. 243.

(4) *J. C. C. Oelrichs:* Entwurf einer Geschichte der koeniglichen

réunie avec la riche bibl. du colonel *de Groeber*, et rendue publique en 1661. Les augmentations successives qu'elle a reçues sont : les bibl. de *J. Vorst* en 1663, de *de Rusdorf* en 1665, de *Niederstaetten*, de *Th. Petraeus* et du duc *de Croy* en 1672, de *Menzel* en 1703, de *Ch. Rau* en 1707, de *Dithmar* en 1722, de *Q. Icilius* en 1775, de *de Roloff* en 1789, de *Moehsen* en 1796, de l'*Académie des Sciences* et de *J. R. Forster* en 1798, du prince *Henri de Prusse* en 1803, de *de Dietz* en 1818, sans compter les nombreuses acquisitions partielles. — 280,000 vol. et 5,000 mss.; ces derniers principalement en langues orientales.

Bibl. de l'*Université*; f. . . . .
— du *Collège Joachim*; f. 1787, par le don que la princesse *Amalia de Prusse* fit de toute sa bibl.

Bibl. de l'*Institut des Arts et Métiers*; f. . . . .
— de l'*Ecole militaire*; f. . . . .
— des *Pères Gris*; f. . . . .

BONN. (1)

Bibl. de l'*Université*; f. 1818, par l'acquisition de la bibl. du célèbre *Harles*. — 50,000 vol.

BRESLAU.

Bibl. de l'*Université*; f. 1811, par le transfert en cette ville de la bibl. de l'Université de Francfort-s.-O., et augmentée par les bibl. des couvents et abbayes supprimés en Silésie. — 150,000 vol. impr. et 2,000 mss. (2).

*J. D. Winckler*; Catalog der chines. Bücher in der Brandenburger Bibl. fo. Cologne. 1683.

*J. C. W. Moehsen*; Dissertationes II de mss. medicis bibl. reg. Berolinensis. 2 parties. 4o. Berlin. 1746-1747.

*F. Wilken*; Geschichte d. koenigl. bibl. zu Berlin. 8o. Berlin. 1828.

*J. v. Klaproth*; Verzeichniss d. chines. et mandschu. Bücher i. d. koenigl. Bibl. zu Berlin. fo. Paris. 1823.

(1) Catalogus bibliothecæ universitatis Bononiæ. 8o. Bonn. 1836.
(2) *Unterholzner*; Notitia libror. mss. histor. Siles. Spectantium, quos servat bibl. acad. vratislavia. 4o. Breslau. 1821.

Bibl. *Rhediger*; f. 1575, par *Th. Rhediger*, et rendue publique en 1661. Augmentée par des dons et des achats, elle compte maintenant 20,000 vol. impr. (parmi lesquels beaucoup d'incunables), 800 mss. et un cabinet d'estampes (1).

Bibl. *Marie-Madeleine*; f..... Rendue publique en 1694. — Elle est peu nombreuse, mais contient plusieurs incunables et mss. de mérite.

Bibl. des *Bernardins*; f..... — 10,000 vol. (2).

COLOGNE.

Bibl. des *Jésuites*; f..... Malgré les pertes qu'elle a subies par la suppression de l'ordre et par les occupations militaires, elle possède encore 60,000 vol.

Bibl. de *Wallraf*; f.....

— de l'*Archevêché*; f.....

DANZICK. (3)

Bibl. de la *Ville*; f. 1580, et principalement augmentée en 1772 par celle de *Hanow*. — 30,000 vol. impr. et quelques mss.

DUSSELDORF.

Bibl. de la *Ville*; f..... — 32,000 vol.

ERFURT.

Bibl. de *Boineburg* ou de l'*Université*; f. 1717, par le comte *de Boineburg*, et beaucoup augmentée par les bibl. des couvents supprimés dans cette ville, surtout de celles des *Augustins* et *Bénédictins* qui renfermaient beaucoup de mss. et d'incunables.

---

(1) *G. Kranz*; Memorabilia biblioth. Rhedigeranæ. 4º. *ibid.* 1699.
*J. E. Scheibel*; Nachricht von den Merkwürdigkeiten der Rhedigerschen Bibl. 4º. *ibid.* 1794.

(2) *F. Passow*; Symbolæ criticæ in scriptor. græcor. et roman. e codic. mss. Vratislaviæ. 4º. *ibid.* 1820.

(3) *J. C. G. Hirsching*; Vers. e. Beschrieb. sehenswürdiger Biblioth. Teutschlands. 4 vol. 8º. Erlangen, 1786–1790. vol. 1. p. 56. et vol. 4. p. 85. 254.

### Francfort-s.-O.

Bibl. de la *Ville*. — Ce n'est qu'un petit reste de la bibl. de l'Université qui a été transportée à Breslau.

### Goerlitz. (1)

Bibl. du *Gymnase* ; f. . . . par la bibl. qui existait déjà avant 1372 dans l'ancien couvent des Franciscains de cette ville, et de celle que *Millich* légua en 1727. — 12,000 vol. impr. et plusieurs mss. très-anciens.

Bibl. de la *Société des Sciences de la Haute-Lusace* ; f. 1774. — 18,000 vol impr. et 320 mss. (2).

### Greifswalde. (3)

Bibl. de l'*Université* ; f. . . . . — 30,000 vol.

### Halle-s.-S. (4)

Bibl. de l'*Université* ; f. 1694, considérablement augmentée par les bibl. de *Distelmeyer*, de *Klosterberg*, de *Wittenberg* et de *Ponikau*. — 50,000 vol., quelques mss. et un cabinet d'estampes.

Bibl. de l'*Eglise de Sainte-Marie* ; f. . . . . de plusieurs bibl. de couvents supprimés. — 20,000 vol. impr. et plusieurs mss. de prix.

---

(1) *J. G. Gesler* ; Programm. 1 à 5. de biblioth. Millich. 4º. Goerlitz. 1764-1768.

*J. F. Neumann* ; Programm. 1 à 13. de biblioth. Millich. 4º. *ibid.* 1784-1802.

*C. Knauth* ; Histor. Nachrichten von den Bibliotheken in Goerlitz. 4º. *ibid.* 1757.

(2) *J. F. Neumann* ; Die Bibliotek. der oberlausitzischen Gesellsch. d. Wissenschaften in Goerlitz. 2 vol. 8º. *ibid.* 1819-1820.

(3) *J. C. v. Daehnert* ; academiæ Gripeswald. Bibibliotheca. 3 vol. 4º. Greifswald. 1775-1776.

Catalogus biblioth. Universitatis Gryphiswaldensis. 4º. *ibid.* 1836.

(4) *G. F. Neumann* ; Epistola de bibliothecâ Hallensi. 4º. Halle. 1710.

Nachrichten der Hallichen Bibl. 6 vol. 8º. *ibid.* 1748-1750.

Verzeichniss der Blücher welche in 1835 für die Universitaets-Bibl. gekauft worden sind. 4º. *ibid.* 1836.

Bibl. de la *Maison des Orphelins*; f. . . . . — 25,000 vol.

KOENIGSBERG.

Bibl. de l'*Université*; f. . . . Récemment on y a réuni celle du château Royal. — 6,000 vol.

LAUBAN.

Bibl. de la *Ville*; f. . . . .

MAGDEBOURG. (1)

Bibl. de la *Cathédrale*; f. . . . . — 8,000 vol. impr. (dont 265 incunables) et 400 MSS.

MUNSTER.

Bibl. de l'*Université catholique*; f. . . . .
— de *Pauli*; f. . . . .

POSEN.

Bibl. de. . . . .

QUEDLINBOURG. (2)

Bibl. de la *Ville*. . . . .

SCHULPFORTE (*près Naumbourg.*)

Bibl. du *Collège*; f. . . . .

STRALSUND. (3)

Bibl. du *Sénat de la Ville*; f. . . . .

WERNIGERODE. (4)

Bibl. des comtes de *Stollberg*; f. . . . . Rendue publique en 1755. — 40,000 vol. contenant une des collections les plus complètes de Bibles.

---

(1) *J. C. G. Hirsching*; Versuch einer Beschreib. sehenswürdiger Bibliotheken Teutschlands. 4 vol. 8°. Erlangen. 1786-1790. vol. 2. p. 595.

(2) *T. Eckard*; Codices MSS. Quedlinburgensis, etc. 4°. Quedlinbourg. 1723.

(3) Verzeichniss der Rathsbiblioth. zu Stralsund. 4°. Stralsund. 1829.

(4) Index librorum in biblioth. quæ Wernigerodæ est. 8°. Halle. 1766.

Zeitz. (1)

Bibl. du *Gymnase*; f. 1564, par la bibl. de l'évêque *Pflug*, et augmentée de celles de *Reinesius* en 1671, et du recteur *Mille* en 1799.—15,000 vol. impr. et 350 mss.

## RUSSIE et POLOGNE.

Abo. (2)

Bibl. de l'*Université*; f. 1640. — 20,000 vol., dont beaucoup de mss. curieux en langues scandinaves.

Astrakan.

Bibl. de la *Ville*; f. . . . . Elle est riche en mss. persans et tartares.

Dorpat.

Bibl. de l'*Université*; f. 18. . . — 37,000 vol. impr. et 150 mss.

Karkoff.

Bibl. de l'*Université*; f. . . . .

Kasan.

Bibl. de l'*Université*; f. 1804, par l'acquisition de la bibl. du conseiller d'état *Pierre Franck*.

Kief.

Bibl. de l'*Université* ou des *moines Pescherski*; f....

Koursk.

Bibl. du *Lycée Démidoff*; f. . . .

Krakovie. (3)

Bibl. de l'*Université*; f. . . . --- 12,000 vol. imp. (dont beaucoup d'Incunables) et 4,300 mss.

---

(1) *C. G. Müller*; Geschichte und Merwürdigkeiten der Stiftsbibliothek zu Zeitz. 8º. Leipzig. 1808.

——— Notitia et recensio codic. mss. ejus biblioth. 8º. *ibid*. 1806.

(2) Bibliotheca regia acad. Aboensis. fº. Abo. 1682.
*H. G. Porthan*; Dissertationes 25 histor. bibl. acad. Aboensis c. 2. appendic. 4º. *ibid*. 1771-1795.

(3) *S. Bandtke*; History a biblioteki, etc. 8º. Krakovie. 1822.
Wiener Litteratur Zeitung. 1814. Intelligenz Blatt. 28-30.

Moscou. (1)

    Bibl. du *Synode*; f. 1545-1676 par le czar *Alexeï*.
— Elle est remarquable par un grand nombre de mss. grecs très-précieux. (l'incendie de 1812 l'a-t-il ménagée?)

    — du couvent de *Troïskoï-Sergief* (près Moscou); f. . . .

    — de l'*Université*: f. . . . — 30,000 vol.

    — de l'*Institut des nobles*; f. . . .

Odessa.

    Bibl. du *Lycée Richelieu*; f. . . .

Riga. (2)

    Bibl. de la *ville*; f. . . . — 17,000 vol., dont quelques mss.

    — des *Écoles*; f. . . .

    — de la *cour de Justice*; f. . . .

Saint-Pétersbourg.

    Bibl. *Impériale*; f. 1795, par l'impératrice *Catherine* II, en faisant transporter à St-Pétersbourg l'ancienne bibl. publique *Zalusky* de Varsovie (3) (créée en 1728); *Alexandre* I y ajouta en 1805 la riche collection de livres et de mss. (4) du musée *Dobrowsky*. — 414,000 vol. imp. et 16,000 mss.

---

(1) *A. Schiada*; Arcana biblioth. synodatis et typograph. Mosquensis. 8º. Leipzick. 1724.

    *C. F. Matthæi*; Notitia codic. mss. græcorum bibliothecar. Mosquensis. fº. Moscou. 1776.

    ———— Accurata codic. mss. græcorum bibliothecar. Mosquensium. 5 vol. 8º. Leipzick. 1804-1805.

    *F. F. Reuss*; Ordo bibliothecæ universitatis mosquensis. 4º. Moscou. 1826.

(2) *Sonntag*; Beitraege zur Kenntniss und Gesch. der Rigaer bibl. 8º. Riga. 1792.

(3) *J. D. A. Janozki*; Specimen catalogi codic. mss. bibl. Zaluski. 4º. Dresde. 1752.

    ———————— Nachrichten von den i. d. Zaluskischen bibl. sich befindenden raren polnischen Büchern. 2 vol. 8º. *ibid.* 1747-1749.

(4) Ces derniers sont remarquables par les correspondances privées

Bibl. du *Musée Roumianzoff*; f. . . . par legs du chancelier comte *Roumianzoff* et destinée particulièrement aux étudiants de l'Université. — 35,000 vol. impr. et 750 mss.

Bibl. de l'*Ermitage*; f. . . . par *Catherine* II. Elle est remarquable par les bibl. de *Voltaire*, de *Diderot* et de d'*Alembert* que l'impératrice y a réunies. — 100,000 vol. impr.

Bibl. de l'*Académie des Sciences* (1); f. 1714, par la conquête faite de Mitau, d'où *Pierre-le-Grand* enleva la bibl. composée de 2,500 vol. seulement. En 1772 Catherine II y ajouta la fameuse bibl. des princes *Radziwill* et les mss. de *Kepler*. Continuellement augmentée, elle compte maintenant (1840) 92,000 vol. impr. et 1,500 mss. —— Une section de cette bibl. forme une espèce de *musée asiatique* qui, grâce au comte *Ouwaroff* (président de l'Académie) et au savant orientaliste *Fraehn*, réunit tout ce qui se trouvait dispersé dans les autres collections en Russie, relativement à la littérature, aux antiquités et aux arts de l'Orient.

Bibl. de l'*État-Major*; f. . . .
— de l'*Institut pédagogique*; f. . . .
— de l'*Académie russe*; f. . . .
— du *couvent Alexandrenewsky*; f. . . .
— de l'*Institut des langues orientales*; f. . . elle renferme la belle et riche collection *Italinsky*.
— du comte *Th. Tolstoï*; f. . . .
— de M. *Welliaminoff*; f. . . . — 60,000 vol.

---

et officielles des rois de France avec les autres cours et souverains, e autres documents ayant rapport à l'histoire de France, pendant les cinc derniers siècles, jusqu'à la prise de la Bastille, époque où M. Dobrowski en fit l'acquisition.

(1) *J. Walrath-Bacmeister*; Essai sur la bibl. et le cabinet de l'Académie des Sciences. 8º. St-Pétersbourg. 1776.

*O. Bieliajev*; Kabinet Petra Velikago. 5 vol. 4º. *ibid.* 1800.

Bibl. de M. *Serge de Soltikoff*; f. . . .
— de M. *Tscherkoff*; f. . . .
— de M. *Hudobascheff*; f. . . . La bibl. la plus riche connue en Europe en livres Arméniens.

**Varsovie.**
Bibl. de l'*Université*; f. 1796; elle reçut en 1817 de grandes augmentations par les bibl. des couvents supprimés.

**Wilna.**
Bibl. de l'*Université*; f. . . .

**Wlademir.**
Bibl. de l'*Université*; f. . . .

**oskremskoï.**
Bibl. de *Nikou*; f. . . .

## ROYAUME et DUCHÉS de SAXE.

**Altenbourg.** (1)
Bibl. du *Gymnase*; f. . . .

**Annaberg.** (2)
Bibl. de l'*Académie des mines*; f. . . .

**Chemnitz.**
Bibl. du *Gymnase*; f. . . .

**Cobourg.** (3)
Bibl. *Ducale*; f. 1702, par l'acquisition de celle du chancelier *Scheres-Zieritz*. — Elle contient quelques incunables et mss. remarquables.

(1) *C. F. Wilisch*; Index bibl. gymnasii Altenburgi. 2 vol. 8º. Altenbourg. 1721-1722.
(2) —————— Kurze Nachricht von der oeffentl. Schule zu Annaberg. 4º. Annaberg. 1724.
—————— Arcana bibl. Annabergensis. 8º. Leipsick. 1730.
(3) *C. J. G. Hirsching*; Vers. e. Beschreib. sehenswürdiger Bibl. Teutschlands. 4 vol. 8º. Erlangen. 1786-1790.
*F. D. Graeter*; Ueber d. Merkwürdigkeiten d. Koburger Bibl. 4. progr. 4º. Halle. 1805 à 1807.

Bibl. du *Gymnase*; f. dans le xvii° siècle et augmentée en 1699 par la bibl. particulière du duc *Albert*. — 7,000 vol. impr. et quelques mss.

### Dresde. (1)

Bibl. *Royale*; f. 1556, par l'électeur *Auguste*; augmentée des bibl. de *G. Fabricius* en 1580, de *de Werther* en 1589, de *Taubmann* en 1651, du duc de *Saxe-Zeitz*, de *Besser* en 1727, de *Braun* en 1734, du comte *Bunau* en 1764, du comte *Brühl* en 1768, de *de Leibnitz* en 1773, de *Heinecken* en 1792, etc. — 260,000 vol. impr. (dont 1600 incunables) et 2700 mss.

Bibl. du *Sénat de la ville*; (2) f. . . .

### Eisenach.

Bibl. du *Gymnase*; f. . . .

### Freyberg. (3)

Bibl. de la *Ville*; f. . . .

### Gotha. (4)

Bibl. *Ducale*; f. 1649, par le duc *Ernest-le-Pieux*, et rendue publique en 1680. Elle a reçu un grand accroissement par la bibl. particulière du duc régnant en 1810, et par les achats de mss.

---

(1) *F. A. Ebert*; Gesch. u. Beschreib. d. koenigl. Bibl. in Dresden. 8°. Leipsic. 1822.

*H. O. Fleischer*; Catalogus codicum mss. orientalium bibl. regiæ dresdensis. 4°. Ibid. 1831.

(2) *J. G. Knetschke*; Geschichte und Merwürdigkeiten der Rathsbibliothek zu Dresden. 8°. Zittau. 1811.

(3) *J. J. Beyer*; Oratio de bibliothecà Freybergensi. f°. Altenbourg. 1716.

(4) *E. S. Cypriani*; Catalogus codicum mss. biblioth. Gothanæ. 4°. Leipsick. 1714.

*H. E. G. Paulus*; Ueber einige Merkwürdigkeiten der herzoglichen biblioth. zu Gotha. 8°. Iena 1788.

*F. Jakobs* et *F. A. Ukert*; Beitraege, etc., oder Merkwürdigkieten der herzogl. Biblioth. zu Gotha. 3 vol. 8°. Leipsick. 1836-1839.

*G. Rathgeber*; Bibliotheca gothana. Section der morgenlaendischen. mss. 8°. Gotha. 1839.

orientaux que le gouvernement a fait faire par le voyageur Seetzen. — 60,000 vol. impr. et 5,000 mss.

Bibl. du *Gymnase* ; f. . . .

GROSSENHAYN. (1)

Bibl. de *la ville* ; f. 1832.

IENA. (2)

Bibl. de l'*Université* ; f. 1548, par la bibl. électorale de Wittenberg qui fut transférée à Iena ; elle reçut des augmentations considérables par les les bibl. du prof. *Aruméus* en 1637, du prof. *Bose* en 1674, du prof. *Sagitarius* en 1694, du prof. *Danz* en 1718, de *Birckner* en 1742, du prof. *Buder* en 1763, et récemment par celle du château Grand-Ducal. — 50,000 vol. parmi lesquels plusieurs mss.

LEIPSICK.

Bibl. du *Paulinum* ou de l'*Université* (3); f. 1544, par la réunion de plusieurs collections de l'université et des corporations de la Ville. Elle reçut ensuite de grands accroissements par les bibl. des couvents supprimés en Saxe en 1545, du prof. *Borner* en 1547, du prof. *Steinmetz* en 1548, du prof. *Hülsemann* en 1662, du prof. *Lüder-Menken* en 1726, du directeur des mines de *Tettau* en 1747, du prof. *Boehme* en 1780, du prof. *Pütmann* en 1791, du prof. *Gehler* en 1813, du prof. *Schaefer* en 1817, du cons. *Blümner* en

---

(1) *K. Preusker*; Nachricht. von der Stadtsbibliothek zu Grossenhayn. 8º. Grossenhayn. 1833.

(2) *J. C. Mylius*; Memorabilia biblioth. acad. Jenensis. 8º Jena. 1746.

*B. C. D. Wiedeburg*; Nachrichten v. einigen alten deutschen poët. mss. 4º. Ibid. 1754.

(3) Catalogus codic. mss. biblioth. Paulinæ. 8º. Leipsick. 1688.

*J. Feller* et *C. G. Joecher*; Orationes de biblioth. acad. Lipsiensis, 4º. Ibid. 1744.

*J. C. Gottsched*; De rarioribus nonnullis biblioth. Paulinæ codic. 4º. Ibid. 1746.

*F. A. Ebert*; Gesch. u. Beschreib. d. koenigl. Biblioth. in Dresden. 8º. Ibid. 1822, p. 551.

1839. — 50,000 vol. impr. 1,800 incunables et 2,500 mss.

Bibl. du *Sénat* de la *Ville* (1); f. 1677, par l'achat de la bibl. de l'avocat *Grosse*, augmentée ensuite des bibl. de *Scheffer* et de *Goeschen*, de la collection historique de Saxe, de *Kreyssig*, des mss. de *Wagenseil* et des collections *Cicéroniennes* de *Neuhans* en 1777, et d'*Ernesti* en 1782. — 40,000 vol. impr. 2,000 mss.

Meiningen.

Bibl. *Ducale*; f. 1699, par le duc *Bernhard*, et considérablement augmentée par son fils *Antoine Ulric* et ses successeurs. — 24,000 vol. impr. parmi lesquels beaucoup d'incunables et de mss.

Rudolstadt.

Bibl. . . . .

Weimar. (2)

Bibl. *Grand-Ducale*; f. 1691. Les augmentations principales qu'elle a reçues sont les bibl. du baron de *Logau* en 1703, des frères *Schurzfleisch* en 1722, et des bibl. particulières du duc en 1726 et de la duchesse *Anna-Amalia* en 1807. — 90,000 vol. y compris quelques mss.

Zittau. (3)

Bibl. du *Sénat* de la *Ville*; existait déjà en 1564. — 12,000 vol. y compris quelques mss.

---

(1) *G. C. Goetz*; Programma de biblioth. senatu Lipsiensis. 4º. *ibid.* 1711.

*A. Weitz*; Nachricht von des Raths zu Leipzig Biblioth. 8º. *ibid.* 1702.

Catalogus librorum mss. qui in biblioth. senatoriâ Lipsiensi asservantur, ediderunt *Naumann*, *Rose*, *Delitzsch* et *Fleischer*. 4º. Grimma. 1838, avec grav.

(2) *J. C. G. Hirsching*; Versuch e. Beschreib. sehenswürdiger Bibl. Teutschlands. 4 vol. 8º. Erlangen. 1786-1790. Vol. 1, p. 198.

*J. B. C. d'Ansse de Villoison*; Epistolæ Vinariensis. 4º. Zurich. 1783.

(3) *J. G. Kneschke*; Geschichte d. Rathsbibliothek in Zittau. 8º.

Zwickau. (1)

> Bibl. du *Gymnase*; f. 1532, par les bibl. de couvents supprimés à l'époque de la réforme protestante, et ensuite augmentée de la bibl. de *Steph. Roth*, et en 1687 de celle de *Ch. Daum*. — 20,000 vol. dont quelques incunables et mss.

## SUÈDE et NORWÈGE.

Bergen.

> Bibl. du *Séminaire Frédéricien*; f. ...

Christiania.

> Bibl. de l'*Université*; f. 1811 par les doubles de la bibl. royale et par celle de *Ed. Colbioernsen*. — 50,000 vol.

Drontheim.

> Bibl. de la *Société Royale Norvégienne*; f. ....

Drontingholm.

> Bibl. du *Château*; f. ....

Linkoeping. (2)

> Bibl. du *Gymnase*; f. .... — 10,000 vol. impr. et beaucoup de mss. d'un grand intérêt.

Lund.

> Bibl. de l'*Université*; f. .... — 30,000 vol. dont plusieurs incunables et mss.

Stockholm.

> Bibl. *Royale* (3); f. .... — 60,000 vol. impr. 3,000 mss.

---

(1) *C. Clodius*; Programma de origine et incrementis biblioth. Zwickaviæ. 4º. Zwickau. 1751.

(2) Linkoepings bibliotheks Handlingar. 2 vol. 8º. Linkoeping. 1793-1795.

(3) *M. Celsius*; Bibliothecæ regiæ Stockholm. Historia. 8º. Stockholm. 1751.

Bibl. de l'*Académie des Sciences* (1); f. . . . .
— de l'*Université*; f. . . . .
— *Engestroem*; f. . . . .
— du comte de *Suchtelen*; f. . . . .

**STREGNAS.** (2)

Bibl. de la *Cathédrale*; f. . . . .

**UPSALA.** (3)

Bibl. de l'*Université*; f. 1621. — 80,000 vol. y compris beaucoup d'incunables et de MSS.

**WESTERAS.**

Bibl. du *Gymnase*; f. . . . Augmentée en 1803 par la bibl. de l'évêque *Muhrbeck*. — 10,000 vol. impr. 300 MSS.

**YSTAD.**

Bibl. de la *Ville*; f. . . . .

## SUISSE.

**AARAU.** (4)

Bibl. du *Canton*; f. . . . Considérablement augmentée en 1803 par la bibl. du général et savant *de Zurlauben*.

---

(1) Foertekning paa K. Vitensk. akadem. Bocksamling. 4°. *ibid.* 1768.
——————— Paa en Samling af tryckta svenska Boeker af Rosenadler. 4°. *ibid.* 1780.

(2) Catalogus biblioth. templi cathedralis stregnesensis. 4°. Stregnas. 1776.

(3) *O. Celsius*; Biblioth. upsaliensis historia. 8°. Upsal. 1745.
*A. Norelli*; In biblioth. upsaliens.
*P. F. Aurivillius*; Catalogus librorum impressor. bibl. academ. Upsaliens. 5 vol. 4°. *ibid.* 1807-1815.
——————————Notitia codic. MSS. græcor. bibl. Upsaliens. 4°. *ibid.* 1806.
——————————— Notitia codic. MSS. latin. bibl. Upsaliens. 4°. *ibid.* 1806.
*J. D. Flintenberg*; Catalogus libror. sæc. XV impress. in bibl. acad. Upsaliens. 4°. *ibid.* 1786.

(4) Catalogus librorum bibliothecæ aroviensis. 8°. . . . , 1776.

BALE. (1)
> Bibl. de l'*Université* ; f. . . . Elle est renommée par les beaux incunables et MSS. qu'elle possède. —

BERNE. (2)
> Bibl. de la *Ville* ; f. . . . des bibl. des couvents supprimés et successivement augmentée, surtout en 1629, de celle de *Jac. Bongars*. — 30,000 vol. impr. et 1,200 MSS.
> Bibl. des *Prédicateurs* ; f. . . .

EINSIEDELN.
> Bibl. de l'*Abbaye* ; f. . . .
> ( On dit qu'elle a été transportée à l'abbaye de Saint-Blaise en Styrie. )

EPPISHANSEN, (*Château d'*) *près de Saint-Gall*.
> Bibl. de Mr. de *Lassberg* ; f. . . . Composée d'un grand nombre de MSS. les plus précieux.—

GENÈVE. (3)
> Bibl. de la *Ville* ; f. 1551, par François de Bonnivard. — 40,000 vol. impr. et 500 MSS.

LAUSANNE. (4)
> Bibl. de l'*Université* ; f. . . . Renferme plusieurs MSS. importants.

---

(1) *P. Spitzelius* ; Sacra bibliothecarum illustrium arcana retecta. 8º. Augsbourg. 1668.

*H. W. Wackernagel* ; Die altdeutschen Handschriften der Basler Universitaets-bibliothek. 4º. Bâle. 1835.

(2) *J. R. Sinner* ; Catalogus codic. MSS. biblioth. Bernensis. 3 vol. 8º. Berne. 1760-1772.

—————————— Libror. impressor. biblioth. Bernensis. 3 vol. 8º. *ibid.* 1812.

Verzeichniss aller geschriebenen Werke welche d. schweizer Geschichte angehen, und auf d. oeffentl. Bibl. in Bern. sich befinden. 8º. *ibid.* 1789.

(3) *Boulacre* ; Lettres sur la biblioth. de Genève. Voir le journal helvétique. 1742. (Mars. Avril. Mai.)

*J. Senebier* ; Catalogue raisonné des MSS. conservés dans la biblioth. de Genève. 8º. Genève. 1779.

(4) *Ph. Vicat* ; Catalogus libror. qui in biblioth. academ. Lausann. asservantur. 8º. *s. l.* 1764.

LUCERNE.
> Bibl. de la *Ville*; f..... Augmentée en 1810 de la bibl. très-curieuse du trésorier *de Balthasar* sur l'histoire de la Suisse. —.....

MORGES.
> Bibl. de.....

NEUCHATEL. (1)
> Bibl. de la *Compagnie des Pasteurs*; f.....

SAINT-GALL. (2)
> Bibl. de l'*Abbaye*; f. dans le moyen-âge. Elle est renommée par les nombreux incunables et MSS. de la plus grande ancienneté.
>
> Bibl. de la *Ville*; f.... Elle est beaucoup moins importante que celle de l'abbaye, mais contient également beaucoup de MSS. précieux. Elle ne possède point de catalogue.

SCHAFFHOUSE.
> Bibl. de la *Ville*; f.... Augmentée en 1809 de la bibl. du célèbre *J. de Müller*, de 5,000 vol. —.....
>
> Bibl. de la *Société d'économie rurale*; f.....

SOLEURE.
> Bibl. de......

YVERDUN.
> Bibl......

ZURICH. (3)
> Bibl. de la *Ville*; f. 1628, augmentée par un legs de *Leu*, par la collection de *Holme* (ne contenant que des livres sur les jésuites) et par les

---

(1) Catalogue de la biblioth. de la compagnie des Pasteurs de la souveraineté de Neuchâtel et Valengin. 8o. Neuchâtel. 1780.

(2) *A. de Haller*; Bibliothek der Schweitzergeschichte. 7 vol. 8o. Berne. 1785-1787. 2e vol. p. 23.

(3) Catalogus libror. biblioth. Tigurinæ in inferiori ædium parte collocator. 6 vol. 8o. Zurich. 1744-1809.

bibl. de *Bodmer*, de *Simmler*, de *Hagenbusch* et de *Steinbrüchel*. — 40,000 vol. impr. et 700 mss.

## TURQUIE.

Ce n'est qu'avec hésitation qu'on ose indiquer les bibliothèques de la Turquie et de la Grèce, car leur existence est si apocryphe, les renseignements sont si incertains ou contradictoires, que tout travail *positif* à leur sujet est impossible.

Bibl. *Impériale*;
Bibl. des *Bostangies*. } (1) Elles se trouvent dans le sérail. La dernière ne contient que 1,292 mss. principalement en arabe; le reste est en turc, persan, etc.; *pas un seul* en grec ou en latin.(2)

Outre les bibliothèques dans le sérail, Constantinople renferme près de quarante bibliothèques publiques, et il s'en forme toujours de nouvelles, presque toutes attachées aux mosquées. La plupart d'entre elles est le produit de legs pieux, par lesquels les légataires croient assurer le repos de leur âme : chose étrange chez une nation qui étudie si peu et qui craint tant les lumières. — Il est rare qu'une de ces bibliothèques contienne plus de 2,000 volumes.

*Achmed-Pacha*, un des hommes les plus éclairés parmi les grands de Constantinople, ambassadeur à Londres, etc, etc., possède, à ce que l'on dit, une grande et précieuse bibliothèque de manuscrits, et en laisse le libre usage à tout homme instruit.

## WURTEMBERG.

HEILBRON.

Bibl. de la *Ville*; f....

---

(1) *G. Toderine*; Catalogo della libreria della Seraglio, trasportato de Constantinopoli à Venesia nel anno 1786. — Voir : de la litterature des Turcs, trad. par *Gournaud*. 2 vol. 8º. Paris. 1789.

(2) *Michaud*; Correspondance d'Orient. 8º. Paris. 1834. vol. 3, p. 44.

STUTTGARD.

> Bibl. *Royale*; f. 1765, à Ludwigsbourg et transférée à Stuttgard en 1775; les augmentations principales qu'elle a reçues ensuite sont les collections de bibles de *Lorcke* et de *Panzer* (1), et les bibl. de *Holzschuh*, du général *de Nicolaï*, du cons. *Frommann* et de quelques couvents supprimés. — 174,000 vol. impr. (dont 8,200 forment la collection de bibles) et 1,800 mss. (2).
>
> Bibl. *Particulière du roi*; f. . . . .
>
> — de la *Société d'économie rurale*; f. . . . .

TUBINGUE. (3)

> Bibl. de l'*Université*; f. 1562, et successivement augmentée de la bibl. du *D. Gremp* en 1583, des doubles des bibl. de Stuttgard et de Ludwigsbourg en 1771 et 1774, de la bibl. de la faculté de philosophie et de l'institut *Martin* en 1776, du cons. *Hoffmann* en 1805, de *Spittler* en 1810, de quelques couvents supprimés en 1811, de l'université catholique d'Ellwangen en 1817, de l'ancien collège illustre et du prof. *Gatterer* en 1818, de l'institution *Fleck* en 1819, et de diverses parties des bibl. de Combourg et d'Esslingen. — 60,000 vol. dont beaucoup d'incunables et quelques mss.

ULM.

> Bibl. de la *Ville*; f. . . . .

---

(1) *J. G. C. Adler*; Bibl. biblica ser. Wurtenbergensium ducis, olim *Lorkiana*. 4º. Altona. 1787.

(2) *J. F. Schelling*; Descriptio codic. mss. lubraco-biblici. 8º. Stuttgard. 1775.

Archiv. für Geschichtskunde v. *Pertz*. 6 vol. 8º. Hanovre 1820.— Vol. I, p. 576. — Vol. II, p. 306. —Vol. v, p. 549. —Vol. vi, p. 487.

(3) *J. D. Reuss*; Beschreibung merkwurdiger Bücher aus d. Universitaets-Biblioth. in Tübingen. 1780.

FIN.

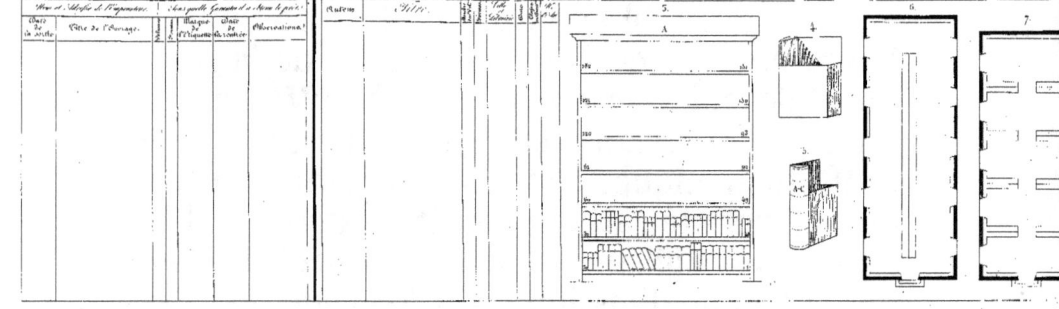

| Prév. Prév. | | | | | |
|---|---|---|---|---|---|
| Titre. | Nombre des volumes | Format | Ville | Date | N°. |
| Prévis [illegible] de la vie de M. de Bonnard (poésies) | 1 | 18° | Paris | 1787 | [illegible] |
| Prédestination (la); Réflexions philosoph. par un [illegible] | 1 | 8° | Londres | [illegible] | [illegible] |
| Prévost (l'Abbé) Oeuvres choisies av. fig. 1783-1785 | 39 | 8° | Paris | 1783 | [illegible] |



| Histoire (E) moderne (h) de France (+) | | | | | | |
|---|---|---|---|---|---|---|
| Observations. | N°. | Titre. | Nombre des volumes | Format | Ville | Date |
| | 9217 | Précis historique de la Révol. franç. par Lacretelle j. | 5 | 18° | Paris | 1801 à 1806 |
| rare .. Retiré du Commerce par l'auteur qui l'a dit [illegible] M. de St. Vallier | 9218 | Prédictions politiques de l'avenir de la France, par un Solitaire | 1 | 8° | id. | 1802 |

| Histoire (E) moderne (h) de France (+) | | | | | | |
|---|---|---|---|---|---|---|
| N°. | Titre. | Nombre des volumes | Format | Ville | Date | Observations. |
| | (Réservé pour les intercalations) | | | | | |

# TABLE

## DES MATIÈRES.

---

                                                              Pages.

PRÉFACE.                                                  1

## I. DE LA BIBLIOGRAPHIE.

1. 2. La bibliographie a marché d'un pas égal avec les progrès qu'ont fait les bibliothèques dans le monde civilisé.   5

3. Bibliographes distingués en France.   6

4. Différence entre la bibliographie littéraire et la bibliographie matérielle.   *Ib*.

5. La bibliographie est devenue une science et a pris rang dans la littérature.   *Ib*.

## II. DE L'ÉTUDE DE LA BIBLIOGRAPHIE.

1. Les travaux bibliographiques sont minutieux, pénibles et sans éclat.   7

2. Attraits particuliers de cette étude pour ceux qui s'y livrent.   8

## III. DES BIBLIOTHÈQUES EN GÉNÉRAL.

1. 2. Nécessité absolue de la bibliothéconomie.   9

### A. DES BIBLIOTHÈQUES PUBLIQUES.

1. Elles sont les plus nobles et les plus généreuses institutions dans un Etat.   10

|     |     |     |
| --- | --- | --- |
| 2.  | Leur premier mérite est d'être riches et d'un accès facile pour le public. | 10 |

**B. DES BIBLIOTHÈQUES PARTICULIÈRES OU SPÉCIALES.**

|     |     |     |
| --- | --- | --- |
| 1.  | Par leur composition, elles diffèrent essentiellement des bibliothèques publiques. | 11 |
| 2.  | Les bibliothèques particulières, remarquables par leur étendue, sont rares. | 12 |

## IV. DE LA BIBLIOMANIE ET DE LA BIBLIOPHILIE.

|     |     |     |
| --- | --- | --- |
| 1.  | Ridicule et importance de la bibliomanie. | 12 |
| 2. 3. | La bibliophilie est la bibliomanie anoblie. | Ib. |
| 4 à 6. | Éloge des vieux livres et manuscrits. | 13 |
| 7.  | Passions des Anglais pour les vieux livres. | 15 |

## V. DES LIVRES RARES OU REMARQUABLES.

|     |     |     |
| --- | --- | --- |
| 1.  | Motifs qui les font rechercher. | 16 |
| 2 à 6. | Livres rares et curieux. | Ib. |
| 7.  | Livres curieux sans être rares. | 18 |
| 8.  | Hausse et baisse des prix des livres. | Ib. |

## VI. DU BIBLIOTHÉCAIRE EN GÉNÉRAL.

|     |     |     |
| --- | --- | --- |
| 1.  | L'état actuel et l'usage public des bibliothèques ont assigné aux bibliothécaires une place dans la société savante. | 19 |
| 2. 3. | Les qualités qu'on exige aujourd'hui d'un bibliothécaire. | Ib. |
| 4.  | Fausse économie de l'autorité de faire cumuler la place de bibliothécaire avec d'autres emplois. | 20 |
| 5 à 7. | Capacités que doit posséder un bibliothécaire. | Ib. |

## VII. DU BIBLIOTHÉCAIRE D'UNE BIBLIOTHÈQUE PUBLIQUE.

    1. 2. Une grande expérience et un zèle infatigable lui sont nécessaires.    21

## VIII. DU BIBLIOTHÉCAIRE D'UNE BIBLIOTHÈQUE PARTICULIÈRE.

    1. 2. Ses capacités peuvent se borner à la spécialité de la bibliothèque administrée.    22

## IX. DES DEVOIRS, QUALITÉS ET CONNAISSANCES D'UN BIBLIOTHÉCAIRE.

    1. Difficulté de les trouver réunis tous chez une seule personne.    23
    2. 3. Connaissance des livres, de l'histoire littéraire et des langues anciennes et modernes.    Id.
    4. Mémoire des choses, des noms et des localités.    24
    5 à 8. Activité sans relâche, ordre et exactitude dans toute l'étendue de ces mots.    Ib.
    9. Constance et unité dans les travaux.    25
    10. 11. Bonne écriture.    26
    12 à 14. Affabilité dans les rapports avec le public et résignation en voyant que tout le zèle n'est guère reconnu.    Ib.
    15. Formation d'élèves.    28
    16. 17. Connaissance des détails administratifs.    Ib.
    18. Connaissance du matériel des livres.    29
    19. Premiers soins en entrant en fonctions.    Ib.
    20. Grande difficulté de remplir tous les devoirs.    Ib.

## X. DE L'ORGANISATION D'UNE BIBLIOTHÈQUE.

    1. 2. Ce qui constitue une bibliothèque.    30

## 

    3. 4.  Premières mesures pour organiser une bibliothèque.   31

    5. 6.  Moyens techniques pour arriver à une organisation bien entendue.   32

## XI. DES CATALOGUES.

    1. 2.  Ce qu'un catalogue doit contenir.   33

    3. 4.  Classification des titres.   34

    5 à 8.  Impression des catalogues.   *Ib.*

## XII. DE LA COMPOSITION D'UNE BIBLIOTHÈQUE.

    1. 2.  Formation et augmentation successive d'une bibliothèque.   36

    3.  Inconvénients que présentent les bibliothèques trop étendues.   37

    4.  Genre de livres que l'on doit trouver dans une bibliothèque publique.   *Ib.*

    5.  Ceux qui forment une bibliothèque particulière ou spéciale.   38

    6 à 8.  Composition d'une bibliothèque.   *Ib.*

    9 à 12.  Choix des livres et dangers à éviter dans la composition d'une bibliothèque particulière.   39

    13 à 15.  Livres de renseignements qui doivent se trouver dans toute bibliothèque.   40

    16. 17.  Moyens d'acquisition des livres.   41

    18 à 20.  Ventes publiques.   42

## XIII. DE LA DISPOSITION D'UNE BIBLIOTHÈQUE.

    1.  Différence dans la disposition d'une grande ou d'une petite bibliothèque.   44

    2 à 7.  Méthode à suivre pour mettre de l'ordre dans une bibliothèque.   *Ib.*

## XIV. DE L'ARRANGEMENT DES VOLUMES ET DES FORMATS.

    1.  Une bibliothèque doit présenter, même

|  |  |  |
|---|---|---|
|  | dans l'assemblage des volumes, un plan systématique. | 47 |
| 2. | Dans une bibliothèque peu nombreuse, on peut sacrifier la classification systématique à l'arrangement selon les formats ou les reliures. | Ib. |
| 3. | Il n'en est pas de même aussitôt qu'une bibliothèque a quelque étendue. | 48 |
| 4. 5. | La disposition des volumes par ordre alphabétique ou à place fixe est impraticable. | Ib. |
| 6. 7. | Il faut les réunir par classe et en même temps par formats. | 49 |
| 8. | Certains formats peuvent être réunis quoiqu'ils diffèrent de nom, mais non de grandeur. | 50 |
| 9. | Formats qui dépassent la grandeur ordinaire. | Ib. |
| 10. | Grande propreté et certaine recherche dans l'arrangement d'une bibliothèque ne sont pas déplacées. | Ib. |
| 11. | Disposition des volumes sur les rayons. | 51 |
| 12. | Inconvénients de laisser arriérer les travaux. | Ib. |
| 13. 14. | Difficultés que présente l'exiguité des locaux des bibliothèques. | Ib. |
| 15. 16. | Genres de livres qui sont à placer séparément. | 52 |

## XV. DES ÉTIQUETTES ET DU NUMÉROTAGE.

|  |  |  |
|---|---|---|
| 1. | Urgence des étiquettes et leur application. | 53 |
| 2. | Leur forme et couleur. | 54 |
| 3. | Répétition, sur les corps de bibliothèques, des lettres de classe et des numéros. | 55 |

## XVI. DE L'ESTAMPILLAGE.

| | | |
|---|---|---|
| 1. | Inutilité et nécessité des timbres ou marques de propriété sur les livres. | 55 |
| 2. | Manière de les appliquer. | Ib. |
| 3. | Marque du prix d'achat des livres. | 56 |

## XVII. DE LA RELIURE.

| | | |
|---|---|---|
| 1. | La reliure conserve et orne les livres. | Ib. |
| 2 à 5. | Choix des reliures. | 57 |
| 6. | Nécessité de connaître la partie technique de la reliure. | 58 |
| 7. | Les anciennes reliures. | Ib. |
| 8. | Les divers genres de reliures. | Ib. |
| 9. 10. | Économie à employer dans la reliure. | 59 |
| 11. | Qualités d'une belle et bonne reliure. | Ib. |
| 12 à 17. | Les diverses parties d'une reliure. | 60 |

## XVIII. DE LA COLLATION.

| | | |
|---|---|---|
| 1. 2. | Nécessité de collationner tous les livres d'une bibliothèque. | 62 |
| 3 à 6. | Soins à mettre dans le collationnement de certains ouvrages. | Ib. |

## XIX. DE LA CONSERVATION DES LIVRES.

| | | |
|---|---|---|
| 1. | Importance de la conservation des livres. | 63 |
| 2. | Moyens pour conserver une bibliothèque. | Ib. |
| 3. | Ennemis de la conservation d'une bibliothèque. | 64 |
| 4 à 9. | Moyens d'en préserver les livres. | Ib. |
| 10 à 14. | L'humidité et la poussière, et moyens pour en garantir une bibliothèque. | 66 |

| | | |
|---|---|---|
| 13. | Soins particuliers que demandent les livres imprimés sur peau de vélin. | 68 |

## XX. DU PRÊT AU DEHORS.

| | | |
|---|---|---|
| 1. | Les emprunteurs des livres sont les plus grands ennemis des bibliothèques. | 68 |
| 2. | Difficulté de supprimer, dans une bibliothèque publique, le prêt des livres. | 69 |
| 3 à 5. | Inconvénients qui en résultent pour les bibliothèques mêmes et pour les personnes qui les fréquentent. | 70 |
| 6. | Moyen pour diminuer le danger du prêt. | Ib. |
| 7. | Dans une bibliothèque particulière, ce danger peut être éloigné complétement. | 71 |

## XXI. DU LOCAL.

| | | |
|---|---|---|
| 1. | Disposition architectonique. | Ib. |
| 2. | Les locaux assignés aux bibliothèques sont rarement propres à cette destination. | 72 |
| 3. 4. | Construction d'un local pour une bibliothèque. | Ib. |
| 5. 6. | Dangers de destruction auxquels les bibliothèques sont exposées. | 73 |
| 7. | Les architectes sacrifient la sûreté, la salubrité et l'utilité d'une bibliothèque à l'effet de l'ordonnance extérieure. | Ib. |
| 8. | Économie de la place dans un tel local. | 74 |
| 9. | Nécessité absolue qu'une bibliothèque soit bien éclairée. | Ib. |
| 10. 11. | Disposition la plus convenable de l'emplacement d'une bibliothèque. | 75 |

## XXII. DE L'AMEUBLEMENT.

| | | |
|---|---|---|
| 1. | Il doit être simple, mais confortable. | Ib. |
| 2. | Les corps de bibliothèques. | 76 |

| | | |
|---|---|---|
| 3. 4. | Les tables et autres meubles. | 77 |
| 5. | Choix du bois pour les meubles. | 78 |
| 6. | Disposition des places des employés. | Ib. |

## XXIII. DE L'ADMINISTRATION D'UNE BIBLIOTHÈQUE.

| | | |
|---|---|---|
| 1. | Toute bibliothèque publique a besoin de fonds nécessaires à son entretien, administration et augmentation. | Ib. |
| 2 à 4. | Le personnel et sa composition. | 79 |
| 5 à 7. | Le bibliothécaire en chef. | 80 |
| 8. | Les employés. | 81 |
| 9. | Répartition des travaux entre eux. | Ib. |
| 10 à 12. | Gestion des fonds. | Ib. |

## XXIV. DE LA COMPTABILITÉ.

| | | |
|---|---|---|
| 1. | Les registres doivent être en rapport entre eux. | 83 |
| 2 à 4. | Le catalogue, le livre de caisse et le livre des comptes-courants. | Ib. |
| 5 à 8. | Le livre du prêt au dehors, des continuations et des reliures. | Ib. |

## XXV. DES RÈGLEMENTS.

| | | |
|---|---|---|
| 1. | Ils sont la base de la bonne organisation de toute institution. | 84 |
| 2. 3. | Ils sont surtout nécessaires dans une bibliothèque publique. | 85 |
| 4. | Ils y fixent les droits entre le public et l'établissement. | Ib. |
| 5. | Destination d'une bibliothèque. | Ib. |
| 6. | Conseil d'administration. | 86 |
| 7. | Hiérarchie et attributions du personnel. | Ib. |

| | | |
|---|---|---|
| 8. | Recettes et dépenses. | 86 |
| 9. | Conservation du local et du matériel. | 87 |
| 10. | Abus des sinécures. | Ib. |
| 11. | Acquisition des livres. | 88 |

## XXVI. DEVOIRS ENVERS LE PUBLIC.

| | | |
|---|---|---|
| 1. | Droit du public sur une bibliothèque. | 89 |
| 2. 3. | L'utilité d'une bibliothèque est de deux espèces. | Ib. |
| 4. | Temps pendant lequel une bibliothèque publique doit être ouverte. | 90 |
| 5. | Mesures à prendre contre le vol des volumes. | Ib. |
| 6. | Politesse et obligeance de la part des employés. | 91 |
| 7. 8. | Prêt des livres au dehors. | Ib. |
| 9 à 15. | Moyens pour régulariser le prêt au dehors et en diminuer les abus. | 92 |
| 16. | Correspondance. | 94 |

## XXVII. DES DEVOIRS DU PUBLIC ENVERS LA BIBLIOTHÈQUE.

| | | |
|---|---|---|
| 1. | Ils se bornent au respect de la propriété publique et à l'observation des règlements. | 94 |

## XXVIII. DES CATALOGUES.

### A. LEUR RÉDACTION.

| | | |
|---|---|---|
| 1. 2. | Les innombrables détails d'un catalogue la rendent très-difficile. | 95 |
| 3. | Les catalogues de la librairie sont généralement mal faits. | 96 |
| 4. 5. | Utilité d'un catalogue bien fait. | Ib. |
| 6. | Principal mérite d'un catalogue. | 97 |

| | | |
|---|---|---|
| 7 à 9. | Titres et notes bibliographiques. | 97 |
| 10 à 13. | Classification des titres. | 98 |
| 14. 15. | Travaux mécaniques pour établir un catalogue. | 99 |
| 16. | Dépouillement des titres des parties des mémoires des sociétés savantes, des œuvres des poligraphes, etc. | 100 |

### B. LA COPIE DES TITRES.

| | | |
|---|---|---|
| 1. | Premiers essais pour rédiger un catalogue. | 101 |
| 2 à 8. | Minutieuse exactitude dans la transcription des titres. | Ib. |
| 9. | Uniformité et ordre à observer dans cette transcription. | 103 |
| 10. | Nom d'auteur et mot d'ordre. | 104 |
| 11. | Copie complète du titre. | 105 |
| 12. 13. | Nombre de volumes et format. | Ib. |
| 14. | Ville et nom du libraire ou imprimeur. | Ib. |
| 15. | Date de la publication. | 106 |
| 16 à 18. | Abréviation des titres. | Ib. |
| 19. | Inconvénient des volumes qui contiennent plusieurs ouvrages. | 107 |
| 20. 21. | Description du matériel des livres remarquables. | Ib. |

### C. FORMAT.

| | | |
|---|---|---|
| 1 à 3. | Connaissance des formats. | Ib. |
| 4. 5. | Pontuseaux et marque d'eau. | 108 |
| 6 à 9. | Signatures, réclame, justification, etc. | 109 |
| 7. | Réclame. | 110 |
| 8. 9. | Justification, etc. | Ib. |

### D. NOTES.

| | | |
|---|---|---|
| 1. 2. | Leur mérite littéraire et bibliographique. | Ib. |

## DES MATIÈRES.

3. Défaut de plusieurs bibliographes dans la rédaction de leurs notes. 111
4. 5. Exactitude des renvois et citations. Ib.

### E. LIVRES ANCIENS ET RARES.

1. Manuscrits et éditions. 112
2. Dans certains cas une classification particulière est nécessaire. Ib.
3. Leur description doit donner les plus petits détails. 113

### F. DISPOSITION CALLIGRAPHIQUE DES CATALOGUES.

1. Elle doit être nette et régulière. 113
2. On peut l'exécuter sur cartes, sur feuillets volants ou sur des volumes reliés. Ib.
3. 4. Inconvénients et avantages de l'une et l'autre méthode. Ib.
5. Celle sur cartes est à préférer. 114
6. 7. Leur disposition et arrangement. Ib.
8. 9. Disposition et arrangement d'un catalogue en feuillets volants. 115
10. Autre méthode de dresser un catalogue. 116
11. Manière pour reclasser un catalogue imprimé. Ib.
12. 13. Catalogues en volumes reliés ; leurs inconvénients. 117
14. Catalogue d'après le classement des livres sur les rayons. Ib.

### G. ABRÉVIATIONS.

1. Elles sont nécessaires dans la rédaction d'un catalogue. 118

### H. NUMÉROTAGE.

1. 2. Il est le premier moyen pour maintenir l'ordre dans une bibliothèque. 119

5 à 8. Signes et marques à employer pour désigner les classes, divisions et subdivisions. *Ib.*

## J. CLASSIFICATION ALPHABÉTIQUE.

1. 2. Elle est plus facile et moins longue à faire que celle par ordre systématique. 121
3. 4. Mécanisme du classement des titres. *Ib.*
5 à 14. Système alphabétique à observer dans tous ses détails. 122

## K. CLASSIFICATION SYSTÉMATIQUE.

1. Son utilité est plus grande que celle par ordre alphabétique. 125
2. Difficulté de cette classification. *Ib.*
3 à 6. Choix d'un système bibliographique. 126
7. Le système le plus généralement adopté en France. 127
8. 9. Défectuosité de ce système et difficulté d'en établir un autre. 128
10. Système de la bibliothèque Royale à Paris. 130
11. Système de la bibliothèque du Conseil-d'Etat organisée par *A. A. Barbier*. 132
12. Système adopté par M. *Brunet*, dans son *Manuel du Libraire*. 151
13. Système adopté par M. *Beuchot*, dans le *Journal de la Librairie*. 154
14. Système de M. le marquis de *Fortia d'Urban*. 156
15. Tableau de l'entendement humain par M. *Regnault-Warin*. 158
16. Système de *Camus*. 161

DES MATIÈRES. 261

| | | |
|---|---|---|
| 17. | Système usité en Allemagne de M. *Hinrichs* à Leipsick. | 162 |
| | Système usité en Allemagne de M. *Schrettinger* à Munich. | Ib. |
| 18. | Système usité en Angleterre. | 163 |
| 19. | Impossibilité de former un système qui satisfasse tout le monde. | Ib. |
| 20. | Difficulté d'introduire une réforme dans un système consacré par la routine. | Ib. |
| 21. | Moyen de trouver facilement chaque matière dans un catalogue systématique. | Ib. |
| 22 à 24. | Obstacles qui se présentent dans la rédaction d'un pareil catalogue. | 164 |
| 25. | Le mécanisme du classement systématique est le même que celui par ordre alphabétique. | Ib. |

## XXIX. DES INCUNABLES OU PALÉOTYPES.

| | | |
|---|---|---|
| 1. | Ce que l'on entend par cette dénomination. | 165 |
| 2. | Ils forment la transition des manuscrits aux livres imprimés. | Ib. |
| 3. | Divers motifs les font rechercher. | Ib. |
| 4. | Indices pour reconnaître l'époque de leur impression. | 168 |
| 5 à 7. | Soins à apporter dans leur description pour le catalogue. | 168 |
| 8. | Leur classification. | 170 |

## XXX. DES MANUSCRITS.

| | | |
|---|---|---|
| 1. | La connaissance des manuscrits est une science toute particulière. | Ib |
| 2. | Ce qui fait le mérite des manuscrits. | 171 |
| 3 à 5. | Leur composition matérielle. | Ib. |

| | | |
|---|---|---|
| 6. | Les copistes ou écrivains chez les anciens. | 172 |
| 7 à 13. | Moyens et indices pour reconnaître la date des manuscrits. | Ib. |
| 14. 15. | Rédaction d'un catalogue de manuscrits. | 174 |
| 16 à 18. | Leur classification. | 175 |
| 19. | Leur conservation. | 177 |

## XXXI. DES AUTOGRAPHES, DES ESTAMPES ET DES MÉDAILLES. 177

### A. AUTOGRAPHES. 178

| | | |
|---|---|---|
| 1. | Leur importance. | Ib. |
| 2 à 4. | Leur classification et arrangement. | Ib. |
| 5. | Le meilleur système de classification. | 180 |
| 6. | Rédaction du catalogue. | Ib. |

### B. ESTAMPES.

| | | |
|---|---|---|
| 1. | Leur classification, etc. | 180 |

### C. MÉDAILLES.

| | | |
|---|---|---|
| 1. 2. | Leur classification, etc. | 181 |

## XXXII. STATISTIQUE DES BIBLIOTHÈQUES DES PAYS ÉTRANGERS D'EUROPE.

| | | | |
|---|---|---|---|
| ALLEMAGNE (villes libres et petits Etats). | 185 | Fribourg. | » |
| | | Giessen. | 187 |
| | | Gustrow. | » |
| Brême. | » | Hambourg. | » |
| Carlsruhe. | » | Heidelberg. | » |
| Cassel. | » | Lubeck. | 188 |
| Constance. | » | Manheim. | » |
| Darmstadt. | 186 | Marbourg. | » |
| Dessau. | » | Mayence. | 189 |
| Detmold. | » | Neustrelitz. | » |
| Foulde. | » | Oldembourg. | » |
| Francfort-s.-M. | » | Rostock. | » |

| | | | |
|---|---|---|---|
| Salmonsweiler. | 189 | Neustadt-s-l'Aisch. | 199 |
| Ueberlingen. | » | Nuremberg. | » |
| Wisbaden. | » | Ratisbonne. | 200 |
| Wolfenbüttel. | 190 | Würtzbourg. | » |

AUTRICHE, Bohème et Hongrie. »

BELGIQUE.

| | | | |
|---|---|---|---|
| Bischofteiniz. | » | Anvers. | » |
| Brünn. | » | Bruges. | » |
| Carlsbourg. | » | Bruxelles. | » |
| Graetz. | 191 | Gand. | 201 |
| Hermanstadt. | » | Liége. | » |
| Inspruck. | » | Louvain. | » |
| Klosterneumark. | » | Malines. | 202 |
| Kremsmünster. | » | Mons | » |
| Krumau. | » | Namur. | » |
| Lemberg. | » | Tournay. | » |

DANEMARK. »

| | | | |
|---|---|---|---|
| Lintz. | » | Aalborg. | » |
| Maros-Vasarhely. | » | Aarhuus. | » |
| Moelk. | 192 | Altona. | » |
| Nikolsbourg. | » | Copenhague. | » |
| Olmutz. | » | Kiel. | 203 |
| Ossek. | » | Marieboe. | » |
| Pesth. | » | Odensée. | » |
| Prague. | » | Reikiawick. | 204 |
| Presbourg. | 193 | Ribe. | » |
| Raitz. | » | Roeskilde. | » |
| Raudnitz | » | Viborg. | » |
| Reichenau. | 194 | | |

ESPAGNE.

| | | | |
|---|---|---|---|
| Salsbourg. | » | Alcala de Henarès. | » |
| Toth-Megyer. | » | Barcelone. | » |
| Vienne. | » | Burgos. | » |

BAVIÈRE.

| | | | |
|---|---|---|---|
| | | Escurial. | » |
| Augsbourg. | 196 | Madrid | 205 |
| Bamberg. | » | Malaga. | » |
| Bayreuth. | » | Salamanca. | » |
| Erlangen. | » | San Iago. | » |
| Hof. | 198 | Saragosse. | » |
| Landshut. | » | Séville. | » |
| Munich. | » | Tarragone. | » |

| | | | |
|---|---|---|---|
| Tolède. | 206 | Cesèna. | 216 |
| Valence. | » | Chiavari. | » |
| **GRANDE-BRETAGNE ET IRLANDE.** | » | Come. | » |
| | | Cortone. | » |
| | | Faenza. | 217 |
| Aberdeen. | » | Ferrare. | » |
| Birmingham. | » | Florence. | » |
| Cambridge. | » | Gènes. | 219 |
| Devonport. | 207 | Guastalla. | » |
| Dublin. | » | La Valette. | » |
| Durham. | » | Lucques. | » |
| Edimbourg. | » | Mantoue. | » |
| Eton. | 208 | Messine. | 220 |
| Glasgow. | » | Milan. | » |
| Hereford. | » | Modène. | » |
| Lincolm. | » | Naples. | 221 |
| Liverpool. | » | Novare. | 222 |
| Londres. | » | Padoue. | » |
| Manchester. | 212 | Pistoie. | » |
| Oxford. | » | Palerme. | » |
| Plymouth. | 213 | Parme. | » |
| Saint-Andrews. | » | Pavie. | 223 |
| Schrewsbury. | » | Pérouse. | » |
| Skipton. | » | Pesaro. | » |
| Worcester. | » | Pise. | » |
| York. | » | Plaisance. | » |
| **HANOVRE.** | 214 | Ravenne. | 224 |
| | | Reggio. | » |
| Gottingue. | » | Rimini. | » |
| Hanovre. | » | Rome. | » |
| Lunebourg. | » | Sassari. | 226 |
| **ITALIE.** | 215 | Sienne. | » |
| | | Turin. | 227 |
| Agrigente. | » | Venise. | » |
| Arezzo. | » | Verseil. | 228 |
| Bellune. | » | Vérone. | » |
| Bergame. | » | Vicence. | 229 |
| Bologne. | » | Volterre. | » |
| Brescia. | 216 | **PAYS-BAS.** | » |
| Cagliari. | » | | |
| Cassin (Mont). | » | Amsterdam. | » |
| Cava (La). | » | Delft. | » |

| | | | |
|---|---|---|---|
| Deventer. | 229 | RUSSIE ET POLOGNE. | 236 |
| Franeker. | » | | |
| Gouda. | » | Abo. | » |
| Groningue. | 230 | Astrakan. | » |
| Harderwyk. | » | Dorpat. | » |
| Harlem. | » | Karkoff. | » |
| La Haye. | » | Kasan. | » |
| Leeuwarde. | » | Kief. | » |
| Leiden. | » | Koursk. | » |
| Luxembourg. | » | Krakovie. | » |
| Maestricht. | 231 | Moscou. | 237 |
| Utrecht. | » | Odessa. | » |
| | | Riga. | » |
| PORTUGAL. | » | Saint-Pétersbourg. | » |
| | | Varsovie. | 239 |
| Alcobaça. | » | Wilna. | » |
| Coimbre. | » | Wlademir. | » |
| Lisbonne. | » | Woskremskoï. | » |
| PRUSSE. | » | SAXE (royaume et duchés). | » |
| Berlin. | » | Altenbourg. | » |
| Bonn. | 232 | Annaberg. | » |
| Breslau. | » | Chemnitz. | » |
| Cologne. | 233 | Cobourg. | » |
| Dantzick. | » | Dresde. | 240 |
| Dusseldorf. | » | Eisenach. | » |
| Erfurt. | » | Freyberg. | » |
| Francfort-s.-O. | 234 | Gotha. | » |
| Goerlitz. | » | Grossenhayn. | 241 |
| Greifswalde. | » | Iena. | » |
| Halle-s.-S. | » | Leipsick. | » |
| Konigsberg. | 235 | Meiningen. | 242 |
| Lauban. | » | Rudolstadt. | » |
| Magdebourg. | » | Weimar. | » |
| Munster. | » | Zittau. | » |
| Posen. | » | Zwickau. | 243 |
| Quedlinbourg. | » | | |
| Schulpforte. | » | SUÈDE ET NORWÈGE. | » |
| Stralsund. | » | Bergen. | » |
| Wernigerode. | » | Christiania. | » |
| Zeitz. | 236 | Drontheim. | » |

Bibliothéconomie

| | | | |
|---|---|---|---|
| Drontingholm. | 243 | Lausanne. | 245 |
| Linkoeping. | » | Lucerne. | 246 |
| Lund. | » | Morges. | » |
| Stockholm. | » | Neufchâtel. | » |
| Stregnas. | 244 | Saint-Gall. | » |
| Upsala. | » | Schaffhouse. | » |
| Westeras. | » | Soleure. | » |
| Ystad. | » | Yverdun. | » |
| | | Zurich. | » |
| SUISSE. | » | TURQUIE. | 247 |
| Aarau. | » | WURTEMBERG. | » |
| Bâle. | 245 | Heilbron. | » |
| Berne. | » | Stuttgart. | 248 |
| Einsiedeln. | » | Tübingue. | » |
| Eppishausen. | » | Ulm. | » |
| Genève. | » | | |

FIN DE LA TABLE.

BAR-SUR-SEINE. — IMP. DE SAILLARD.

DÉCEMBRE 1841.

N. B. *Comme il existe à Paris deux libraires du nom de ROReT, l'on est prié de bien indiquer l'adresse.*

# LIBRAIRIE ENCYCLOPÉDIQUE

DE

# RORET,

*Rue Hautefeuille, 10 bis,*

AU COIN DE LA RUE DU BATTOIR,

A PARIS.

---

Cette Librairie, entièrement consacrée aux Sciences et à l'Industrie, fournira aux amateurs tous les ouvrages anciens et modernes en ce genre publiés en France, et fera venir de l'Étranger tous ceux que l'on pourrait désirer.

---

## DIVISION DU CATALOGUE.

| | Pages. |
|---|---|
| ENCYCLOPÉDIE-RORET OU COLLECTION DE MANUELS. | 3 |
| SUITES A BUFFON, format in-8°. | 15 |
| SUITES A BUFFON, format in-18. | 18 |
| OUVRAGES D'HISTOIRE NATURELLE. | 20 |
| COURS D'AGRICULTURE AU XIXᵉ SIÈCLE. | 24 |
| OUVRAGES DIVERS. | id. |
| — de M. BOURGON.. | 35 |
| — de M. MARCUS. | 35 |
| — de M. MORIN. | 35 |
| — de MM. NOEL, CHAPSAL, PLANCHE et FELLENS | 36 |
| BIBLIOTHÈQUE DES ARTS ET MÉTIERS. | 36 |

*Publications annuelles à la* LIBRAIRIE ENCYCLOPÉDIQUE DE RORET, *rue Hautefeuille, n. 10 bis.*

---

**LE TECHNOLOGISTE**, ou *Archives des progrès de l'Industrie française et étrangère*, publié par une Société de savants et de praticiens, sous la direction de M. MALEPEYRE. Ouvrage utile aux manufacturiers, aux fabricants, aux chefs d'ateliers, aux ingénieurs, aux mécaniciens, aux artistes, etc., etc., et à toutes les personnes qui s'occupent d'arts industriels. Prix : 18 fr. par an pour Paris, et 21 fr. pour la province.

Chaque mois il paraît un cahier de 48 pages in-8 grand format, renfermant des figures en grande quantité gravées sur bois et sur acier.

**L'AGRICULTEUR-PRATICIEN**, ou REVUE PROGRESSIVE D'AGRICULTURE, DE JARDINAGE, D'ÉCONOMIE RURALE ET DOMESTIQUE; suivie d'un *Bulletin des Sciences naturelles*, publié par une Société de savants et de praticiens, sous la direction de MM. NOISETTE et BOITARD et MALEPEYRE. Prix : 6 fr. par an.

Tous les mois il paraît un cahier de 30 pages in-8 grand format, et renfermant des gravures sur bois intercalées dans le texte.

Ce recueil suivra les progrès, chez tous les peuples, de l'Agriculture, du jardinage, et les diverses sciences économiques qui s'y rattachent.

Ces deux journaux qui ont commencé avec le mois d'octobre 1839, se continuent sans interruption.

**ANNUAIRE ENCYCLOPÉDIQUE RÉCRÉATIF ET POPULAIRE** pour 1842, d'après les travaux de savants et de praticiens célèbres : MM. THOUIN, TESSIER, BOSC, YVART, LACROIX, de l'Institut; TARBÉ, conseiller à la Cour de cassation; NOISETTE et BOITARD, membres de la Légion-d'Honneur; VERGNAUD, chef d'escadron d'artillerie, etc. etc.; 1 vol. in-16 grand-raisin orné de jolies gravures. 50 c.

**BULLETIN DE LA SOCIÉTÉ INDUSTRIELLE DE MULHOUSE.** (Prix 12 fr. l'abonnement au volume ou 3 fr. le cahier). Le 14e volume commence avec le 66e cahier de l'année 1841; l'on peut se procurer les 13 volumes précédemment publiés.

DÉCEMBRE 1841.

# ENCYCLOPÉDIE-RORET

## COLLECTION

DES

# MANUELS-RORET

FORMANT UNE ENCYCLOPÉDIE

## DES SCIENCES ET DES ARTS,

FORMAT IN-18;

PAR UNE RÉUNION DE SAVANTS ET DE PRATICIENS.

### Messieurs

AMOROS, ARSENNE, BIOT, BILET, BISTON, BOISDUVAL, BOITARD, BOSC, BOUTEREAU, BOYARD, CAHEN, CHAUSSIER, CHEVRIER, CHORON, CONSTANTIN, DE GAYFFIER, DE LAFAGE, Paulin DESORMEAUX, DUBOIS, DEJARDIN, GIQUEL, HERVÉ, JANVIER, JULIA-FONTENELLE, JULIEN, HUOT, LACROIX, LANDRIN, LAUNAY, LEBLANC, Sébastien LENORMAND, LESSON, LORIOL, MATHIEU, MINÉ, MOLLER, NICARD, NOEL, Jules PAUTET, RANG, RENDU, RICHARD, RIFFAULT, SERBE, TARBÉ, TERQUEM, THIÉBAUD DE BERNEAUD, THILLAYE, TOUSSAINT, THENERY, TROY, VACQUELIN, VERDIER, VERGNAUD, YVART, etc., etc.

Cette Collection étant une entreprise toute philanthropique, les personnes qui auraient quelque chose à faire parvenir dans l'intérêt des sciences et des arts, sont priées de l'envoyer franc de port à l'adresse de M. le *Directeur de l'Encyclopédie-Roret*, chez M. RORET, libraire, rue Hautefeuille, n. 10 bis, à Paris.

Tous les Traités se vendent séparément. Les ouvrages indiqués *sous presse* paraîtront successivement. Pour recevoir chaque volume franc de port, l'on ajoutera 50 c. La plupart des volumes sont de 3 à 400 pages, renfermant des planches parfaitement dessinées et gravées.

Le Public est prévenu qu'il trouvera au bas du titre de chaque volume de cette Collection : *A la Librairie Encyclopédique de Roret*, et que tous ceux qui ne portent pas cette indication n'appartiennent pas à la *Collection des Manuels-Roret*, qui a eu des imitateurs et des contrefacteurs. ( M. Ferd. Ardant, gérant de la maison *Martial Ardant frères*, de Paris, et M. Renault, ont été condamnés, le 1er à 200 fr. d'amende et 800 fr. de dommages et intérêts, le 2e à 1,000 fr. d'amende et 6,000 fr. de dommages et intérêts.)

MANUEL POUR GOUVERNER LES ABEILLES et en retirer un grand profit, par M. RADOUAN ; 2 vol.     6 fr.

— ACCORDEUR DE PIANOS, par M. GIORGIO DI ROMA ; 1 vol.     1 fr. 25 c.

— ACTES SOUS SIGNATURES PRIVÉES en matières civiles, commerciales, criminelles, etc., par M. BIRET, ancien magistrat ; 1 vol. 2 fr. 50 c.

— ASSOLEMENTS, JACHÈRE et SUCCESSION DES CULTURES, par M. Victor YVART, de l'Institut, avec des notes, par M. Victor RENDU, inspecteur de l'agriculture ; 3 vol. ornés de figures. 10 fr. 50 c.

— ALGÈBRE, ou Exposition élémentaire des principes de cette science, par M. TERQUEM (Ouvrage approuvé par l'Université) ; 1 gr. vol. 3 fr. 50 c.

— ALLIAGES MÉTALLIQUES, par M. HERVÉ, officier supérieur d'artillerie, ancien élève de l'école polytechnique : 1 vol. 3 fr. 50 c.
Ouvrage approuvé par le comité d'artillerie qui en a fait prendre un nombre pour les écoles, les forges et les fonderies.

— AMIDONNIER ET VERMICELLIER, par M. le docteur MORIN, 1 vol. 3 fr.

— ANECDOTIQUE, ou Choix d'Anecdotes anciennes et modernes, par madame CELNART : 4 vol. in-18. 7 fr.

— ANIMAUX NUISIBLES (Destructeur des) à l'agriculture, au jardinage, etc., par M. VERARDI ; 1 vol. orné de planches. 3 fr.

— ARCHÉOLOGIE, par M. NICARD ; 3 vol. avec Atlas. Prix des 3 vol. 10 fr. 50 c., de l'Atlas 12 fr., et de l'ouvrage complet. 22 fr. 50 c.

— ARCHITECTE DES JARDINS, ou l'Art de les composer et de les décorer, par M. BOITARD ; 1 vol. avec Atlas de 152 planches. 15 fr.

— ARCHITECTURE, ou Traité de l'Art de bâtir, par M. TOUSSAINT, architecte ; 2 vol. 7 fr.

— ARITHMÉTIQUE DÉMONTRÉE, par M. COLLIN, 1 vol. 2 fr. 50 c.

— ARITHMÉTIQUE COMPLÉMENTAIRE, ou Recueil de Problèmes nouveaux, par M. TREMERY ; 1 vol. 1 fr. 75 c.

— ARITHMÉTIQUE des Ouvriers en bâtiment, par M. BELLARGENT. (Sous presse.)

— ARMURIER, FOURBISSEUR et ARQUEBUSIER, par M. PAULIN DÉSORMEAUX ; 1 vol avec figures. 3 fr.

— ARPENTAGE, ou Instruction sur cet art et sur celui de lever les plans, par M. LACROIX, de l'institut ; 1 vol. (Autorisé par l'Université.) 2 fr. 50 c.

— ARPENTAGE SUPPLÉMENTAIRE, ou Recueil d'exemples pratiques sur les différentes opérations d'arpentage et de levée des plans par M. HOGARD ; avec des modèles de Topographie, par M. CHARTIER, dessinateur au dépôt de la guerre ; 1 vol. 2 fr. 50 c.

— ART MILITAIRE, par M. VERGNAUD, 1 vol. avec fig. 3 fr.

— ARTIFICIER, POUDRIER et SALPÊTRIER, par M. VERGNAUD, capitaine d'artillerie ; 1 vol. orné de planches. 3 fr.

— ASTRONOMIE, ou Traité élémentaire de cette science de W Herschel, par M. VERGNAUD ; 1 vol. orné de planches. 2 fr. 50 c.

— BANQUIER, Agent de change et Courtier, par MM. PEUCHET et TREMERY, 1 vol. 2 fr. 50 c.

— BIBLIOGRAPHIE et Amateur de livres, par M. F. DENIS (Sous presse.)

— BIBLIOTHÉCONOMIE. Arrangement, conservation et administration des bibliothèques, par L.-A. CONSTANTIN ; 1 vol. orné de figures. 3 fr.

— BIJOUTIER, JOAILLIER, ORFÈVRE, Graveur sur métaux et Changeur, par M. JULIA DE FONTENELLE ; 2 vol. 7 fr.

— BIOGRAPHIE, ou Dictionnaire historique abrégé des grands hommes, par M. NOEL, inspecteur-général des études ; 2 vol. 6 fr.

— BLANCHIMENT ET BLANCHISSAGE, Nettoyage et Dégraissage des fils lin, coton, laine, soie, etc. ; par M. JULIA DE FONTENELLE, 2 vol. 5 fr.

— BLASON, ou Traité de cet art sous le rapport archéologique et héraldique, par M. Jules PAUTET, bibliothécaire de la ville de Beaune ; 1 vol. orné de planches. 3 fr.

— BOIS (Marchands de) et de Charbons, ou Traité de ce commerce en

— BOIS ( Manuel-Tarif métrique pour la conversion et la réduction des ), d'après le système métrique, par M. LOMBARD; 1 vol.      2 fr. 50 c.

— BONNETIER ET FABRICANT DE BAS, par MM. LEBLANC et PREAUX-CALTOT; 1 vol. avec figures.      3 fr.

— BOTANIQUE, Partie élémentaire, par M. BOITARD; 1 v. avec pl. 3 fr. 50 c.

— BOTANIQUE, 2e partie, FLORE FRANÇAISE, ou Description synoptique des plantes qui croissent naturellement sur le sol français, par M. le docteur BOISDUVAL; 3 gros vol.      10 fr. 50 c.

ATLAS DE BOTANIQUE, composé de 120 planches représentant la plupart des plantes décrites dans l'ouvrage ci-dessus. Prix: Fig. noires.     18 fr.
Figures coloriées.      36 fr.

— BOTTIER ET CORDONNIER, par M. MORIN; 1 vol. avec fig.     3 fr.

— BOULANGER, Négociant en grains, Meunier et Constructeur de Moulins, par MM. BENOIT et JULIA DE FONTENELLE; 2 vol. 5 fr.

— BOURRELIER ET SELLIER, par M. LEBRUN; 1 vol.     3 fr.

— BOUVIER ET ZOOPHILE, ou l'Art d'élever et de soigner les animaux domestiques, par un Propriétaire-Cultivateur; 1 vol.     2 fr. 50 c.

— BRASSEUR, ou l'Art de faire toutes sortes de Bières, par M. VERGNAUD; 1 vol.     2 fr. 50 c.

— BRODEUR, ou Traité complet de cet Art, par madame CELNART, 1 vol. avec un atlas de 40 planches.     7 fr.

— CALLIGRAPHIE, ou l'Art d'écrire en peu de leçons, par M. TREMERY; 1 vol. avec Atlas.     3 fr.

— CARTES GÉOGRAPHIQUES ( Construction et dessin des ), par M. PERROT; 1 vol. orné de planches.     3 fr.

— CARTONNIER, Cartier et fabricant de Cartonnage, par M. LEBRUN; 1 vol.     3 fr.

— CHAMOISEUR, Pelletier-Fourreur, Maroquinier, Mégissier et Parcheminier, par M. JULIA DE FONTENELLE; 1 vol. orné de planches.     3 fr.

— CHANDELIER, Cirier et Fabricant de Cire à cacheter, par M. LENORMAND; 1 gros vol. orné de planches.     3 fr.

— CHAPEAUX ( Fabricant de ), par MM. CLUZ, F. et JULIA DE FONTENELLE; 1 vol. orné de planches.     3 fr.

— CHARCUTIER, ou l'Art de préparer et de conserver les différentes parties du cochon; par M. LEBRUN. 1 vol.     2 fr. 50 c.

— CHARPENTIER, ou Traité simplifié de cet Art, par MM. HANUS et BISTON; 1 vol. orné de 13 planches.     3 f. 50 c.

— CHARRON ET CARROSSIER, ou l'Art de fabriquer toutes sortes de Voitures, par M. LEBRUN; 2 vol. ornés de planches.     6 fr.

— CHASSEUR, contenant un Traité sur toute espèce de Chasse, par M. DE MERSAN; 1 vol. avec figures et musique.     3 fr.

— CHAUFOURNIER, contenant l'Art de calciner la Pierre à chaux et à plâtre, de composer les Mortiers, les Ciments, etc., par M. BISTON; 1 vol.     3 fr.

— CHEMINS DE FER, ou Principes généraux de l'Art de les construire, par M. BIOT, l'un des gérants des travaux d'exécution du chemin de fer de Saint-Etienne; 1 vol.     3 fr.

— CHIMIE AGRICOLE, par MM. DAVY et VERGNAUD; 1 vol.     3 fr. 50 c.

— CHIMIE AMUSANTE, ou Nouvelles Récréations chimiques, par M. VERGNAUD; 1 vol.     3 fr.

— CHIMIE INORGANIQUE ET ORGANIQUE dans l'état actuel de la science, par M. VERGNAUD; 1 gros vol.     3 fr. 50 c.

relatifs aux matières que la chimie fournit aux arts industriels et à la médecine, par M. THILLAYE, ex-chef des travaux chimiques de l'ancienne fabrique Vauquelin ; 3 vol. ornés de planches. 10 fr. 50 c.

— CIDRE ET POIRÉ (Fabricant de), avec les moyens d'imiter avec le suc de pomme ou de poire le Vin de raisin, l'Eau-de-Vie et le Vinaigre de vin, par M. JUBIEF ; 1 vol. 2 fr. 50 c.

— COIFFEUR, précédé de l'Art de se coiffer soi-même, par M. VILLARET ; 1 joli vol. orné de figures. 2 fr. 50 c.

— COLORISTE, contenant le mélange et l'emploi des Couleurs, ainsi que les différents travaux de l'Enluminure, par MM. PERROT, BLANCHARD et THILLAYE ; 1 vol. 2 fr. 50 c.

— COMPAGNIE (Bonne), ou Guide de la Politesse et de la Bienséance, par madame CELNART ; 1 vol. 2 fr. 50 c.

— COMPTES-FAITS ou barème général des poids et mesures, par M. ACHILLE NOUHEN. ( Voir *Poids et Mesures.* )

— CONSTRUCTIONS RUSTIQUES, ou Guide pour les Constructions rurales, par M. DE FONTENAY (*Ouvrage couronné par la Société royale et centrale d'Agriculture*) ; 1 vol. 3 fr.

— CONTRE-POISONS, ou Traitement des Individus empoisonnés, asphyxiés, noyés ou mordus, par M. H. CHAUSSIER, D. M. ; 1 vol. 2 fr. 50 c.

— CONTRIBUTIONS DIRECTES, à l'usage des Contribuables, des Receveurs, etc., par M. DELONCLE, ex-contrôleur ; 1 vol. 2 fr. 50 c.

— CORDIER, contenant la culture des Plantes textiles, l'extraction de la Filasse, et la fabrication de toutes sortes de cordes, par M. BOITARD ; 1 vol. 2 fr. 50 c.

— CORRESPONDANCE COMMERCIALE, contenant les Termes de commerce, les Modèles et Formules épistolaires et de comptabilité, etc., par M. REES-LESTIENNE et TREMERY ; 1 vol. 2 fr. 50 c.

— COUPE DES PIERRES, par M. TOUSSAINT, architecte ; 1 vol. (*Sous presse.*) 3 fr. 50 c.

— COUTELIER, ou l'Art de faire tous les Ouvrages de Coutellerie, par M. MAURIN, ingénieur civil ; 1 vol. 3 fr. 50 c.

— CRUSTACÉS ( Histoire naturelle des ), comprenant leur Description et leurs Mœurs, par MM. BOSC ET DESMAREST, de l'Institut, professeurs, etc. ; 2 vol. ornés de planches. 6 fr.

— ATLAS POUR LES CRUSTACÉS, 18 pl. Figures noires, 3 fr. ; fig. color. 6 fr.

— CUISINIER ET CUISINIÈRE, à l'usage de la ville et de la campagne, par M. CARDELLI ; 1 gros vol. de pages, orné de figures. 2 fr. 50 c.

— CULTIVATEUR FORESTIER, contenant l'Art de cultiver en forêts tous les Arbres indigènes et exotiques par M. BOITARD ; 2 vol. 5 fr.

— CULTIVATEUR FRANÇAIS, ou l'Art de bien cultiver les Terres d'en retirer un grand profit, par M. THIEBAUT DE BERNEAUD ; 2 vol. 5 fr.

— DAMES, ou l'Art de l'Élégance, par madame CELNART ; 1 vol. 3 fr.

— DANSE, comprenant la théorie, la pratique et l'histoire de cet Art, par MM. BLASIS et VERGNAUD ; 1 gros vol. orné de pl. 3 fr. 50 c.

— DEMOISELLES, ou Arts et Métiers qui leur conviennent, tels que Couture, Broderie, etc., par madame CELNART ; 1 vol. 3 fr.

— DESSINATEUR, ou Traité complet du Dessin, par M. BOUTEREAU ; 1 vol. avec atlas de 20 planches. 3 fr. 50 c.

— DISTILLATEUR ET LIQUORISTE, par M. LEBEAU, distillateur, et M. JULIA DE FONTENELLE ; 1 vol. 3 fr. 50 c.

— DOMESTIQUES, ou l'Art de former de bons Serviteurs, par madame CELNART ; 1 vol. 2 fr. 50 c.

des Instituteurs et Institutrices (*Ouvrage autorisé par l'Université*), par M. MATTER, inspecteur général de l'Université; 1 vol. — 2 fr. 50 c.

— ÉCONOMIE DOMESTIQUE, contenant toutes les recettes les plus simples et les plus efficaces, par madame CELNART; 1 vol. — 2 fr. 50 c.

— ÉCONOMIE POLITIQUE, par M. J. PAUTET; 1 vol. — 2 fr. 50 c.

— ÉLECTRICITÉ, contenant les Instructions pour établir les Paratonnerres et les Paragrêles, par M. RIFFAULT; 1 vol. — 2 fr. 50 c.

— ENREGISTREMENT ET TIMBRE, par M. BIRET; 1 vol. — 3 fr. 50 c.

— ENTOMOLOGIE, ou Histoire naturelle des insectes, par M. BOITARD; 3 vol. (*Sous presse.*) — 10 fr. 50 c.

— ATLAS D'ENTOMOLOGIE, composé de 110 planches représentant les Insectes décrits dans l'ouvrage ci-dessus. Figures noires. — 17 fr.

— Figures coloriées. — 34 fr.

— ÉPISTOLAIRE (Style), par M. BISCARRAT et madame la comtesse d'HAUTPOUL; 1 vol. — 2 fr. 50 c.

— ÉQUITATION à l'usage des deux sexes, par M. VERGNAUD; 1 vol. 3 fr.

— ESCRIME, ou Traité de l'Art de faire des armes, par M. LAFAUGÈRE, maréchal-des-logis; 1 vol. — 3 fr 50 c.

— ESSAYEUR, par MM. VAUQUELIN, GAY-LUSSAC et D'ARCET, publié par M. VERGNAUD; 1 vol. — 3 fr.

— ÉTAT CIVIL (Officiers de l'), pour la Tenue des Registres et la Rédaction des Actes, etc., etc., par M. LEMOLT, ancien magistrat. — 2 fr. 50 c.

— ÉTOFFES IMPRIMÉES (Fabricant d') et Fabricant de Papiers peints, par M. SEB. LENORMAND; 1 vol. — 3 fr.

— FERBLANTIER ET LAMPISTE, ou l'Art de confectionner en fer-blanc tous les Ustensiles, par M. LEBRUN; 1 vol. orné de fig. — 3 fr.

— FILATEUR ET TISSERAND. (*sous presse.*)

— FLEURISTE ARTIFICIEL, ou l'Art d'imiter d'après nature toute espèce de Fleurs, suivi de l'Art du Plumassier, par madame CELNART; 1 vol. orné de figures. — 2 fr. 50 c.

— FLEURS EMBLÉMATIQUES, ou leur Histoire, leur Symbole, leur Langage, etc., etc., par madame LENEVEUX; 1 vol. fig. noires. — 3 fr.

Figures coloriées. — 6 f.

— FONDEUR SUR TOUS MÉTAUX, par M. LAUNAY, fondeur de la colonne de la place Vendôme (*Ouvrage faisant suite au travail des Métaux*); 2 vol. ornés d'un grand nombre de planches. — 7 fr.

— FORGES (Maître de), ou l'Art de travailler le fer, par M. LANDRIN; 2 vol. ornés de planches. — 6 fr.

— GANTS (Fabricant de) dans ses rapports avec la Mégisserie et la Chamoiserie, par VALLET D'ARTOIS, ancien fabricant; 1 vol. — 3 fr. 50 c.

— GARANTIE DES MATIÈRES D'OR ET D'ARGENT, par M. LACHEZE, contrôleur à Paris; 1 vol. — 1 fr. 75 c.

— GARDES-CHAMPÊTRES, FORESTIERS ET GARDES-PÊCHE, par M. BOYARD, président à la cour royale d'Orléans; 1 vol. — 2 fr. 50 c.

— GARDES-MALADES et Personnes qui veulent se soigner elles-mêmes, ou l'Ami de la santé, par M. le docteur MORIN; 1 vol. — 2 fr. 50 c.

— GARDES NATIONAUX DE FRANCE, contenant l'École du Soldat et de Peloton, les Ordonnances, Règlements, etc., etc., par M. R. L.; 33e édition, 1 vol. — 1 fr. 25 c.

— GÉOGRAPHIE DE LA FRANCE, divisée par bassins, par M. LORIOL (*autorisé par l'Université*); 1 vol. — 2 fr. 50 c.

— GÉOGRAPHIE GÉNÉRALE, par M. DEVILLIERS; 1 gros vol. de

— GÉOLOGIE, par M. HUOT ; 1 vol. orné de planches. 2 fr. 50 c.

— GÉOMÉTRIE, ou Exposition élémentaire des principes de cette science, par M. TERQUEM (Ouvrage autorisé par l'Université) ; 1 gros vol. 3 fr. 50 c.

— GNOMONIQUE, ou l'Art de tracer les cadrans. (Sous presse.)

— DES GOURMANDS, ou l'Art de faire les honneurs de sa table ; par CARDELLI. 1 vol. 3 fr.

— GRAVEUR, ou Traité complet de l'Art de la Gravure en tous genres, par M. PERROT ; 1 vol. orné de planches. 3 fr.

— GRÈCE (Histoire de la) depuis les premiers siècles jusqu'à l'établissement de la domination romaine, par M. MATTER, inspecteur-général de l'Université, 1 vol. 3 fr.

— GYMNASTIQUE, par le colonel AMOROS (Ouvrage couronné par l'Institut, admis par l'Université, et recommandé par le Congrès de Douay) ; 2 vol. et Atlas. 10 fr. 50 c.

— HABITANTS DE LA CAMPAGNE et Bonne Fermière, contenant tous les moyens de faire valoir de la manière la plus profitable les terres, le bétail, les récoltes, etc., par madame CELNART ; 1 vol. 2 fr. 50 c.

HÉRALDIQUE. Voyez BLASON.

— HERBORISTE, ÉPICIER-DROGUISTE, GRAINIER PÉPINIÉRISTE et HORTICULTEUR, par MM. TOLLARD et JULIA DE FONTENELLE ; 2 gros vol. 7 fr.

— HISTOIRE NATURELLE, ou Genera complet des Animaux, des Végétaux et des Minéraux ; 2 gros vol. 7 fr.

ATLAS POUR LA BOTANIQUE, composé de 120 planches. Figures noires, 18 fr. figures coloriées. 36 fr.

— POUR LES MOLLUSQUES, représentant les Mollusques nus et les Coquilles, 51 pl. figures noires, 7 fr. ; fig. coloriées 14 fr.

— POUR LES CRUSTACÉS, 18 pl., fig. noires, 3 fr. ; fig. coloriées. 6 fr.

— POUR LES INSECTES, 110 pl., fig. noires, 17 fr. ; fig. coloriées. 34 fr.

— POUR LES MAMMIFÈRES, 80 pl., fig. noires, 12 fr. ; fig. coloriées. 24 fr.

— POUR LES MINÉRAUX, 40 pl., fig. noires, 6 fr. ; fig. coloriées. 12 fr.

— POUR LES OISEAUX, 129 pl., fig. noires, 20 fr. ; fig. coloriées. 40 fr.

— POUR LES POISSONS, 155 pl., fig. noires, 24 fr. ; fig. coloriées. 48 fr.

— POUR LES REPTILES, 54 pl., fig. noires, 9 fr. ; fig. coloriées. 18 fr.

— POUR LES ZOOPHYTES, représentant la plupart des Vers et des Animaux-Plantes, 25 pl., fig. noires, 6 fr. ; fig. coloriées. 12 fr.

— HISTOIRE NATURELLE MÉDICALE ET DE PHARMACOGRAPHIE, ou Tableau des Produits que la Médecine et les Arts empruntent à l'Histoire naturelle, par M. LESSON, pharmacien en chef de la Marine à Rochefort ; 2 vol. 5 fr.

— HISTOIRE NATURELLE, récréations et amusements, par un professeur d'histoire naturelle. (Sous presse.)

— HISTOIRE UNIVERSELLE, depuis le commencement du monde jusqu'en 1836, par M. CAHEN, traducteur de la Bible ; 1 vol. 2 fr. 50 c.

— HORLOGER, ou Guide des Ouvriers qui s'occupent de la construction des Machines propres à mesurer le temps, par MM. LENORMAND et JANVIER ; 1 vol. orné de planches. 3 fr. 50 c.

— HORLOGES (Régulateur des), Montres et Pendules, par MM. BERTHOUD et JANVIER ; 1 vol. 1 fr. 50 c.

— HUILES (fabricant et épurateur d'), par M. JULIA DE FONTENELLE ; 1 vol. 3 fr.

— HYGIÈNE, ou l'Art de conserver sa santé, par le docteur MORIN ; 1 vol. 3 fr.

— INDIENNES (fabricant d'), renfermant les Impressions des Laines, des Châles et des Soies, par M. THILLAYE ; 1 vol. 2 fr. 50 c.

— INSTRUMENTS DE PHYSIQUE, Chimie, Optique et Mathématique (Sous presse.)

— JARDINIER, ou l'Art de cultiver et de composer toutes sortes de Jardins, par M. BAILLY; 2 gros vol. ornés de planches. 5 fr.

— JARDINIER DES PRIMEURS, ou l'Art de forcer les Plantes à donner leurs fruits dans toutes les saisons, par MM. NOISETTE et BOITARD; 1 vol. orné de figures. 3 fr.

— JAUGEAGE ET DÉBITANTS DE BOISSONS; 1 vol. orné de fig. ( Voyez Vins. ) 3 fr.

— JEUNES GENS, ou Sciences, Arts et Récréations qui leur conviennent, et dont ils peuvent s'occuper avec agrément et utilité, par M. VERGNAUD; 2 vol. ornés de fig. 6 fr.

— JEUX DE CALCUL ET DE HASARD, ou Nouvelle Académie des Jeux, par M. LEBRUN; 1 vol. 3 fr.

— JEUX ENSEIGNANT LA SCIENCE, ou Introduction à l'Etude de la mécanique, de la Physique, etc., par M. RICHARD; 2 vol. 6 fr.

— JEUX DE SOCIÉTÉ, renfermant tous ceux qui conviennent aux deux sexes; par madame CELNART; 1 gros vol. 3 r.

— JUSTICES DE PAIX, ou Traité des Compétences et Attributions tant anciennes que nouvelles, en toutes matières, par M. BIRET, ancien magistrat; 1 vol. 3 fr. 50 c.

— LANGAGE (Pureté du), par MM. BISCARRAT et BONIFACE; 1 vol. 2 fr. 50 c.

— LANGAGE (Pureté du). par M. BLONDIN; 1 vol. 1 fr. 50 c.

— LATIN (Classes élémentaires de), ou Thèmes pour les Huitième et Septième, par M. AMÉDÉE SCRIBE, ancien instituteur; 1 vol. 2 fr. 50 c.

— LIMONADIER, GLACIER, CHOCOLATIER et CONFISEUR, par MM. CARDELLI, LIONNET-CLEMANDOT et JULIA DE FONTENELLE; 1 gros vol. 2 fr. 50 c.

— LITHOGRAPHE (Dessinateur et Imprimeur), par M. BRÉGEAUT; 1 vol. 3 fr.

— SUPPLÉMENTAIRE DE LITHOGRAPHIE.

— LITTÉRATURE à l'usage des deux sexes. par madame D'HAUTPOUL 1 fr. 75 c.

— LUTHIER, contenant la construction intérieure et extérieure des instruments à archets, par M. MAUGIN; 1 vol. 2 fr. 50 c.

— MACHINES LOCOMOTIVES (Constructeur de), par M. JULIEN, Ingénieur civil, etc.; 1 gros vol. avec Atlas. 5 fr.

— MACHINES A VAPEUR appliquées à la Marine, par M. Janvier officier de marine et ingénieur civil; 1 vol. 3 fr. 50 c.

Idem, appliquées à l'Industrie, par M JANVIER; 2 vol. 7 fr.

— MAÇON, PLATRIER, PAVEUR, CARRELEUR, COUVREUR, par M. TOUSSAINT, architecte; 1 vol. 3 fr.

— MAGIE NATURELLE ET AMUSANTE, par M. VERGNAUD; 1 vol. 3 fr.

— MAITRE D'HOTEL, ou Traité complet des menus, mis à la portée de tout le monde; par M CHEVRIER; 1 vol. orné de figures. 3 fr.

— MAITRESSE DE MAISON ET MÉNAGÈRE PARFAITE, par madame CELNART; 1 vol. 2 fr. 50 c.

— MAMMALOGIE. ou Histoire naturelle des Mammifères, par M. LESSON, correspondant de l'Institut; 1 gros vol. 3 fr. 50 c.

ATLAS DE MAMMALOGIE, composé de 50 planches représentant la plupart

— **MARINE**, *Gréement, Manœuvres du Navire et de l'Artillerie*, par M. VERDIER, capitaine de corvette; 2 vol. 5 fr.

— **MATHÉMATIQUES** Applications usuelles et amusantes), par M. RICHARD; 1 gros vol. 5 fr.

— **MÉCANICIEN-FONTAINIER, POMPIER ET PLOMBIER**, par MM. JANVIER et BISTON : 1 vol. orné de planches. 3 fr.

— **MÉCANIQUE**, ou Exposition élémentaire des Lois de l'Equilibre et du Mouvement des Corps solides, par M. TERQUEM, officier de l'Université, professeur aux Ecoles royales d'Artillerie; 1 gros vol. orné de planches. 3 fr. 50 c.

— **MÉCANIQUE APPLIQUÉE À L'INDUSTRIE**, première partie. STATIQUE et HYDROSTATIQUE, par M. VERGNAUD; 1 vol. 3 fr. 50 c.
Deuxième partie, HYDRAULIQUE, par M. JANVIER; 1 vol. 3 fr.

— **MÉDECINE ET CHIRURGIE DOMESTIQUES**, par M. le docteur MORIN ; 1 vol. 3 fr. 50 c.

— **MÉNAGÈRE PARFAITE**. (*Voyez* Maîtresse de maison.

— **MENUISIER**, ÉBÉNISTE et LAYETIER, par M. NOSBAN; 2 vol avec pl. 6 fr.

— **MÈRE** (Jeune), ou Guide pour l'Education physique et morale des Enfants, par madame CAMPAN; 1 vol. 3 fr.

— **MÉTAUX** ( Travail des ), *Fer et Acier manufacturés*, par M. VERGNAUD; 2 vol. 6 fr.

— **MÉTÉOROLOGIE**, ou Explication des Phénomènes connus sous le nom de Météores, par M. FELLENS, professeur, 1 vol. orné de planches. 3 fr. 50 c.

— **MICROSCOPE** (Observateur au ), précédé d'une Exposition détaillée des principes de la construction de cet instrument. (*Sous presse.*)

— **MILITAIRE** ( Art), par M. VERGNAUD; 1 vol. orné de fig. 3 fr.

— **MINÉRALOGIE**, ou Tableau des Substances minérales, par M. HUOT; 2 vol ornés de figures. 6 fr.
ATLAS DE MINÉRALOGIE, composé de 50 planches représentant la plupart des Minéraux décrits dans l'ouvrage ci-dessus : figures noires. 6 fr.
Figures coloriées. 12 fr.

— **MINIATURE**, GOUACHE, LAVIS À LA SEPPIA et AQUARELLE, par MM. CONSTANT VIGUIER et LANGLOIS DE LONGUEVILLE, 1 gros vol. orné de planches. 3 fr.

— **MOLLUSQUES** ( Histoire naturelle des ) et de leurs Coquilles, par M. SANDER RANG, officier de marine; 1 gros vol. orné de pl. 3 fr. 50 c.
ATLAS POUR LES MOLLUSQUES, représentant les Mollusques nus et les Coquilles, 51 planches; fig. noires, 7 fr. : fig. coloriées 14 fr.

— **MORALISTE**, ou Pensées et Maximes instructives pour tous les âges de la vie, par M. TREMBLAY ; 2 vol. 5 fr.

— **MOULEUR**, ou l'Art de mouler en plâtre, carton, carton-pierre, carton-cuir, cire, plomb, argile, bois, écaille, corne, etc., etc., par M. LEBRUN; 1 vol. orné de fig. 2 fr. 50 c.

— **MOULEUR EN MÉDAILLES**, etc., par M. ROBERT: 1 vol. 1 fr. 50 c.

— **MUNICIPAUX** (Officiers), ou Nouveau Guide des Maires, Adjoints et Conseillers municipaux, par M. BOYARD, président à la Cour royale d'Orléans ; 1 gros vol. 3 fr.

— **MUSIQUE**, ou Grammaire contenant les principes de cet Art, par M. LE D'HUY ; 1 vol. avec 48 pages de musique. 1 fr. 50 c.

— **MUSIQUE VOCALE ET INSTRUMENTALE**, ou Encyclopédie musicale, par CHORON, ancien directeur de l'Opéra, fondateur du Conservatoire de Musique classique et religieuse, et M. DE LAFAGE, professeur de chant et de composition.

## DIVISION DE L'OUVRAGE.

### Ire PARTIE. — EXÉCUTION.

|  |  | fr. | c. |
|---|---|---|---|
| LIVRE I. Connaissances élémentaires.<br>Sect. 1. Sons, Notations.<br>— 2. Instruments, exécution. | 1 volume avec Atlas. | 5 |  |

### IIe PARTIE. — COMPOSITION.

|  |  | fr. | c. |
|---|---|---|---|
| — 2. De la Composition en général, et en particulier de la Mélodie.<br>— 3. De l'Harmonie.<br>— 4. Du Contre-point.<br>— 5. Imitation.<br>— 6. Instrumentation.<br>— 7. Union de la Musique avec la Parole.<br>— 8. Genres.<br>  Sect. 1. Vocale. { Eglise. Chambre ou Concert. Théâtre. }<br>  — 2. Instrumentale { particulière. générale. } | 5 volumes avec Atlas. | 20 |  |

### IIIe PARTIE. — COMPLÉMENT OU ACCESSOIRE.

|  |  | fr. | c. |
|---|---|---|---|
| — 9. Théorie physico-mathématique<br>— 10. Institutions.<br>— 11. Histoire de la Musique.<br>— 12. Bibliographie.<br>Résumé général. | 2 volumes avec Atlas. | 10 | 50 |

### SOLFÉGES, MÉTHODE.

|  | fr. | c. |
|---|---|---|
| Solfége d'Italie. | 12 | . |
| — de Rodolphe. | 4 | . |
| Méthode de Violon. | 3 | . |
| — d'Alto. | 1 | . |
| — de Violoncelle. | 4 | 50 |
| — de Contre-basse. | 1 | 25 |
| — de Flûte. | 5 | . |
| — de Hautbois.<br>— de Cor anglais. | 1 | 75 |
| Méthode de Clarinette. | 2 | . |
| — de Cor. | 1 | 50 |
| — de Basson. | . | 75 |
| — de Serpent. | 1 | 50 |
| — de Trompette et Trombonne. | . | 75 |
| — d'Orgue. | 3 | 50 |
| — de Piano. | 4 | 50 |
| — de Harpe. | 3 | 50 |

— **MYTHOLOGIES**, grecque, romaine, égyptienne, syrienne, africaine, etc., par M. DUBOIS. *Ouvrage autorisé par l'Université.* 2 fr. 50 c.

— **NAGEURS**, Baigneurs, Fabricants d'eaux minérales et des Pédicures, par M. JULIA DE FONTENELLE; 1 vol. 3 fr.

— **NATURALISTE PRÉPARATEUR**, ou l'Art d'empailler les Animaux, de conserver les Végétaux et les Minéraux, de préparer les pièces d'Anatomie et d'embaumer, par M. BOITARD; 1 vol. 3 fr.

— **NAVIGATION**, contenant la manière de se servir de l'octant et du sextant, de rectifier ces instruments et de s'assurer de leur bonté; l'exposé des méthodes les plus usuelles d'astronomie nautique, pour déterminer l'instant de la pleine mer, etc., etc., et les tables nécessaires pour effectuer ces différents calculs, par M. GIQUEL, professeur d'hydrographie; 1 vol. orné de figures. 2 fr. 50 c.

— **NÉGOCIANT ET MANUFACTURIER**, par M. PEUCHET; 1 vol. 2 fr. 50 c.

— **OCTROIS** et autres Impositions indirectes, par M. BIRET; 1 vol. 3 fr. 50 c.

— **ONANISME** (dangers de l'), par M. DOUSSIN-DUBREUIL; 1 vol. 1 fr. 25 c.

— **OPTIQUE**, par BREWSTER et VERGNAUD; 2 vol. 6 fr.

— **ORGANISTE**, ou Nouvelle Méthode pour exécuter sur l'orgue tous les offices de l'année, etc., par M. MINÉ, organiste à Saint-Roch; 1 vol. oblong. 3 fr. 50 c.

— **ORGUES** (facteur d'), par M. MINÉ. (*Sous presse.*)

— **SUPPLÉMENTAIRE DU FACTEUR D'ORGUES.** (*Sous presse.*)

— **ORNITHOLOGIE**, ou Description des genres et des principales espèces d'oiseaux, par M. LESSON, correspondant de l'Institut; 2 gros vol. 7 fr.

ATLAS D'ORNITHOLOGIE, composé de 129 planches représentant les oiseaux décrits dans l'ouvrage ci-dessus; figures noires. 20 fr.

Figures coloriées. 40 fr.

— **ORNITHOLOGIE DOMESTIQUE**, ou Guide de l'Amateur des oiseaux de volière, par M. LESSON, correspondant de l'Institut; 1 vol. 2 fr. 50 c.

— **ORTHOGRAPHISTE**, ou Cours théorique et pratique d'Orthographe par M. THÉMERY; 1 vol. 2 fr. 50 c.

— **PAPETIER ET RÉGLEUR** (marchand), par MM. JULIA DE FONTENELLE et POISSON; 1 gros vol. avec planches. 3 fr.

— **PAPIERS** (fabricant de), Carton et Art du Formaire, par M. LENORMAND; 2 vol. et Atlas. 10 fr. 50 c.

— **PARFUMEUR**, par madame CELNART; 1 vol. 2 fr 50 c.

— **PARIS** (Voyageur dans), ou Guide dans cette capitale, par M. LEBRUN; 1 gros vol. orné de fig. 3 fr. 50 c.

— **PARIS** (Voyageur aux environs de), par M. DEPATY; 1 vol. avec figures. 3 fr.

— **PATISSIER ET PATISSIÈRE**, ou Traité complet et simplifié de Pâtisserie de ménage, de boutique et d'hôtel, par M. LEBLANC; 1 vol 2 fr. 50 c.

— **PÊCHEUR**, ou Traité général de toutes sortes de pêches, par M. PESSON MAISONNEUVE; 1 vol. orné de planches. 3 fr.

— **PEINTRE D'HISTOIRE ET SCULPTEUR**, ouvrage dans lequel on traite de la philosophie de l'Art et des moyens pratiques, par M. ARSENNE, peintre; 2 vol. 6 fr.

— **PEINTRE EN BATIMENTS**, Fabricant de Couleurs, Vitrier, Doreur et Vernisseur, par M. VERGNAUD; 1 vol. 2 fr. 50 c.

— **PERSPECTIVE**, Dessinateur et Peintre, par M. VERGNAUD, chef d'escadron d'artillerie; 1 vol. orné d'un grand nombre de pl. 3 fr.

— **PHARMACIE POPULAIRE**, simplifiée et mise à la portée de toutes les classes de la société, par M. JULIA DE FONTENELLE; 2 vol. 6 fr.

— **PHYSIOLOGIE VÉGÉTALE**, Physique, Chimie et Minéralogie appliquées à la culture, par M. BOITARD; 1 vol. orné de planches. 3 fr.

— **PHYSIONOMISTE ET PHRÉNOLOGISTE**, ou les Caractères dévoilés par les signes extérieurs, d'après Lavater, par MM. H. CHAUSSIER fils et le docteur MORIN ; 1 vol. 8 fr.

**PHYSIONOMISTE DES DAMES**, d'après Lavater, par un amateur 1 vol. Figures noires. 1 fr. 50 c | Figures coloriées. 3 fr.

— **PHYSIQUE**, ou Eléments abrégés de cette Science mise à la portée des gens du monde et des étudiants, par M. BAILLY; 1 vol. 2 fr. 50 c.

— **PHYSIQUE AMUSANTE**, ou Nouvelles Récréations physiques, par M. JULIA DE FONTENELLE; 1 vol. orné de planches. 3 fr. 50 c.

— **PLAIN-CHANT ECCLÉSIASTIQUE**, romain et français, par M. MINÉ, organiste à Saint-Roch ; 1 vol. 2 fr. 50 c.

— **POÊLIER-FUMISTE**, indiquant le moyen d'empêcher les cheminées de fumer, de chauffer économiquement et d'aérer les habitations, les ateliers, etc., par MM. ARDENNI et JULIA DE FONTENELLE; 1 vol. 3 fr.

— **POIDS ET MESURES**, Monnaies, Calcul décimal et Vérification, par M. TARBÉ, conseiller à la Cour de Cassation; approuvé par le Ministre du Commerce, l'Université, la Société d'Encouragement, etc. 1 vol. 3 fr.

— Petit Manuel, à l'usage des Ouvriers et des Ecoles, avec tables de conversions, par M. TARBÉ. 25 c.

— Petit Manuel classique pour l'enseignement élémentaire, sans tables de conversions, par M. TARBÉ. (Autorisé par l'Université). 25 c.

— Petit Manuel à l'usage des Agents Forestiers, des Propriétaires et Marchands de bois, par M. TARBÉ. 75 c.

— Poids et mesures à l'usage des Médecins, etc., par M. TARBÉ. 25 c.

— Tableau synoptique des Poids et Mesures, par M. TARBÉ. 75 c.

— Tableau figuratif des poids et mesures, par M. TARBÉ. 75 c.

**POIDS ET MESURES**, Manuel Compte-Faits, ou barême général des Poids et Mesures, par M. ACHILLE NOUHEN. Ouvrage divisé en cinq parties qui se vendent toutes séparément.

1re partie : Mesures de Longueur. 60 c. | 4e partie : Poids. 60 c.
2e partie, — de Surface. 60 c. | 5e partie, Mesure de Capacité. 60 c.
3e partie, — de Solidité. 60 c. |

— **POLICE DE LA FRANCE**, par M. TRUY, commissaire de police de Paris; 1 vol. 2 fr. 50 c.

— **PONTS-ET-CHAUSSÉES** : première partie, Routes et Chemins, par M. DE GAYFFIER, ingénieur des Ponts-et-Chaussées; 1 vol. avec fig. 3 fr. 50 c.
La seconde partie, contenant les Ponts, Aqueducs, etc. 3 fr. 50 c.

— **PORCELAINIER**, Faïencier et Potier de terre, suivi de l'Art de fabriquer les Poêles, les Pipes, les Carreaux, les Briques et les Tuiles, par M. BOYER, ancien fabricant ; 2 vol. 6 fr.

— **PRATICIEN**, ou Traité de la Science du Droit mise à la portée de tout le monde, par MM. D..... et BONDONNEAU; 1 gros vol. 3 fr. 50 c.

— **PROPRIÉTAIRE ET LOCATAIRE**, ou Sous-Locataire, tant de biens de ville que de biens ruraux, par M. SERGENT ; 1 vol. 2 fr. 50 c.

— **RELIEUR** dans toutes ses parties, contenant les Arts d'assembler, de satiner, de brocher et de dorer, par M. SEB. LENORMAND et M. R ; 1 gros vol. orné de planches. 5 fr.

— **ROSES** (l'Amateur de), leur Monographie, leur Histoire et leur Culture par M. BOITARD; 1 vol. fig. noires, 3 fr. 50 c.; fig. coloriées 7 fr.

— **SAPEURS-POMPIERS**, ou l'Art de prévenir et d'arrêter les Incendies, par MM. JOLY, LAUNAY et PAULIN, commandant les Sapeurs-Pompiers de Paris; 1 vol orné de fig. 1 fr. 50 c.

— **SAVONNIER**, ou l'Art de faire toutes sortes de Savons, par M. THILLAYE, professeur de Chimie industrielle: 1 vol. orné de fig. 5 fr.

— **SERRURIER**, ou Traité complet et simplifié de cet Art, par MM. B. et

— SOIERIE, contenant l'Art d'élever les Vers à soie et de cultiver le Mûrier; l'Histoire, la Géographie et la Fabrication des Soieries à Lyon ainsi que dans les autres localités nationales et étrangères, par M. DEVILLIERS; 2 vol. et Atlas. 10 fr. 50 c.

— SOMMELIER, ou la Manière de soigner les Vins, par M. JULIEN; 1 vol. 3 fr.

— SORCIERS, ou la Magie blanche dévoilée par les découvertes de la Chimie, de la Physique et de la Mécanique, par MM. COMTE et JULIA DE FONTENELLE; 1 gros vol. orné de planches. 3 fr.

— SUCRE ET RAFFINEUR (fabricant de), par MM. BLACHETTE, ZOEGA et JULIA DE FONTENELLE; 1 vol. orné de figures. 3 fr. 50 c.

— STÉNOGRAPHIE, par M. H. PREVOST 1 vol. 1 fr. 75 c.

— TABAC (cultivateur et fabricant), par un ancien fabricant. (Sous presse.)

— TAILLE-DOUCE (imprimeur en), par MM. BERTHIAUD et BOITARD, 1 vol. 3 fr.

— TAILLEUR D'HABITS, contenant la manière de tracer, couper et confectionner les Vêtements, par M. VANDAEL, tailleur; 1 v. orné de pl. 2 fr. 50 c.

— TANNEUR, CORROYEUR, HONGROYEUR et BOYAUDIER, par M. JULIA DE FONTENELLE; 1 vol. orné de planches. 3 fr. 50 c.

— TAPISSIER, Décorateur et Marchand de Meubles, par M. GARNIER AUDIGER, ancien vérificateur du Garde-Meuble de la Couronne; 1 vol. orné de fig. 2 fr. 50 c.

— TEINTURIER, contenant l'art de Teindre en Laine, Soie, Coton, Fil, etc., par MM. VERGNAUD et THILLAYE; 1 gros vol. 3 fr.

— TEMPS (de la Division du) chez les principaux Peuples anciens et modernes, par M. MARCUS (Sous presse.)

— TENEUR DE LIVRES, renfermant un Cours de tenue de Livres à partie simple et à partie double, par M. TREMERY. Autorisé par l'Université. 1 v. 3 fr.

— TISSERAND. (sous presse.) Voyez FILATEUR.

— TOISEUR EN BATIMENTS: première partie: Terrasse et Maçonnerie, par M. LEBOSSU, architecte-expert; 1 vol. 2 fr. 50 c.

— Deuxième partie: Menuiserie, Peinture, Tenture, Vitrerie, Dorure, Charpente, Serrurerie, Couverture, Plomberie, Marbrerie, Carrelage, Pavage, Poêlerie, Fumisterie, etc., par M. LEBOSSU; 1 vol. 2 fr. 50 c.

— TONNELIER ET BOISSELIER, suivi de l'Art de faire les Cribles, Tamis, Soufflets, Formes et Sabots, par M. DESORMEAUX; 1 vol. 3 fr.

— TOURNEUR, ou Traité complet et simplifié de cet Art, d'après les renseignements de plusieurs Tourneurs de la capitale; 2 vol. avec pl. 6 fr. SUPPLÉMENT à cet ouvrage, un joli volume avec atlas (sous-presse).

— TREILLAGEUR ET MENUISIER DES JARDINS, par M. DESORMEAUX; 1 vol. 3 fr.

— TYPOGRAPHIE, FONDERIE. (Sous presse.)

— TYPOGRAPHIE, IMPRIMERIE, par M. FREY, ancien prote; 2 v. 5 fr.

— VERRIER ET FABRICANT DE GLACES, Cristaux, Pierres précieuses factices, Verres coloriés, Yeux artificiels, par M. JULIA DE FONTENELLE; 1 gros vol. orné de planches. 3 fr.

— VÉTÉRINAIRE, contenant la connaissance des chevaux, la Manière de les élever, les dresser et les conduire, la Description de leurs maladies, les meilleurs modes de traitement, etc., par M. LEBEAU et un ancien professeur d'Alfort; 1 vol. 3 fr.

— VIGNERON FRANÇAIS, ou l'Art de cultiver la Vigne, de faire les Vins, les Eaux-de-vie et Vinaigres, par M. THIEBAUT DE BERNEAUD; 1 vol. avec Atlas. 3 fr 50 c.

— VINAIGRIER ET MOUTARDIER, par M. JULIA DE FONTENELLE; 1 vol. 3 fr.

— VINS (marchand de), Débitants de Boissons et Jaugeage, par M. LAUDIER; 1 vol. 3 fr.

— ZOOPHILE, ou l'Art d'élever et de soigner les animaux domestiques (Voyez Bouvier); 1 vol. 2 fr. 50 c.

# BELLE ÉDITION, FORTAT IN-OCTAVO.

# SUITES A BUFFON

FORMANT

## AVEC LES ŒUVRES DE CET AUTEUR

## UN COURS COMPLET

# D'HISTOIRE NATURELLE

embrassant

## LES TROIS RÈGNES DE LA NATURE.

---

Les possesseurs des Œuvres de BUFFON pourront, avec ces SUITES, compléter toutes les parties qui leur manquent, chaque ouvrage se vendant séparément, et formant, tous réunis, avec les travaux de cet homme illustre, un ouvrage général sur l'histoire naturelle.

Cette publication scientifique du plus haut intérêt, préparée en silence depuis plusieurs années, et confiée à ce que l'Institut et le haut enseignement possèdent de plus célèbres naturalistes et de plus habiles écrivains, est appelée à faire époque dans les annales du monde savant.

Les noms des auteurs indiqués ci-après sont pour le public une garantie certaine de la conscience et du talent apportés à la rédaction des différents traités.

---

ZOOLOGIE GÉNÉRALE (Supplément à Buffon) ou mémoires et notices sur la zoologie, l'anthropologie et l'histoire de la science, par M. Isidore GEOFFROY SAINT-HILAIRE: 1 vol. avec atlas. Prix : fig. noires 8 fr. 50 c.
Figures coloriées. 12 fr.

CÉTACÉS (Baleines, Dauphins, etc., ou Recueil et examen des faits dont se compose l'histoire de ces animaux, par M. F. CUVIER, membre de l'Institut, professeur au Muséum d'Histoire naturelle, etc.; 1 vol in-8 avec 22 pl. (Ouvrage terminé). Prix: fig. noires. 12 fr. 50 c.
Fig. coloriées. 18 fr. 50 c.

REPTILES (Serpents, Lézards, Grenouilles) par M. DUMÉRIL, membre de l'Institut, professeur à la Faculté de Médecine et au Muséum d'Histoire naturelle, et M. BIBRON, professeur d'histoire naturelle. 9 vol. et 9 livraisons de planches. Prix : fig. noires 57 fr.; fig. coloriées : 75 fr.
Les tomes 1 à 5 et 8 sont en vente, les tomes 6, 7 et 9 paraîtront incessamment.

POISSONS, par M.

ENTOMOLOGIE (Introduction à l'), comprenant les principes généraux de l'Anatomie et de la Physiologie des Insectes, des détails sur leurs mœurs, et un résumé des principaux systèmes de classification, etc., par M. LACORDAIRE, doyen de la fa-

terminé, accepté et recommandé par l'Université pour être placé dans les bibliothèques des Facultés et des Collèges, et donné en prix aux élèves); 2 vol. in-8 et 24 pl. fig. noires. 19 fr. Figures coloriées. 22 fr.

**INSECTES COLÉOPTÈRES** (Cantharides, Charançons, Hannetons, Scarabées, etc.), par MM. LACORDAIRE, doyen à l'Université de Liège, et CARENO DE VALDÉS, de l'Académie des Sciences de Barcelone.

— **ORTHOPTÈRES** (Grillons, Criquets, Sauterelles), par M. SERVILLE, ex-président de la Société entomologique de France; 1 vol. et 14 pl. Prix : figures noires, 9 fr. 50 c., et figures coloriées, 12 fr. 50 c. (Ouvrage terminé.)

— **HÉMIPTÈRES** (Cigales, Punaises, Cochenilles, etc.), par M. SERVILLE.

— **LÉPIDOPTÈRES** (Papillons), par M. le docteur BOISDUVAL; tome 1er avec 2 livraisons de planches. Prix : fig. noires. 12 fr. 50 c. Figures coloriées. 18 fr. 50 c.

— **NÉVROPTÈRES** (Demoiselles, Éphémères, etc.), par M. le docteur RAMBUR.

— **HYMÉNOPTÈRES** (Abeilles, Guêpes, Fourmis, etc.) par M. le comte LEPELETIER DE SAINT-FARGEAU; tomes 1 et 2 avec 2 livraisons de planches. Prix : fig. noires, 19 fr.; fig. coloriées. 25 fr.

— **DIPTÈRES** (Mouches, Cousins, etc.), par M. MACQUART, directeur du Muséum d'histoire naturelle de Lille; 2 vol. in-8 et 24 planches. (Ouvrage terminé). Prix : fig. noires, 19 fr.; fig. coloriées. 25 fr.

— **APTÈRES** (Araignées, Scorpions, etc.), par M. le baron WALCKENAER, membre de l'Institut; tome 1 et 2 avec 3 cahiers de planches. Prix : fig. noires, 22 fr.; fig. color. 31 fr.

**CRUSTACÉS** (Écrevisses, Homards, Crabes, etc.), comprenant l'Anatomie, la Physiologie et la Classification de ces Animaux, par M. MILNE-EDWARDS, membre de l'Institut, professeur d'histoire naturelle etc.; 3 vol. avec 4 livraisons de planches. Prix : figures noires, 31 fr. 50 c. Fig. coloriées. 43 fr. 50 c.

etc.), par M. DE BLAINVILLE, membre de l'Institut, professeur au Muséum d'Histoire naturelle, etc.

**ANNÉLIDES** (Sangsues, etc.), par M.

**VERS INTESTINAUX** (Ver Solitaire, etc.), par M.

**ZOOPHYTES ACALÈPHES** (Physale, Béroé, Angèle, etc.) par M. LESSON, correspondant de l'Institut, pharmacien en chef de la Marine, à Rochefort.

— **ÉCHINODERMES** (Oursins, Palmettes, etc.), par M.

— **POLYPIERS** (Coraux, Gorgones, Éponges, etc.), par M. MILNE EDWARDS, membre de l'Institut, professeur d'histoire naturelle, etc.

— **INFUSOIRES** (Animalcules microscopiques), par M. DUJARDIN, doyen de la Faculté des sciences, à Rennes; 1 vol. avec 2 livraisons de planches. Prix : fig. noires, 12 fr. 50 c.; et fig. coloriées, 18 fr. 50 c. (Terminé.)

**BOTANIQUE** (Introduction à l'étude de la, ou Traité élémentaire de cette science, contenant l'Organographie, la Physiologie etc., etc., par M. ALPH. DECANDOLLE, professeur d'histoire naturelle à Genève (Ouvrage terminé, autorisé par l'Université pour les collèges royaux et communaux); 2 vol. et 8 pl. Prix : 16 fr.

**VÉGÉTAUX PHANÉROGAMES** (à Organes sexuels apparents, Arbres, Arbrisseaux, Plantes d'agrément, etc.), par M. SPACH, aide-naturaliste au Muséum d'Histoire naturelle ; tomes 1 à 11, et 14 livraisons de planches. Prix : fig. noires, 113 fr. 50 c.; fig. coloriées. 155 fr. 50 c.

— **CRYPTOGAMES**, à Organes sexuels peu apparents ou cachés, Mousses, Fougères, Lichens, Champignons, Truffes, etc., par M. BRÉBISSON, de Falaise.

**GÉOLOGIE** (Histoire, Formation et Disposition des Matériaux qui composent l'écorce du Globe terrestre), par M. HUOT, membre de plusieurs Sociétés savantes; 2 vol. ensemble de plus de 1500 pag. (Ouvrage term.). Prix avec un Atlas de 24 pl. 19 fr.

**MINÉRALOGIE** (Pierres, Sels, Métaux etc.), par M. ALEX. BRONGNIART, membre de l'Institut, professeur au Muséum d'Histoire naturelle, etc., et M. DELAFOSSE, maître des conférences à l'École

## CONDITIONS DE LA SOUSCRIPTION.

Les **SUITES à BUFFON** formeront soixante-cinq volumes in-8 environ, imprimés avec le plus grand soin et sur beau papier; ce nombre paraît suffisant pour donner à cet ensemble toute l'étendue convenable. Ainsi qu'il a été dit précédemment, chaque auteur s'occupant depuis long-temps de la partie qui lui est confiée, l'éditeur sera à même de publier en peu de temps la totalité des traités dont se composera cette utile collection.

En décembre 1841, 37 volumes sont en vente, avec 14 livraisons de planches.

Les Personnes qui voudront souscrire pour toute la Collection auront la liberté de prendre par portion jusqu'à ce qu'elles soient au courant de tout ce qui est paru.

### POUR LES SOUSCRIPTEURS A TOUTE LA COLLECTION :

Prix du texte, chaque vol. (1) d'environ 500 à 700 pages.     5 fr. 50 c.
Prix de chaque livraison d'environ 10 pl. noires.     3 fr.
                   — coloriées.     6 fr.

*Nota.* — Les Personnes qui souscriront pour des parties séparées, paieront chaque volume 6 fr. 50 c. Le prix des volumes papier vélin sera double du papier ordinaire.

---

(1) L'Editeur ayant à payer pour cette collection des honoraires aux auteurs, le prix des volumes ne peut être comparé à celui des réimpressions d'ouvrages appartenant au domaine public et exempts de droits d'auteurs, tels que Buffon, Voltaire, etc.

# ANCIENNE COLLECTION

DES

# SUITES DE BUFFON,

FORMAT IN-18,

*Formant avec les Œuvres de cet Auteur*

## UN COURS COMPLET D'HISTOIRE NATURELLE,

CONTENANT LES TROIS RÈGNES DE LA NATURE;

Par Messieurs

Bosc, Brongniart, Bloch, Castel, Guérin, de Lamarck, Latreille, de Mirbel, Patrin, Sonnini et de Tigny;

La plupart membres de l'Institut et professeurs au Jardin-du-Roi.

---

*Cette Collection, primitivement publiée par les soins de M. Déterville, et qui est devenue la propriété de M Roret, ne peut être donnée par d'autres éditeurs, n'étant pas, comme les Œuvres de Buffon, dans le domaine public.*

*Les personnes qui auraient les suites de Lacépède, contenant seulement les Poissons et les Reptiles, auront la liberté de ne pas les prendre dans cette collection.*

*Cette Collection forme 54 volumes, ornés d'environ 600 planches, dessinées d'après nature par Desève, et précieusement terminées au burin. Elle se compose des ouvrages suivants:*

**HISTOIRE NATURELLE DES INSECTES**, composée d'après Réaumur, Geoffroy, Degeer, Roesel, Linné, Fabricius, et les meilleurs ouvrages qui ont paru sur cette partie, rédigée suivant les méthodes d'Olivier de Latreille, avec des notes, plusieurs observations nouvelles et des figures dessinées d'après nature; par F. M.-G. de TIGNY et BRONGNIART, pour les généralités. Edition ornée de beaucoup de figures, augmentée et mise au niveau des connaissances actuelles, par M. GUÉRIN. 10 vol. ornés de planches, figures noires. 23 fr. 40 c.

Le même ouvrage figures coloriées. 39 fr.

— **NATURELLE DES VÉGÉTAUX**, classés par familles, avec la citation de la classe et de l'ordre de Linné, et l'indication de l'usage qu'on peut faire des plantes dans les arts, le commerce, l'agriculture, le jardinage, la medecine, etc. des figures dessinées d'après nature, et un Genera complet, selon le système de Linné, avec des renvois aux familles naturelles de Jussieu; par B. LAMARCK, membre de l'Institut, professeur au Muséum d'Histoire naturelle, et par C.-F.-B. MIRBEL, membre de l'Académie des Sciences, professeur de botanique. Edition ornée de 120 planches représentant plus de 300 sujets. 15 vol., ornés de planches, figures noires. 30 fr. 90 c.

**HISTOIRE NATURELLE DES COQUILLES**, contenant leur description, leurs mœurs et leurs usages ; par M. BOSC, membre de l'Institut. 5 vol., ornés d planches, figures noires.     10 fr. 65 c.

Le même ouvrage, figures coloriées.     16 fr. 50 c.

— NATURELLE DES VERS, contenant leur description, leurs mœurs et leurs usages ; par M. BOSC. 3 vol. ornés de planches, figures noires. 6 fr. 60 c.

Le même ouvrage, figures coloriées.     10 fr. 50 c.

— NATURELLE DES CRUSTACÉS, contenant leur description, leurs mœurs et leurs usages ; par M. BOSC. 2 vol. ornés de planches, figures noires.     4 fr. 75 c.

Le même ouvrage, figures coloriées.     8 fr.

— NATURELLE DES MINÉRAUX, par M. E.-M. PATRIN, membre de l'Institut. Ouvrage orné de 40 planches, représentant un grand nombre de sujets dessinés d'après nature. 5 volumes ornés de planches, figures noires.     10 fr. 30 c.

Le même ouvrage, figures coloriées,     16 fr. 50 c.

— NATURELLE DES POISSONS, avec des figures dessinées d'après nature, par BLOCH ; ouvrage classé par ordres, genres et espèces, d'après le système de Linné avec les caractères génériques ; par RENÉ-RICHARD CASTEL. Edition ornée de 160 planches représentant 600 espèces de poissons (10 volumes).     26 fr. 20 c.

Avec figures coloriées.     47 fr.

— NATURELLE DES REPTILES, avec des figures dessinées d'après nature, par SONNINI homme de lettres et naturaliste, et LATREILLE, membre de l'Institut. Edition ornée de 54 planches, représentant environ 150 espèces différentes de serpents, vipères, couleuvres, lézards, grenouilles, tortues, etc. 4 vol. de planches, figures noires.     9 fr. 85 c.

Le même ouvrage, figures coloriées.     17 fr

*Cette collection de 54 volumes a été annoncée en 108 demi-volumes ; on les enverra brochés de cette manière aux personnes qui en feront la demande.*

*Tous les ouvrages ci-dessus sont en vente.*

# OUVRAGES D'HISTOIRE NATURELLE.

**ANNALES (NOUVELLES) DU MUSÉUM D'HISTOIRE NATURELLE**, recueil de mémoires de MM. les professeurs administrateurs de cet établissement et autres naturalistes célèbres, sur les branches des sciences naturelles et chimiques qui y sont enseignées. Années 1832 à 1835, 4 vol. in-4 ; prix, 30 fr. chaque volume.

**MÉMOIRES DE LA SOCIÉTÉ D'HISTOIRE NATURELLE** de Paris; 6 vol. in-4 avec planches ; prix , 20 fr. chaque volume.

**ARCHIVES DU MUSÉUM D'HISTOIRE NATURELLE**, publiées par les professeurs administrateurs de cet établissement.

Cet ouvrage fait suite aux *Annales*, aux *Mémoires* et aux *Nouvelles Annales du Muséum*.

Il paraît par volumes in-4 sur papier grand-raisin, d'environ 60 feuilles d'impression, et orné de 30 à 40 planches gravées par les meilleurs artistes, et dont 15 à 20 sont coloriées avec le plus grand soin.

Il en paraît un volume par an, divisé en quatre livraisons.

Prix de chaque volume { Papier ordinaire. 40 fr.
{ Papier vélin. 80 fr.

*Le tome I*er *et deux livraisons du tome II sont en vente.*

**AVENIR PHYSIQUE DE LA TERRE (DISCOURS SUR L')**, par MARCEL DE SERRES, professeur de minéralogie et de géologie à la Faculté des Sciences de Montpellier, in-8 ; prix, 2 fr. 50 c.

**COLLECTION ICONOGRAPHIQUE ET HISTORIQUE DES CHENILLES**, ou Description et figures des chenilles d'Europe, avec l'histoire de leurs métamorphoses, et des applications à l'agriculture ; par MM. BOISDUVAL, RAMBUR et GRASLIN.

Cette collection se composera d'environ 70 livraisons format grand in-8, et chaque livraison comprendra *trois planches coloriées* et le texte correspondant.

Le prix de chaque livraison est de 3 fr. sur papier vélin, et franche de port 3 fr. 25 c. — *42 livraisons ont déjà paru.*

*Les dessins des espèces qui habitent les environs de Paris, comme aussi ceux des chenilles que l'on a envoyées vivantes à l'auteur, ont été exécutés avec autant de précision que de talent. L'on continuera à dessiner toutes celles que l'on pourra se procurer en nature. Quant aux espèces propres à l'Allemagne, la Russie, la Hongrie, etc., elles seront peintes par les artistes les plus distingués de ces pays.*

*Le texte est imprimé sans pagination; chaque espèce aura une page séparée, que l'on pourra classer comme on voudra. Au commencement de chaque page se trouvera le même numéro qu'à la figure qui s'y rapportera, et en titre le nom de la tribu, comme en tête de la planche.*

*Cet ouvrage, avec l'Icones des Lépidoptères de M. Boisduval, de beaucoup supérieurs à tout ce qui a paru jusqu'à présent, formeront un supplément et une suite indispensable aux ouvrages de Hubner, de Godart, etc. Tout ce que nous pouvons dire en faveur de ces deux ouvrages remarquables peut se réduire à cette expression employée par M. Dejean dans le cinquième volume de son Species : M. Boisduval est de tous nos entomologistes celui qui connaît le mieux les lépidoptères.*

**COUPE THÉORIQUE DES DIVERS TERRAINS, ROCHES ET MINÉRAUX QUI ENTRENT DANS LA COMPOSITION DU SOL DU BASSIN**

**COURS D'ENTOMOLOGIE**, ou de l'Histoire naturelle des crustacés, des arachnides, des myriapodes et des insectes, à l'usage des élèves de l'École du Muséum d'Histoire naturelle ; par M. LATREILLE, professeur, membre de l'Institut, etc. Première année, contenant le discours d'ouverture du cours. — Tableau de l'histoire de l'entomologie.— Généralités de la classe des crustacés et de celle des arachnides, des myriapodes et des insectes — Exposition méthodique des ordres, des familles, et des genres des trois premières classes. 1 gros vol. in-8, et d'un atlas composé de 24 planches. **15 fr.**

*La seconde et dernière année, complétant cet ouvrage, paraîtra bientôt.*

**DESCRIPTION GÉOLOGIQUE DE LA PARTIE MÉRIDIONALE DE LA CHAINE DES VOSGES** ; par M. ROZET, capitaine au corps royal d'état-major. In-8 orné de planches et d'une jolie carte. **10 fr.**

**DIPTÈRES DU NORD DE LA FRANCE** ; par M. J. MACQUART. 5 vol. in-8. **30 fr.**

**DIPTÈRES EXOTIQUES NOUVEAUX OU PEU CONNUS** ; par M. J. MACQUART, membre de plusieurs sociétés savantes, tome I en 2 volumes in-8; prix du volume, fig. noires. **7 fr.**

Le même ouvrage, fig. coloriées. **12 fr.**

**ENTOMOLOGIE DE MADAGASCAR, BOURBON ET MAURICE.** — *Lépidoptères*, par le docteur BOISDUVAL ; avec des notes sur les métamorphoses, par M. SGANZIN.

Huit livraisons, renfermant chacune 2 pl. coloriées, avec le texte correspondant, sur papier vélin. **32 fr.**

**ÉNUMÉRATION DES ENTOMOLOGISTES VIVANTS**, suivie de notes sur les collections entomologistes des musées d'Europe, etc., avec une table des résidences des entomologistes ; par SILBERMANN ; in-8. **3 fr.**

**ESSAIS DE ZOOLOGIE GÉNÉRALE**, ou Mémoires et notices sur la Zoologie générale, l'antropologie et l'histoire de la science, par M. ISIDORE GEOFFROY SAINT-HILAIRE. 1 vol. in-8, orné de pl. noires. **8 fr. 50 c.**

Figures coloriées. **12 fr.**

**ÉTUDES DE MICROMAMMALOGIE**, revue des sorex, mus et arvicola d'Europe, suivies d'un index méthodique des mammifères européens par M. EDM. DE SELYS LONGCHAMPS, 1 vol. in-8. **5 fr.**

**ICONOGRAFIA DELLA FAUNA ITALICA** ; di CARLO LUCIANO BONAPARTE, principe di Musignano, 30 livraisons in folio, à 21 fr. 60 c. chaque.

**FAUNA JAPONICA**, sive descriptio animalium, quæ in itinere per Japoniam, jussu et auspiciis superiorum, qui summum in India Batava imperium tenent, suscepto, annis 1823-1830, collegit, notis, observationibus et adumbrationibus illustravit PH. FR. DE SIEBOLD. Prix de chaque livraison, 26 francs. L'ouvrage aura 25 livraisons.

*Cet ouvrage, auquel participent pour sa rédaction MM. Temminck, Schlegel, et Dehaan, se continue avec activité. 7 livraisons sont en vente.*

**FAUNE DE L'OCÉANIE** ; par le docteur BOISDUVAL. Un gros vol. in-8 imprimé sur grand papier vélin. **10 fr.**

**FLORA JAPONICA**, sive plantæ quas in imperio japonico collegit, descripsit, ex parte in ipsis locis pigendas curavit. D. PH.-FR. DE SIEBOLD. Prix de chaque livraison. 15 fr. coloriée, et 8 fr. noire.

**FLORA JAVÆ** nec non insularum adjacentium, auctore BLUME. In-fol. Bruxelles. Livraisons 1 à 35 à **15 fr.**

**FLORE DU CENTRE DE LA FRANCE**; par M. A. BOREAU, professeur de botanique, directeur du Jardin des Plantes d'Angers, etc. 2 vol. in-8; prix : 12 fr.

*Cet ouvrage est rédigé d'après des recherches entreprises exprès, à l'aide de ses*

Cher, Nièvre, Yonne, Loiret, Loir et Cher, Indre, Creuse, Allier, Saône-et-Loire, et une portion de celui de la Côte-d'Or. L'auteur s'est proposé le double but de faire connaître aux savants un grand nombre de faits de géographie botanique entièrement nouveaux, et d'offrir aux élèves et aux amateurs un guide sûr et facile pour parvenir à la connaissance du nom des plantes. A cet effet il a fait précéder sa flore de notions élémentaires de botanique, d'un dictionnaire des termes scientifiques, et de clefs analytiques des genres et des espèces, qui dispenseront d'avoir recours à aucun autre ouvrage. On y a joint aussi un aperçu de la géologie du centre de la France, considérée dans ses rapports avec la végétation, un exposé des propriétés des plantes de cette contrée, et des notices biographiques sur les botanistes qu'elle a produits. L'auteur a profité des communications d'un grand nombre de savants de Paris et des départements.

**GENERA ET INDEX METHODICUS** Europæorum Lepidopterorum pars prima sistens papiliones sphinges Bombyces noctuas auctore BOISDUVAL. 1 vol. in-8. 5 fr.

**HERBARII TIMORENSIS DESCRIPTIS**, cum tabulis 6 æneis ; auctore J. DECAISNE : 1 vol. in-4. 45 fr.

**HERBIER GÉNÉRAL DES PLANTES DE FRANCE ET D'ALLEMAGNE**; par M. SCHUTZ. 1 vol in-fol., 1re livraison ; prix : 20 fr.

**HISTOIRE ABRÉGÉE DES INSECTES**, nouvelle édition ; par M. GEOFFROY, 2 vol. in-4, figures. 30 fr.

**HISTOIRE DES PROGRÈS DES SCIENCES NATURELLES**, depuis 1789 jusqu'en 1831 ; par M. le baron G. CUVIER. 5 vol. in-8. 22 fr. 50 c.

Le tome 5 séparément. 7 fr.

*Le conseil royal de l'Université a décidé que cet ouvrage serait placé dans les bibliothèques des collèges et donné en prix aux élèves.*

**ICONES HISTORIQUES DES LÉPIDOPTÈRES NOUVEAUX OU PEU CONNUS**, collection, avec figures coloriées, des papillons d'Europe nouvellement découverts ; ouvrage formant le complément de tous les auteurs iconographes ; par le docteur BOISDUVAL.

Cet ouvrage se composera d'environ 50 livraisons grand in-8, comprenant chacune deux planches coloriées et le texte correspondant ; prix, 3 fr. la livraison sur papier vélin, et franche de port, 3 fr. 25 c.

*Comme il est probable que l'on découvrira encore des espèces nouvelles dans les contrées de l'Europe qui n'ont pas été bien explorées, l'on aura soin de publier chaque année une ou deux livraisons pour tenir les souscripteurs au courant des nouvelles découvertes. Ce sera en même temps un moyen très avantageux et très prompt pour MM. les entomologistes qui auront trouvé un lépidoptère nouveau de pouvoir les publier les premiers. C'est-à-dire que, si après avoir subi un examen nécessaire, leur espèce est réellement nouvelle, leur description sera imprimée textuellement ; ils pourront même en faire tirer quelques exemplaires à part.* — 42 livraisons ont déjà paru.

**ICONOGRAPHIE, ET HISTOIRE DES LÉPIDOPTÈRES ET DES CHENILLES DE L'AMÉRIQUE SEPTENTRIONALE**; par le docteur BOISDUVAL et par le major Jous LECONTE, de New-York.

Cet ouvrage, dont il n'avait paru que huit livraisons, et interrompu par suite de la révolution de 1830, va être continué avec rapidité. Les livraisons 1 à 26 sont en vente, et les suivantes paraîtront à des intervalles très rapprochés.

L'ouvrage comprendra environ 50 livraisons. Chaque livraison contient 3 planches coloriées, et le texte correspondant. Prix pour les souscripteurs, 3 fr. la livraison.

**MÉMOIRES SUR LES MÉTAMORPHOSES DES COLÉOPTÈRES**, par DEHAAN, in-4, fig. 10 fr.

**MONOGRAPHIA TENTHREDINETARUM SYNONYMIA EXTRICATA**, auctore Au. LEPELETIER DE SAINT-FARGEAU. 1 vol. in-8. 5 fr.

**MONOGRAPHIE DES LIBELLULIDES D'EUROPE**, par EDM. DE SELYS-LONGCHAMPS; 1 vol. gr. in-8, avec 4 planches représentant 44 figures. Prix : 5 fr.

**RECHERCHES SUR L'ANATOMIE**, et les métamorphoses de différentes espèces d'insectes, ouvrage posthume, de Pierre LYONNET, publié par M. W. Dehaan, accompagnées de 54 planches. 1 vol. in-4. 40 fr.

**RÈGNE ANIMAL**, d'après M. DE BLAINVILLE, disposé en séries en procédant de l'homme jusqu'à l'éponge, et divisé en trois sous-règnes ; tableau supérieurement gravé, prix : 8 fr. 50 c. ; et 8 fr. collé sur toile avec gorge et rouleau.

**RUMPHIA**, sive commentationes botanicæ imprimis de plantis Indiæ Orientalis, tum penitus incognitis, tum quæ in libris Rheedii, Rumphii, Roxburghii, Wallichii, aliorum, recensentur, auctore C. L. BLUME, cognomine RUMPHIO. Le prix de chaque livraison est fixé, pour les souscripteurs, à 15 fr.

**SERRES CHAUDES**, Galerie de Minéralogie et de Géologie, ou Notice sur les constructions du Muséum d'Histoire Naturelle, par M. ROHAULT (Architecte). 1 vol. in-folio. 30 fr.

**SYNONYMIA INSECTORUM. — CURCULIONIDES**; ouvrage comprenant la synonymie et la description de tous les curculionites connus ; par M. SCHOENHERR. 6 vol. in-8 (en latin). Chaque partie, 9 fr.

Les 5 premiers volumes, contenant deux parties chaque, sont en vente ainsi que la 1re du tome VI.

**CURCULIONIDUM DISPOSITIO** methodica cum generum characteribus, descriptionibus atque observationibus variis seu prodromus ad Synonymiæ insectorum partem IV, auctore C. J. SCHOENHERR. 1 vol. in-8. 7 fr.

*L'éditeur vient de recevoir de Suède et de mettre en vente le petit nombre d'exemplaires restant de la Synonymia insectorum du même auteur. Chaque volume qui compose ce dernier ouvrage est accompagné de planches coloriées, dans lesquelles l'auteur a fait représenter des espèces nouvelles.*

**TABLEAU DE LA DISTRIBUTION MÉTHODIQUE DES ESPÈCES MINÉRALES**, suivie dans le cours de minéralogie fait au Muséum d'Histoire naturelle en 1833, par M. ALEXANDRE BRONGNIART, professeur. Brochure in-8. 2 fr.

**THÉORIE ÉLÉMENTAIRE DE LA BOTANIQUE**; par M. DE CANDOLLE, 3e *édition*. 1 vol. in-8. (*Sous presse.*)

**TRAITÉ ÉLÉMENTAIRE DE MINÉRALOGIE**; par F. S. BEUDANT, de l'Académie royale des Sciences, nouvelle édition considérablement augmentée. 2 vol. in-8, accompagnés de 24 planches ; prix : 21 fr.

**ZOOLOGIE CLASSIQUE,** ou Histoire naturelle du Règne animal, par M. F. A. POUCHET, professeur de zoologie au Muséum d'histoire naturelle de Rouen, etc.; seconde édition, considérablement augmentée ; 2 vol. in-8, contenant ensemble plus de 1,360 pages et accompagnés d'un Atlas de 44 planches et 5 grands tableaux gravés sur acier. Prix des 2 vol. 16 fr.

Prix de l'Atlas, figures noires. 10 fr.
— figures coloriées. 30 fr.

# NOUVEAU COURS COMPLET
# D'AGRICULTURE
## DU XIXᵉ SIÈCLE,

CONTENANT

LA THÉORIE ET LA PRATIQUE DE LA GRANDE ET LA PETITE CULTURE, L'ÉCONOMIE RURALE ET DOMESTIQUE, LA MÉDECINE VÉTÉRINAIRE, ETC.

Ouvrage rédigé sur le plan de celui de Rozier,
duquel on a conservé les articles dont la bonté a été prouvée par l'expérience

*Par les membres de la Section*

D'AGRICULTURE DE L'INSTITUT ROYAL DE FRANCE, ETC.,

MM. Thouin, Tessier, Huzard, Sylvestre, Bosc, Yvart, Parmentier, Chassiron, Chaptal, Lacroix, de Perthuis, de Candolle, Dutour, Duchesne, Féburier, Brébisson, etc.,

La plupart membres de l'Institut, du conseil d'Agriculture établi près le Ministre de l'Intérieur, de la société d'Agriculture de Paris, et propriétaires-cultivat.

16 gros vol. in-8 (ensemble de plus de 8,800 pag.)

ORNÉS D'UN GRAND NOMBRE DE PLANCHES.

*Prix : 58 fr. au lieu de 120 fr.*

Cet ouvrage, le meilleur en ce genre, édité par M. Deterville, ne doit pas être confondu avec des publications mercantiles où quelques bons articles sont confondus avec des vieilleries décousues qui pourraient induire le cultivateur en erreur.

---

## OUVRAGES DIVERS.

**ABRÉGÉ DE L'ART VÉTÉRINAIRE**, ou description raisonnée des Maladies du Cheval et de leur traitement; suivi de l'anatomie et de la physiologie du pied et des principes de ferrure, avec des observations sur le régime et l'exercice du cheval, et sur les moyens d'entretenir en bon état les chevaux de poste et de course; par WHITE; traduit de l'anglais et annoté par M. V. DELAGUETTE, vétérinaire, chevalier de la Légion d'Honneur. Deuxième édition, revue et augmentée. 1 vol. in-12. 3 fr. 50 c., et 4 fr. 25 c. par la poste.

**ANALYSE DES SERMONS** du P. GUYON, précédée de l'Histoire de la mission du Mans. 1 vol. in-12. 2 fr.

**ANNUAIRE DU BON JARDINIER ET DE L'AGRONOME**, renfermant la description et la culture de toutes les plantes utiles ou d'agrément qui ont paru pour la première fois.

Les années 1826, 27, 28, coûtent 1 fr. 50 c. chaque.
Les années 1829 et 1830, 3 fr. chaque.
Les années 1831 à 1842, 3 fr. 50 c. chaque.

**ART DE CULTIVER LES JARDINS, OU ANNUAIRE DU BON JARDINIER ET DE L'AGRONOME**, renfermant un calendrier indiquant, mois par mois, tous les travaux à faire tant en jardinage qu'en agriculture ; les principes généraux du jardinage ; la culture et la description de toutes les espèces et variétés de plantes potagères, ainsi que toutes les espèces et variétés de plantes utiles ou d'agrément ; par *un Jardinier agronome*. Un gros vol. in-18. 1842. Orné de fig. 3 fr. 50 c.

**ARITHMÉTIQUE DES DEMOISELLES**, ou Cours élémentaire d'arithmétique en 12 leçons ; par M. VENTENAC. 1 vol. 1 fr. 50 c.
*Cahier de questions* pour le même ouvrage. 50 c.

**ART DE BRODER**, ou Recueil de modèles coloriés, analogues aux différentes parties de cet art, à l'usage des demoiselles ; par Augustin LEGRAND. 1 vol. oblong. 7 fr.

**ART DE LEVER LES PLANS** et nouveau Traité d'arpentage et de nivellement ; par MASTAING. 1 vol. in-12. Nouvelle édition. 4 fr.

— (L') **DE CONSERVER ET D'AUGMENTER LA BEAUTÉ**, corriger et déguiser les imperfections de la nature ; par LAMI. 2 jolis vol. in-18, ornés de gravures. 6 fr.

— (L') **D'ÉCRIRE DE LA MAIN GAUCHE**, enseigné, en quelques leçons, à toutes les personnes qui écrivent selon l'usage, comme ressource en cas de perte ou d'infirmité du bras droit ou de la main droite ; par M. PILOU. 1 vol. oblong avec une planche lithographiée ; prix : 1 fr.

— (L') **DE CRÉER LES JARDINS**, contenant les préceptes généraux de cet art ; leur application développée sur de vues perspectives, coupe et élévations, par des exemples choisis dans les jardins les plus célèbres de France et d'Angleterre ; et le tracé pratique de toutes espèces de jardins ; par M. N. VERGNAUD, architecte, à Paris. Ouvrage imprimé sur format in-fol., et orné de lithographies dessinées par nos meilleurs artistes.

Prix : rel. sur papier blanc. 45 fr.
— sur papier Chine. 56 fr.
— colorié. 80 fr.

— (L') **DE COMPOSER ET DECORER LES JARDINS**, par M. BOITARD ; ouvrage entièrement neuf, orné de 132 planches gravées sur acier. Prix de l'ouvrage complet, texte et planches. 15 fr.

*Cette publication n'a rien de commun avec les autres ouvrages du même genre, portant même le nom de l'auteur. Le traité que nous annonçons est un travail tout neuf que M. Boitard vient de terminer après des travaux immenses ; il est très complet et à très bas prix, quoiqu'il soit orné de 132 planches gravées sur acier. L'auteur et l'éditeur ont donc rendu un grand service aux amateurs de jardins en les mettant à même de tirer de leurs propriétés le meilleur parti possible.*

— (L') **DE FAIRE LES VINS DE FRUITS**, précédé d'une Esquisse historique de l'Art de faire le Vin de Raisin, de la manière de soigner une cave ; suivi de l'Art de faire le Cidre, le Poiré, les Aromes, le Sirop et le Sucre de Pommes-de-terre ; d'un Tableau de la quantité d'esprit contenue dans diverses qualités de vins ; de considérations diététiques sur l'usage du vin, et d'un Vocabulaire des termes scientifiques employés dans l'ouvrage : traduit de l'anglais de ACCUM, auteur de l'Art de faire la bière, par MM. G*** et OL***. 1 vol. in-12, avec planches, 1 fr. 80 c., et 2 fr. 25 c. par la poste.

**AMATEUR DES FRUITS** (L'), ou l'Art de les choisir, de les conserver, de les employer, principalement pour faire les compotes, gelées, marmelades, confitures, pâtes, raisinés, conserves, glaces, sorbets, liqueurs de tout genre,

**ANIMAUX (LES) CÉLÈBRES**, anecdotes historiques sur les traits d'intelligence, d'adresse, de courage, de bonté, d'attachement, de reconnaissance, etc., des animaux de toute espèce, ornés de gravures; par A. ANTOINE. 2 vol. in-12. 2e édition. 5 fr.

MM. Lebigre frères et Béchet, rue de la Harpe, *ont été condamnés* pour avoir vendu une *contrefaçon de cet ouvrage*.

**AQUARELLE-MINIATURE PERFECTIONNÉE**, reflets métalliques et chatoyans, et peinture à l'huile sur velours; par M. SAINT-VICTOR. 1 vol. grand in-8, orné de 8 planches. 6 fr.

Le même ouvrage, augmenté de 6 planches peintes à la main. 12 fr.

**ASTRONOMIE DES DEMOISELLES**, ou Entretiens, entre un frère et sa sœur sur la Mécanique céleste, démontrée et rendue sensible sans le secours des mathématiques; suivie de problèmes dont la solution est aisée, et enrichie de plusieurs figures ingénieuses servant à rendre les démonstrations plus claires; par James FERGUSSON et M. QUÉTRIN. 1 vol. in-12, 3 fr. 50 c., et 4 fr. par la poste.

**AVIS AUX PARENTS** sur la nouvelle méthode de l'enseignement mutuel; par G. CHERPIN. 1 vol. in-12. 2 fr. 50 c.

**BARÈME (LE) PORTATIF DES ENTREPRENEURS EN CONSTRUCTIONS ET DES OUVRIERS EN BATIMENT**; par M. BARBIER. 1 vol. in-24. 60 c.

**BARÈME DU LAYETIER**, contenant le toisé par voliges de toutes les mesures de caisses depuis 12-6-6, jusqu'à 72-72-72, etc.; par BIEN-AIMÉ. 1 vol. in-12. 1 fr. 25 c.

**BEAUTÉS (LES) DE LA NATURE**, ou Description des arbres, plantes, cataractes, fontaines, volcans, montagnes, mines, etc., les plus extraordinaires et les plus admirables qui se trouvent dans les quatre parties du monde; par M. ANTOINE. 1 vol. orné de six grav. 2e édition. 2 fr. 50 c.

**BIBLIOGRAPHIE-PALÉOGRAPHICO-DIPLOMATICO-BIBLIOLOGIQUE** générale, ou Répertoire systématique indiquant : 1o tous les ouvrages relatifs à la Paléographie, à la Diplomatie, à l'histoire de l'Imprimerie et de la Librairie, et suivi d'un Répertoire alphabétique général; par M. P. NAMUR, bibliothécaire à l'Université de Liège. 2 vol. in-8. 15 fr.

**BIBLIOGRAPHIE ACADÉMIQUE BELGE**, ou Répertoire systématique et analytique des mémoires, dissertations, etc., publiés jusqu'à ce jour par l'ancienne et la nouvelle Académie de Bruxelles; par P. NAMUR. 1 vol. in-8. 5 fr.

**BOTANIQUE (LA) de J.-J. Rousseau**, contenant tout ce qu'il a écrit sur cette science, augmentée de l'exposition de la méthode de Tournefort et de Linné, suivie d'un Dictionnaire de botanique et de notes historiques, par M. DEVILLE. 2e édition, 1 gros vol. in-12 orné de 8 planches. 4 fr.

Figures coloriées. 5 fr.

**BOUVIER (LE NOUVEAU)**, ou Traité des maladies des bestiaux, Description raisonnée de leurs maladies et de leur traitement; par M. DELAGUETTE, médecin vétérinaire. 1 vol. in-12. 3 fr. 50 c.

**CAHIERS DE CHIMIE** à l'usage des Écoles et des Gens du monde, par M. BURNOUF. Prix, l'ouvrage complet, (4 cahiers). 5 fr.

**CALLIPÉDIE (LA)**, ou la Manière d'avoir de beaux enfants; extrait du poème latin de Quillet. in-8. 1 fr. 50 c.

**CARTE TOPOGRAPHIQUE DE SAINTE-HÉLÈNE.** 1 fr. 50 c.

**CHASSEUR-TAUPIER (LE)**, ou l'Art de prendre les taupes par des moyens sûrs et faciles, précédé de leur histoire naturelle; par M. RÉDARÈS. 1 vol. in-12, avec planches, 1 fr. 25 c. et 1 fr. 50 c. par la poste.

**CHIENS (LES) CÉLÈBRES**, par M. FRÉVILLE. 1 vol. in-12. 3 fr.

**CHIMIE APPLIQUÉE AUX ARTS**; par CHAPTAL, membre de l'Institut. Nouvelle édition avec les additions de M. GUILLERY. 5 livraisons en un seul gros vol. in-8. grand papier. 20 fr.

**LA CHINE, L'OPIUM ET LES ANGLAIS**, contenant des documents historiques sur le commerce de la Grande-Bretagne en Chine, etc., par

tirées des meilleurs auteurs, contenant les faits les plus intéressants de l'histoire en général, les exploits des héros, traits d'esprit, saillies ingénieuses, bons mots, etc., etc., 5e *édition*, par madame CELNART. 4 vol. in-18, ornés de jolies vignettes (Même ouvrage que le *Manuel anecdotique*.) 7 fr.

CODE DES MAITRES DE POSTE, DES ENTREPRENEURS DE DILIGENCES ET DE ROULAGE, ET DES VOITURES EN GÉNÉRAL PAR TERRE ET PAR EAU, ou Recueil général des Arrêts du Conseil, Arrêts de règlement, Lois, Décrets, Arrêtés, Ordonnances du roi et autres actes de l'autorité publique, concernant les Maîtres de Poste, les Entrepreneurs de Diligences et Voitures publiques en général, les Entrepreneurs et Commissionnaires de Roulage, les Maîtres de Coches et de Bateaux etc., par M. LANOE, avocat à la Cour Royale de Paris 2 vol in-8. 12 fr.

COLLECTION DE MODÈLES pour le Dessin linéaire, par M. BOUTEREAU, 40 tableaux in-4. 4 fr.

Cet ouvrage est extrait de la Géométrie usuelle du même auteur.

CONSIDÉRATIONS SUR LES TROIS SYSTÈMES DE COMMUNICATIONS INTÉRIEURES, au moyen des routes, des chemins de fer et des canaux; par M. NADAULT, ingén. des Ponts et chauss. 1 vol. in 4. 6 fr.

CORDON BLEU (LE), NOUVELLE CUISINIÈRE BOURGEOISE, rédigée et mise par ordre alphabétique; par mademoiselle MARGUERITE, 12e édition considérablement augmentée. 1 vol. in-18. 1 fr.

COUR DE CASSATION, Lois et Règlements, par M. TARBÉ; 1 vol. in-8, grand format. 18 fr.

COURS DE THÈMES pour les sixième, cinquième, quatrième, troisième et deuxième classes, à l'usage des colléges; par M. PLANCHE, professeur de rhétorique au collége royal de Bourbon, et M. CARPENTIER. *Ouvrage recommandé pour les colléges par le conseil royal de l'Université*. 2e édition, entièrement refondue et augmentée. 5 vol in-12. 10 fr.

Les mêmes avec les corrigés à l'usage des maitres. 10 vol. 22 fr. 50 c.

*On vend séparément*

| | |
|---|---|
| Cours de sixième à l'usage des élèves, | 2 fr. |
| Le corrigé à l'usage des maitres. | 2 fr. 50 c. |
| Cours de cinquième à l'usage des élèves. | 2 fr. |
| Le corrigé. | 2 fr. 50 c. |
| Cours de quatrième à l'usage des élèves. | 2 fr |
| Le corrigé | 2 fr. 50 c. |
| Cours de troisième à l'usage des élèves. | 2 fr. |
| Le corrigé. | 2 fr. 50 c. |
| Cours de seconde à l'usage des élèves. | 2 fr |
| Le corrigé. | 2 fr. 50 c. |

— D'AGRICULTURE (PETIT), ou Encyclopédie agricole, par M. MAUNY DE MORNAY, contenant les livres du Cultivateur, du Jardinier, du Forestier, du Vigneron, de l'Économie et administration rurales, du Propriétaire et de l'Éleveur d'animaux domestiques. 7 vol. gr. in-18. 15 fr. 50 c.

— COMPLET D'AGRICULTURE (NOUVEAU), contenant la grande et la petite culture, l'économie rurale domestique, la médecine vétérinaire, etc., par les Membres de la section d'Agriculture de l'Institut royal de France etc. Nouvelle édition revue, corrigée et augmentée. Paris, Deterville, 16 vol in-8 de près de 600 pages chacun, ornés de planches en taille-douce. 56 fr.

— SIMPLIFIÉ D'AGRICULTURE; par L. DUBOIS. *Voyez* Encyclopédie du cultivateur.

CULTURE DE LA VIGNE dans le Calvados et autres pays qui ne sont pas trop froids pour la végétation de cet intéressant arbrisseau, et pour que ses fruits y murissent; par M. Jean-François NOGET. In 8. 75 c.

DESCRIPTION DES MOEURS, USAGES ET COUTUMES de tous les peuples du monde, contenant une foule d'Anecdotes sur les sauvages d'Afrique, d'Amérique, les Antropophages, Hottentots, Caraïbes, Patagons, etc., etc. 2e édi-

TIQUE, contenant les principales propriétés des minéraux, des végétaux et des animaux, avec les préparations de pharmacie, internes et externes, les plus usitées en médecine et en chirurgie, etc.; par une Société de médecins, de pharmaciens et de naturalistes. Ouvrage utile à toutes les classes de la société, orné de 17 grandes planches représentant 278 figures de plantes gravées avec le plus grand soin; 3e édition revue, corrigée et augmentée de beaucoup de préparations pharmaceutiques et de recettes nouvelles; par M. JULIA DE FONTENELLE et BARTHEZ. 2 gros vol. in-8, figures en noir.  18 fr.
Le même, fig. coloriées d'après nature.  25 fr.

*Cet ouvrage est spécialement destiné aux personnes qui, sans s'occuper de la médecine, aiment à secourir les malheureux.*

**ÉCOLE DU JARDIN POTAGER**, suivie du Traité de la Culture des Pêchers; par M. DE COMBLES, sixième édition revue par M. LOUIS DU BOIS. 3 forts vol. in-12.  4 fr. 50 c.

**ÉDUCATION (DE L') DES JEUNES PERSONNES**, ou Indication succincte de quelques améliorations importantes à introduire dans les pensionnats; par mademoiselle FAURE. 1 vol in-12.  1 fr. 50 c.

**ÉLÉMENTS (NOUVEAUX) DE LA GRAMMAIRE FRANÇAISE**; par M. FELLENS. 1 vol. in-12.  1 fr. 25 c.

— **D'ARITHMÉTIQUE**, suivis d'exemples raisonnés en forme d'anecdotes à l'usage de la jeunesse; par un membre de l'Université. 1 vol. in 12.  1 fr. 50 c.

**EMPRISONNEMENT (DE L')**, pour dettes. Considérations sur son origine, ses rapports avec la morale publique et les intérêts du commerce, des familles, de la société; suivies de la statistique générale de la contrainte par corps en France et en Angleterre, et de la statistique détaillée des prisons pour dettes de Paris, de Lyon, et de plusieurs autres grandes villes de France; par J.-B. BAYLE-MOUILLARD. Ouvrage couronné en 1835 par l'Institut. 1 vol. in-8.
 7 fr. 50 c.

**ENCYCLOPÉDIE DU CULTIVATEUR**, ou Cours complet et simplifié d'agriculture, d'économie rurale et domestique; par M. LOUIS DUBOIS. 2e édition. 8 vol in-12 ornés de gravures.  18 fr.

*Cet ouvrage, très simplifié, est indispensable aux personnes qui ne voudraient pas acquérir le grand ouvrage intitulé : Cours d'agriculture au xixe siècle.*

**ENSEIGNEMENT (L')**, par MM. BERNARD-JULLIEN, docteur ès lettres, licencié ès-sciences, et C. HIPPEAU, docteur ès-lettres, bachelier ès-sciences; 1 gros vol in 8 de 500 pages  6 fr.

*Cet ouvrage, indispensable à tous ceux qui veulent s'occuper avec intelligence des questions d'éducation, traiter à fond les points les plus difficiles et les moins connus de cette science difficile.*

**ÉPILEPSIE (DE L') EN GÉNÉRAL**, et particulièrement de celle qui est déterminée par des causes morales; par M. FOUSSIN-DUBREUIL. 1 vol. in 12. 2e édition  3 fr.

**ÉTUDES ANALYTIQUES SUR LES DIVERSES ACCEPTIONS DES MOTS FRANÇAIS**; par mademoiselle FAURE. 1 vol in-12.  2 fr. 50 c.

**ÉVÉNEMENTS DE BRUXELLES ET DES AUTRES VILLES DU ROYAUME DES PAYS-BAS**, depuis le 25 août 1830, précédés du Catéchisme du citoyen belge et de chants patriotiques. 1 vol. in-18.  1 fr. 25 c.

**EXAMEN DU SALON DE 1834**; par M. A.-D. VERGNAUD. Brochure in-8.
 1 fr. 50 c.

**EXAMEN DU SALON DE 1827**, avec cette épigraphe : *Rien n'est beau que le vrai.* 2 brochures in-8.  3 fr.

**GALERIE DE RUBENS**, dite du Luxembourg, faisant suite aux galeries de Florence et du Palais Royal; par MM. MATHEI et CASTEL. Treize livraisons contenant vingt cinq planches. 1 gros vol. in-fol. (ouvrage terminé).
Prix de chaque livraison, figures noires.  6 fr.
Avec figures coloriées.  10 fr.

**GÉOGRAPHIE DES ÉCOLES**; par M. HUOT, continuateur de la géographie de Malte-Brun et GUIDAL, ancien élève de l'Ecole Polytechnique.

**GÉOMÉTRIE PERSPECTIVE**, avec ses applications à la recherche des ombres; par G.-H. DUFOUR, colonel du Génie. In-8., avec un Atlas de vingt-deux planches in-4. 4 fr.

**GÉOMÉTRIE USUELLE.** Dessin géométrique et de dessin linéaire, sans instruments, en 120 tableaux; par V. BOUTEREAU, professeur des Cours publics et gratuits de géométrie, de mécanique et de dessin linéaire à Beauvais. 1 vol. in-4. 10 fr.

L'on vend séparément l'ouvrage ci-après.

**COLLECTION DE MODÈLES** pour le Dessin linéaire; par M. BOUTEREAU. 40 tableaux. 4 fr.

**GRAISSINET (M.),** ou Qu'est-il donc? Histoire comique, satirique et véridique, publiée par DUVAL. 4 vol. in-12. 10 fr.

*Ce roman, écrit dans le genre de ceux de Pigault, est un des plus amusants que nous ayons.*

**GRAMMAIRE (NOUVELLE) DES COMMENÇANTS,** par M. BRAUD, maître de pension. 1 fr.

**GUIDE DU MÉCANICIEN,** ou Principes fondamentaux de mécanique expérimentale et théorique, appliqués à la composition et à l'usage des machines; par M. SUZANNE, ancien professeur, 2e édition. 1 vol. in-8 orné d'un grand nombre de planches. 12 fr.

**GUIDE GÉNÉRAL EN AFFAIRES,** ou Recueil des modèles de tous les actes. 4e édition. 1 vol. in-12. 4 fr.

**HISTOIRE GÉNÉRALE DE POLOGNE,** d'après les historiens polonais Naruszewicz, Albertrandy, Czacki, Lelewel, Bandtkie, Niemcewicz, Zielinskis Kollontay, Oginski, Chodzko, Podzaszynski, Mochnacki, et autres écrivains nationaux. 2 vol. in-8. 7 fr.

**HISTOIRE DES LÉGIONS POLONAISES EN ITALIE,** sous le commandement du général Dombrowski; par LÉONARD CHODZKO. 2 vol. in-8. 17 fr.

**INFLUENCE (DE L') DES ÉRUPTIONS ARTIFICIELLES DANS CERTAINES MALADIES ;** par JENNER, auteur de la découverte de la vaccine. Brochure in-8 2 fr. 50

**JOURNAL D'AGRICULTURE,** d'Économie rurale et des manufactures du royaume des Pays-Bas. La collection complète jusqu'à la fin de 1823, se compose de 16 vol. in-8. Prix à Paris, 75 fr.

**JOURNAL DE MÉDECINE VÉTÉRINAIRE** théorique et pratique, et Analyse raisonnée de tous les ouvrages français et étrangers qui ont du rapport avec la médecine des animaux domestiques; recueil publié par MM. BRACY-CLARK, CREPIN, CRUZEL, DELAGUETTE, DUPUY, GODINE jeune LEBAS, PRINCE, RODET, médecins vétérinaires. 6 vol. in-8. 60 fr. (1830 à 1835). — Chaque année séparée. 12 fr.

**LEÇONS ÉLÉMENTAIRES** de philosophie destinées aux élèves de l'Université de France qui aspirent au grade de bachelier-ès-lettres, par J.-S. FLOTTE. 5e édition. 3 vol in-12. 7 fr. 50 c.

**LEÇONS D'ARCHITECTURE;** par DURAND. 2 vol. in-4. 40 fr.
La partie graphique, ou tome troisième du même ouvrage. 20 fr.

**LETTRES SUR LA VALACHIE.** 1 vol. in-12 2 fr. 50 c.

— **SUR LA MINIATURE;** par M. MANSION. 1 vol in-12. 4 fr.

— **SUR LES DANGERS DE L'ONANISME,** et Conseils relatifs au traitement des maladies qui en résultent: ouvrage utile aux pères de famille et aux instituteurs; par M. DOUSSIN-DUBREUIL. 1 vol. in-18. 1 fr. 25 c.

**L'HOMME AUX PORTIONS,** ou Conversations philosophiques et politiques, publiées par J. J. FAZY. 1 vol. in-12. 5 fr.

**MANUEL DES ARBITRES,** ou Traité des principales connaissances nécessaires pour instruire et juger les affaires soumises aux décisions arbitrales soit en matières civiles ou commerciales, contenant les principes, les lois nouvelles, les décisions intervenues depuis la publication de nos Codes et les formules qui concernent l'arbitrage, etc.; par M. CH., ancien jurisconsulte. Nouvelle édition. 8 fr.

— **DES BAINS DE MER,** leurs avantages et leurs inconvénients; par

— **DU BIBLIOTHÉCAIRE**, accompagné de notes critiques, historiques et littéraires; par P. NAMUR, 1 vol. in-8. 7 fr.

— **DU CAPITALISTE**; par M. BONNET. 1 vol. in-8. 6 fr.

— **DES EXPERTS EN MATIÈRES CIVILES**, ou Traités d'après les Codes civil, de procédure et de commerce. 1o des experts, de leur choix, de leurs devoirs, de leurs rapports, de leur nomination, de leur nombre, de leur récusation, de leurs vacations, et des principaux cas où il y a lieu d'en nommer; 2o des biens et des différentes espèces de modifications de la propriété; 3o de l'usufruit, de l'usage et de l'habitation; 4o des servitudes et services fonciers; 5o des réparations locatives; 6o des bois taillis, des futaies et forêts, etc. ; par M. CH.. ancien jurisconsulte. 6e édition. 6 fr.

— **DU FABRICANT D'ENGRAIS**, ou de l'Influence du noir animal sur la végétation, par M. BERTIN. 1 vol. in-18. 2 f. 50 c.

— **DU FABRICANT DE ROUENNERIES**, comprenant tout ce qui a rapport à la fabrication, par UN FABRICANT. 1 vol. in-18. 2 f. 50 c.

— **DU FRANC-MAÇON**; par BAZOT. 6e édition. 1 vol. in-12. 7 fr.

**MANUEL DE GÉNÉALOGIE HISTORIQUE**, ou familles remarquables des peuples anciens et modernes, etc. ; par J.-B. FELLENS. 1 vol. in-18. 3 fr. 50 c.

— **DES INSTITUTEURS ET DES INSPECTEURS D'ÉCOLE PRIMAIRE**; par ***. 1 vol. in-12. 4 fr.

— **DES JUSTICES DE PAIX**, ou Traité des fonctions et des attributions des Juges de paix, des Greffiers et Huissiers attachés à leur tribunal, avec des formules et modèles de tous les actes qui dépendent de leur ministère, etc.; par M. LEVASSEUR, ancien jurisconsulte. Nouvelle édition, entièrement refondue par M. BIRET. 1 gros vol. in-8. 1839. 6 fr.

— **LITTÉRAIRE**, ou Cours de littérature française en forme de dictionnaire, à l'usage des maisons d'éducation et des jeunes gens dont les études n'ont pas été complétées; par M. RAYNAUD. 8e édition. 1 vol. in-12. 1 fr. 50 c.

— **MÉTRIQUE DU MARCHAND DE BOIS**, par M. TREMBLAY. 1 vol. in-12. 1840. 1 fr. 50 c.

— **POÉTIQUE ET LITTÉRAIRE**, ou modèles et principes de tous les genres de composition en vers, par J.-B. FELLENS. 1 vol. in-8. 2 fr. 25 c.

— **DU PROCUREUR DU ROI ET DU SUBSTITUT**, ou Résumé des fonctions du ministère public près les tribunaux de première instance; par Jos. F. L. MASSABIAC, substitut du procureur général à la Cour royale de Rennes, 4 vol. in-8, à 7 fr. 50 c. chaque volume.

— **MUNICIPAL** (nouveau), ou Répertoire des Maires, Adjoints, Conseillers municipaux, Juges de paix, Commissaires de police, dans leurs rapports avec l'administration, l'ordre judiciaire, les colléges électoraux, la garde nationale, l'armée, l'administration forestière, l'instruction publique et le clergé; contenant l'exposé complet du droit et des devoirs des Officiers municipaux et de leurs Administrés, selon la législation nouvelle; par M. BOYARD, député, président à la Cour royale d'Orléans. 2 vol. in-8. 10 fr.

— **DE PEINTURES ORIENTALES ET CHINOISES** en relief, par SAINT-VICTOR. 1 vol. in-18, fig. noires. 3 fr.

— **DU STYLE**, en 40 leçons, à l'usage des maisons d'éducation, des jeunes littérateurs et des gens du monde; contenant les principes de tous les genres de style, appuyés de citations prises dans les meilleurs auteurs contemporains et suivis des règles sur les nouveaux genres de littérature qui se sont récemment établis. Édition augmentée d'un résumé des études parlementaires sur les orateurs de la Chambre des députés; par M. CORMENIN, sous le pseudonyme de TIMON, par RAYNAUD. 1 vol. in-8. 3 fr. 50 c.

— **DU TOURNEUR**, ouvrage dans lequel on enseigne aux amateurs la manière d'exécuter tout ce que l'art peut produire d'utile et d'agréable; par M. HAMELIN BERGERON, 1 vol. in-4, avec atlas. 36 fr.

**MAPPE-MONDE** (la) de l'Atlas de LE SAGE. 2 fr.

**MÉTHODE COMPLETE DE CARSTAIRS**, dite **AMÉRICAINE**, ou l'Art d'écrire en peu de leçons par des moyens prompts et faciles; traduit de l'anglais sur la dernière édition, par M. TRÉMERY, professeur, 4 vol. oblong

**MÉTHODE DE LA CULTURE DU MELON** en pleine terre, par M. J. F. NOGET, in-8. 1 fr. 25 c.

**MÉMOIRE SUR LES DAHLIAS**, leur culture, leurs propriétés économiques, et leurs usages comme plantes d'ornement; par ARSENNE THIEBAUD DE BERNEAUD, brochure in-8. Deuxième édition. 75 c.

**MÉMOIRES SUR LA GUERRE DE 1809 EN ALLEMAGNE**, avec les opérations particulières des corps d'Italie, de Pologne, de Saxe, de Naples et de Walcheren; par le général PELET, d'après son journal fort détaillé de la campagne d'Allemagne, ses reconnaissances et ses divers travaux, la correspondance de Napoléon avec le major-général, les maréchaux, les commandants en chef, etc., 4 vol. in-8. 28 fr.

**MÉMOIRE SUR LE MARRONNIER D'INDE**, sur ses produits, et particulièrement sur le parti avantageux qu'on peut tirer de l'amidon ou fécule de son fruit extrait par un procédé particulier, par M. C.-F. VERGNAUD-ROMAGNESY, in-8. 50 c.

**MÉMOIRES RÉCRÉATIFS, SCIENTIFIQUES ET ANECDOTIQUES**, de ROBERSTON, 2 vol. in-8; prix. 12 fr.

**MÉTHODE DE LECTURE ET D'ÉCRITURE**, d'après les principes d'enseignement universel de M. JACOTOT, développés et mis à la portée de tout le monde; par BRAUD, 1 vol. in-4. 1 fr. 50 c.

**MINÉRALOGIE INDUSTRIELLE**, ou Exposition de la Nature, des Propriétés du Gisement, du Mode d'extraction, et l'application des Substances minérales les plus importantes aux Arts et aux Manufactures, par M. PELOUZE, employé dans les forges et fonderies. 2 vol. in-12 de près de 600 pages, 5 fr., et 6 fr. par la poste.

**MINISTRE DE WAKEFIELD**, traduit en français par M. AIGNAN, de l'Académie française. Nouvelle édition. 1841. 1 vol. in-12, fig. 1 fr. 50 c.

**MORALE DE L'ENFANCE**, ou Quatrains moraux à la portée des Enfants, et rangés par ordre méthodique, par M. le vicomte de MOREL-VINDÉ, pair de France et membre de l'Institut de France; 1 vol. in-16. (Adopté par la Société élémentaire, la Société des méthodes, etc.) 1 fr.
— Le même ouvrage, papier vélin, format in-12. 2 fr.
— Le même tout latin, traduction faite par M. VICTOR LECLERC. 1 fr.
— Le même latin-français en regard. 2 fr.

**NOSOGRAPHIE GÉNÉRALE ÉLÉMENTAIRE**, ou Description et Traitement rationnel de toutes les maladies; par M. SEIGNEUR-GENS, docteur de la Faculté de Paris. Nouvelle édition, 4 vol. in-8. 20 fr.

**NOTES SUR LES PRISONS DE LA SUISSE** et sur quelques unes du continent de l'Europe, moyen de les améliorer; par M. FR. CUNINGHAM: suivies de la description des prisons améliorées de Gand, Philadelphie, Hebestes et Milbank; par M. BUXTON, in-8. 4 fr. 50 c.

**NOUVEL ATLAS NATIONAL DE LA FRANCE**, par départements, divisés en arrondissements et cantons, avec le tracé des routes royales et départementales, des canaux, rivières, cours d'eau navigables, des chemins de fer construits et projetés; indiquant par des signes particuliers les relais de poste aux chevaux et aux lettres, et donnant un précis statistique sur chaque département, dressé à l'échelle de 1⁄350000; par CHARLES, géographe, attaché au dépôt général de la guerre, membre de la Société de géographie, avec des augmentations; par DARMET, chargé des travaux topographiques au ministère des affaires étrangères; imprimé sur format in-folio, grand raisin des Vosges, de 62 centimètres en largeur et de 45 centimètres en hauteur.

Chaque département se vend séparément.

Le Nouvel Atlas national se compose de 80 planches (à cause de l'uniformité des échelles, sept feuilles contiennent deux départements).

Chaque carte séparée, en noir, 50 c.
Idem, coloriée, 60 c.
L'Atlas complet, avec titre et table, noir, cartonné, 40 fr.

usage dans les meilleures institutions de la capitale ; par madame veuve HA-CHERELLE, née DOISY, 1 vol. in-18. 2 fr. 25 c.

**NOUVEL ABRÉGÉ DE L'ART VÉTÉRINAIRE**; par WHITE, annoté par M. DELAGUETTE, médecin vétérinaire, 2e édit. 1 vol. in-12. 3 fr. 50 c.

**ŒUVRES POÉTIQUES DE KRASICKI**, 1 seul vol. in-8, à 2 col., grand papier vélin. 25 fr.

**ŒUVRES POÉTIQUES DE BOILEAU**, nouvelle édition, accompagnée de Notes faites sur Boileau par les commentateurs ou littérateurs les plus distingués ; par M. J. PLANCHE, professeur de rhétorique au collège royal de Bourbon, et M. NOEL, insp.-gén. de l'Université. 1 gros vol. in-12. 1 fr. 50c.

**OPUSCULES FINANCIERS** sur l'Effet des priviléges, des emprunts publics, et des conversions sur le crédit de l'industrie en France ; par J.-J. FAZY, 1 vol. in-8. 5 fr.

**ORDONNANCE SUR L'EXERCICE ET LES MANOEUVRES D'INFANTERIE**, du 4 mars 1831 (Ecole du soldat et de peloton), 1 vol. in-18, orné de fig. 75 c.

**PARFAIT SERRURIER**, ou Traité des ouvrages faits en fer; par Louis BERTHAUX. 1 vol in 8. cartonné. 9 fr.

**PATHOLOGIE CANINE**, ou Traité des Maladies des Chiens, contenant aussi une dissertation très détaillée sur la rage; la manière d'élever et de soigner les chiens; des recherches critiques et historiques sur leur origine, leurs variétés et leurs qualités intellectuelles et morales, fruit de vingt années d'une pratique vétérinaire fort étendue ; par M. DELABÈRE-BLAINE, traduit de l'anglais et annoté par M. V. DELAGUETTE, vétérinaire, chevalier de la Légion-d'Honneur, avec 2 planches, représentant dix-huit espèces de chiens. 1 vol. in 8, 6 fr., et 7 fr. par la poste.

**PHARMACOPÉE VÉTÉRINAIRE**, ou Nouvelle Pharmacie hippiatrique, contenant une classification des médicaments, les moyens de les préparer, et l'indication de leur emploi, précédée d'une esquisse nosologique et d'un traité des substances propres à la nourriture du cheval et de celles qui lui sont nuisibles ; par M. BRACY-CLARK, membre de la Société linéenne de Londres, de l'Académie des Sciences de Paris, des Sociétés d'Histoire naturelle de Berlin, de Copenhague, de New York, et de la Société royale d'Agriculture de Stuttgard. 1 vol. in-12, avec planches, 2 fr., et 2 fr. 50 c. par la poste. Les titres et le nom de l'auteur font assez l'éloge de son livre.

**PENSÉES ET MAXIMES DE FÉNELON.** 2 vol. in-18 portrait. 3 fr.
— DE J.-J. ROUSSEAU. 2 vol. in-18; portrait. 3 fr.
— DE VOLTAIRE. 2 vol. in-18, portrait. 3 fr.

**POLITIQUE (la) DE PLUTARQUE**, traduite du grec en français par M. PLANCHE. 2 vol. in-12. 5 f.

**POUDRE (de la) LA PLUS CONVENABLE AUX ARMES A PISTON** ; par M. C.-F. VERGNAUD aîné. 1 vol. in-18. 75 c.

**PRATIQUE SIMPLIFIÉE DU JARDINAGE**, à l'usage des personnes qui cultivent elles-mêmes un petit domaine, contenant un potager, une pépinière, un verger, des espaliers, un jardin paysager, des serres, des orangeries et un parterre : suivie d'un traité sur la récolte, la conservation et la durée des graines, et sur la manière de détruire les insectes et les animaux nuisibles au jardinage, 5e édition ; par M. L. DUBOIS. 1 vol. in-12, de plus de 400 pages, orné de planches. 3 fr. 50 c.

**PRÉCIS DE L'HISTOIRE DES TRIBUNAUX SECRETS DANS LE NORD DE L'ALLEMAGNE**; par A. LOEVE VEIMARS. 1 vol. in-18. 1 fr. 25 c.

— **HISTORIQUE SUR LES RÉVOLUTIONS DES ROYAUMES DE NAPLES ET DU PIÉMONT** en 1820 et 1821, suivi de documents authentiques sur ces événements ; par M. le comte D... 2e édition. 1 vol. in-8. 4 fr 50 c.

**PRINCIPES DE PONCTUATION**, fondés sur la nature du langage écrit ; par M. FREY. Ouvrage approuvé par l'Université, un vol. in-12. 1 fr. 50 c.

**PROCÈS DES EX-MINISTRES**; Relation exacte et détaillée, contenant

**RAPPORTS DES MONNAIES, POIDS ET MESURES** des principaux États de l'Europe; ce tarif est collé sur bois. 3 fr.

**RECUEIL GÉNÉRAL ET RAISONNÉ DE LA JURISPRUDENCE** et des attributions des justices de paix, en toutes matières, civiles, criminelles, de police, de commerce, d'octroi, de douanes, de brevets d'invention, contentieuses et non contentieuses, etc., etc.; par M. BIRET. Cet ouvrage, honoré d'un accueil distingué par les magistrats et les jurisconsultes, vient d'être totalement refondu dans une quatrième édition; c'est à présent une véritable encyclopédie où l'on trouve tout, absolument tout ce que l'on peut désirer sur ces matières. Toutes les questions de droit, de compétence, de procédure y sont traitées, et des lacunes, des controverses très nombreuses y sont examinées et aplanies. 4e édition, 2 forts vol. in-8, 1839. 14 fr.

**RECUEIL DE MOTS FRANÇAIS**, rangés par ordre de matières, avec des notes sur les locutions vicieuses et des règles d'orthographe; par B. PAUTEX. 4e édit., in 8, cart. 1 fr. 50 c.

**RECUEIL ET PARALLÈLES D'ARCHITECTURE**; par M. DURAND, grand in-fol. 180 fr.

**SCIENCE (la) ENSEIGNÉE PAR LES JEUX**, ou Théorie scientifique des jeux les plus usuels, accompagnée de recherches historiques sur leur origine, servant d'Introduction à l'étude de la mécanique, de la physique, etc., imité de l'anglais; par M. RICHARD, professeur de mathématiques. Ouvrage orné d'un grand nombre de vignettes gravées sur bois par M. GODARD, 2 jolis vol. in-18. (Même ouvrage que le *Manuel des jeux enseignant la science*.) 6 fr.

**SECRETS DE LA CHASSE AUX OISEAUX**, contenant la manière de fabriquer les filets, les divers pièges, appeaux, etc.; l'histoire naturelle des oiseaux qui se trouvent en France; l'art de les élever, de les soigner, de les guérir, et la meilleure méthode de les empailler; avec huit planches, renfermant plus de 80 figures; par M. G***, amateur, 1 vol. in-12, 3 fr. 50 c. et 4 fr. 25 c. par la poste.

**SERMONS DU PÈRE LENFANT, PRÉDICATEUR DU ROI LOUIS XVI**, 8 gros vol. in-12, ornés de son portrait, 2e édition. 20 fr.

**STATISTIQUE DE LA SUISSE**; par M. PICOT, de Genève, 1 gros vol. in 12, de plus de 600 pages. 7 fr.

**STÉNOGRAPHIE**, ou l'Art d'écrire aussi vite que la parole; par C. D. LAGACHE, 1 vol. in-8. 3 fr. 50 c.

**SUITE AU MEMORIAL DE SAINTE-HÉLÈNE**, ou Observations critiques et anecdotes inédites pour servir de supplément et de correctif à cet ouvrage, contenant un manuscrit inédit de Napoléon, etc. Orné du portrait de M. LAS-CASE, 1 vol. in-8. 7 fr.

**SYNONYMES (nouveaux) FRANÇAIS** à l'usage des demoiselles; par mademoiselle FAURE. 1 vol. in-12. 3 fr.

**TABLEAU DES PRINCIPAUX ÉVÉNEMENTS QUI SE SONT PASSÉS A REIMS**, depuis Jules-César jusqu'à Louis XVI inclusivement; par M. CAMUS-DARAS, 2e édit., revue et augmentée. 1 vol. in-8. 10 fr.

**THÉORIE DU JUDAISME**; par l'abbé CHIARINI. 2 vol. in 8. 10 fr.

**TOPOGRAPHIE DE TOUS LES VIGNOBLES CONNUS**, suivie d'une classification générale des vins; par A. JULLIEN. *Troisième édition*, 1 vol. in-8. 7 fr. 50 c.

**TRAITÉ DE CHIMIE APPLIQUÉE AUX ARTS ET MÉTIERS**, et principalement à la fabrication des acides sulfurique, nitrique, muriatique ou hydro-chlorique, de la soude, de l'ammoniaque, du cinabre, minium, céruse, alun, couperose, vitriol, verdet, bleu de cobalt, bleu de Prusse, jaune de chrôme, jaune de Naples, stéarine et autres produits chimiques; des eaux minérales, de l'éther, du sublimé; du kermès, de la morphine, de la quinine et autres préparations pharmaceutiques; du sel, de l'acier, du fer blanc, de la poudre fulminante, de l'argent et du mercure fulminant, du salpêtre et de la poudre; de la porcelaine; des pierres précieuses; du papier, du sucre de betteraves, de la bière, de l'eau-de-vie, du vinaigre, de la gélatine; à l'art du fondeur en fer et en cuivre, de l'artificier, du verrier, du potier, du teinturier, du

seur de chimie et de physique ; avec planches, représentant près de 60 figures. 2 forts vol. in-12, 10 fr., et 12 fr. par la poste.

**TRAITÉ DE LA COMPTABILITÉ DU MENUISIER** applicable à tous les états de la bâtisse; par D. CLOUSIER, 1 vol. in-8. 2 fr. 50 c.

**TRAITÉ DE CULTURE FORESTIÈRE**; par HENRI COTTA, traduit de l'allemand par GUSTAVE GAND, garde général des forêts, 1 v. in-8. 7 fr.

**TARITÉ COMPLET D'ARITHMÉTIQUE** et Nouvelle Méthode uniforme et rationnelle pour la solution de tous les problèmes d'Arithmétique et d'une grande partie de ceux qui jusqu'à ce jour avaient été dans le domaine de l'Algèbre, par M. LUCCHESINI, 1 vol. in-8. 3 fr.

**TRAITÉ ÉLÉMENTAIRE D'ARITHMÉTIQUE**, et Nouvelle Méthode uniforme et rationnelle pour la solution de tous les problèmes d'Arithmétique, par M. LUCCHESINI, 1 vol. in-8. 3 fr.

**TRAITÉ DE LA FILATURE DU COTON**, par M. OGER, directeur de lature, 1 vol. in-8 et atlas. 16 fr.

**TRAITÉ DE GÉOMÉTRIE**, de Trigonométrie rectiligne, d'Arpentage et de Géodésie pratique ; suivi de tables des Sinus et des Tangentes en nombres naturels; par M. A. JEANNET, considérablement augmenté par M. F. GIGAULT D'OLINCOURT, ingénieur civil et architecte, 2 vol. in-12. 7 fr.

**TRAITÉ DES MALADIES DES BESTIAUX**, ou Description raisonnée de leurs maladies et de leur traitement; précédé d'un précis d'histoire naturelle et d'un traité d'hygiène, et suivi d'un aperçu sur les moyens de tirer des bestiaux les produits les plus avantageux. Ouvrage utile aux propriétaires, fermiers, éleveurs et nourrisseurs; par M. V. DELAGUETTE, vétérinaire, chevalier de la Légion-d'Honneur, 1 vol. in-12, 3 fr. 50 c., et 4 fr. 25 c. par la poste.

**TRAITÉ SUR LA NOUVELLE DÉCOUVERTE DU LEVIER VOLUTE**, dit LEVIER-VINET, in-18. 1 fr. 50 c.

**TRAITÉ DE PHYSIQUE APPLIQUÉE AUX ARTS ET MÉTIERS**, et principalement à la construction des fourneaux, des calorifères à air et à vapeur, des machines à vapeur, des pompes; à l'art du fumiste, de l'opticien, du distillateur ; aux sécheries, artillerie à vapeur, éclairage, bélier et presses hydrauliques, aréomètres, lampes à niveau constant, etc. ; par M. J.J. GUILLOUD, professeur de chimie et de physique; avec planches, représentant 160 fig. 1 fort vol. in-12. 5 f. 50 c., et 6 fr. 50 c. par la poste.

**TRAITÉ RAISONNÉ SUR L'ÉDUCATION DU CHAT DOMESTIQUE**, et du Traitement de ses Maladies; par M. R***, 1 vol. in-12, 1 fr. 50 c. et 1 fr. 80 c. par la poste.

**VOYAGE DE DÉCOUVERTE AUTOUR DU MONDE**, et à la recherche de La Pérouse; par M. J. DUMONT D'URVILLE, capitaine de vaisseau, exécuté sous son commandement et par ordre du gouvernement, sur la corvette l'Astrolabe, pendant les années 1826, 1827, 1828 et 1829. — Histoire du Voyage, 5 gros vol. in-8, avec des vignettes en bois, dessinées par MM. DE SAINSON et TONY JOHANNOT, gravées par PORRET, accompagnées d'un atlas contenant 20 planches ou cartes grand in-folio. 60 fr.

Cet important ouvrage, totalement terminé, qui a été exécuté par ordre du gouvernement, sous le commandement de M. Dumont d'Urville et rédigé par lui, n'a rien de commun avec le Voyage pittoresque publié sous sa direction.

**RELATION DU VOYAGE AU POLE SUD ET DANS L'OCÉANIE, SUR LES CORVETTES L'ASTROLABE ET LA ZÉLÉE**, exécuté par ordre du Roi pendant les années 1837, 1838, 1839 et 1840, sous le commandement de M. J. DUMONT-D'URVILLE, capitaine de vaisseau. 10 vol. in-8 avec cartes. Prix de chaque vol. 3 fr.

L'éditeur a voulu donner de ce curieux voyage une édition qui, par la modicité de son prix, fût à la portée de tout le monde.

**VOYAGE MÉDICAL AUTOUR DU MONDE**, exécuté sur la corvette du roi la Coquille, commandée par le capitaine Duperrey, pendant les années 1822, 1823, 1824 et 1825, suivi d'un mémoire sur les Races humaines répan-

## OUVRAGES DE M. BOURGON.

**ABRÉGÉ D'HISTOIRE UNIVERSELLE**, première partie, comprenant l'histoire des Juifs, des Assyriens, des Perses, des Égyptiens et des Grecs, jusqu'à la mort d'Alexandre-le-Grand, avec des tableaux de synchronismes; par M. BOURGON, professeur de l'Académie de Besançon. *Seconde édition.* 1 vol. in-12.  2 fr.

— *Seconde partie*, comprenant l'histoire des Romains depuis la fondation de Rome, et celle de tous les peuples principaux depuis la mort d'Alexandre-le-Grand, jusqu'à l'avènement d'Auguste à l'empire; par M. BOURGON, etc. 1 vol. in-12.  3 fr. 50 c.

— *Troisième partie*, comprenant un **ABRÉGÉ DE L'HISTOIRE DE L'EMPIRE ROMAIN**, depuis sa fondation jusqu'à la prise de Constantinople, par M. BOURGON. 1 vol. in-12.  2 fr. 50.

— *Quatrième partie*, comprenant l'histoire des Gaulois, les Gallo-Romains, les Franks et les Français jusqu'à nos jours, avec des tableaux de synchronismes; par M. J.-J. BOURGON. 2 vol. in-12.  6 fr.

## OUVRAGES DE M. MARCUS.

**FABLES DE LESSING**, adaptées à l'étude de la langue allemande dans les cinquième et quatrième classes des colléges de France, moyennant un Vocabulaire allemand-français, une liste des formes irrégulières, l'indication de la construction, et les règles principales de la succession des mots. 1 vol. in-12, broché.  2 fr. 50 c.

**ABRÉGÉ DE LA GRAMMAIRE ALLEMANDE** pour les élèves des cinquième et quatrième classes des colléges de France. 1 vol. in-12, broché.  1 fr. 50 c.

(Cet abrégé est un extrait de l'ouvrage suivant, dont il partage tous les avantages.)

**GRAMMAIRE COMPLÈTE DE LA LANGUE ALLEMANDE** pour les élèves des classes supérieures des colléges de France, renfermant, *de plus que les autres grammaires*, un traité complet de la succession des mots; un autre sur l'influence qu'elle a exercée sur l'emploi de l'indicatif, du subjonctif, de l'infinitif et des participes; un vocabulaire français-allemand des conjonctions et des locutions conjonctives, etc., etc. 1 vol. in-12, broché.  3 fr. 50 c.

**COURS DE THÈMES** pour l'enseignement de la traduction du français en allemand dans les colléges de France, renfermant un guide de conversation, un guide de correspondance, et des thèmes pour les élèves des classes élémentaires et supérieures. 1 vol. in-12, broché.  4 fr.

**HISTOIRE DES VANDALES**, depuis leur première apparition sur la scène historique jusqu'à la destruction de leur empire en Afrique, accompagnée de recherches sur le commerce que les États barbaresques firent avec l'étranger dans les six premiers siècles de l'ère chrétienne. 2e édition. 1 vol. in-8.  7 fr. 50 c.

## OUVRAGES DE M. MORIN.

**GÉOGRAPHIE ÉLÉMENTAIRE** ancienne et moderne, précédée d'un Abrégé d'astronomie. 1 vol. in-12, cart.  1 fr. 80 c.

**ŒUVRES DE VIRGILE**, traduction nouvelle, avec le texte en regard et des remarques. 3 vol. in-12.  7 fr. 50 c.

**BUCOLIQUES ET GÉORGIQUES.** 1 vol. in-12.  2 fr. 50 c.

**PRINCIPES RAISONNÉS DE LA LANGUE FRANÇAISE**, à l'usage des colléges. *Nouvelle édition.* 1 vol. in-12.  1 fr. 20 c.

**PRINCIPES RAISONNÉS DE LA LANGUE LATINE**, suivant la méthode de Port-Royal, à l'usage des colléges. 1 vol. in-12.  1 fr. 25 c.

**NOUVEAU SYLLABAIRE**, ou principes de lecture. Ouvrage adopté par l'Université, à l'usage des écoles primaires.  60 c.

**TABLEAUX DE LECTURE** destinés à l'enseignement mutuel et simultané, 50 feuilles.  4 fr.

## OUVRAGES DE MM. NOËL, CHAPSAL, PLANCHE ET FELLENS.

EXERCICES.
THÈMES POUR 8e ET 7e. } (Sous presse.)
CORRIGÉS.

ABRÉGÉ DE LA GRAMMAIRE FRANÇAISE, par MM. NOEL et CHAPSAL. 1 vol. in-12. 90 c.

GRAMMAIRE FRANÇAISE (nouvelle) sur un plan très méthodique, par MM. NOEL et CHAPSAL. 3 vol. in-12 qui se vendent séparément, savoir :
— La Grammaire, 1 vol. 1 fr. 50 c.
— Les Exercices. (Première année.) 1 vol. 1 fr. 50 c.
— Le Corrigé des Exercices. 2 fr.

EXERCICES FRANÇAIS SUPPLÉMENTAIRES, sur les difficultés qu'offre la syntaxe, par M. CHAPSAL. (Seconde année.) 1 f. 50 c.

CORRIGÉ DES EXERCICES SUPPLÉMENTAIRES. 2 f.

LEÇONS D'ANALYSE GRAMMATICALE, par MM. NOEL et CHAPSAL. 1 vol. in-12. 1 fr. 80 c.

LEÇONS D'ANALYSE LOGIQUE, par MM. NOEL et CHAPSAL. 1 vol. in-12. 1 fr. 80 c.

TRAITÉ (nouveau) DES PARTICIPES suivi de dictées progressives, par MM. NOEL et CHAPSAL. 3 vol. in-12 qui se vendent séparément, savoir :
— Théorie des Participes. 1 vol. 2 fr.
— Exercices sur les Participes. 1 vol. 2 fr.
— Corrigé des Exercices sur les Participes. 1 fr. 2 fr.

SYNTAXE FRANÇAISE, par M. CHAPSAL, à l'usage des classes supérieures. 1 vol. 2 f. 75 c.

COURS DE MYTHOLOGIE. 1 vol. in-12. 2 fr.

NOUVEAU DICTIONNAIRE DE LA LANGUE FRANÇAISE, 8e édition. 1 vol. in-8, grand papier. 8 fr.

OEUVRES POÉTIQUES DE BOILEAU. Nouvelle édition, accompagnée de notes faites sur Boileau par les commentateurs ou littérateurs les plus distingués ; par M.-J. PLANCHE, prof. de rhétorique au collège royal de Bourbon, et M. NOEL, inspecteur-général de l'Université. 1 gros vol. in-12. 1 fr. 50 c.

MANUEL DE BIOGRAPHIE, ou Dictionnaire historique abrégé des grands hommes, par M. NOEL. 2 vol. in-18. Deuxième édition. 6 f.

## BIBLIOTHÈQUE DES ARTS ET MÉTIERS,
### FORMAT IN-18, GRAND PAPIER.

LIVRE DE l'ARPENTEUR-GÉOMÈTRE, par MM. PLACE et FOUCARD. 1 vol. Prix : 2 fr.
— du BRASSEUR, par M. DELESCHAMPS. 1 vol. 1 fr. 50 c.
— de la COMPTABILITÉ DU BATIMENT, par M. DIGEON. 1 vol. 2 fr.
— du CULTIVATEUR, par M. MAUNY DE MORNAY. 1 vol. 2 fr. 50 c.
— de l'ÉCONOMIE et de l'ADMINISTRATION RURALE, par M. de MORNAY. 1 vol. 2 fr. 50 c.
— du FORESTIER, par M. de MORNAY. 1 vol. 2 fr.
— du JARDINIER, par M. de MORNAY. 2 vol. 4 fr.
— des LOGEURS et TRAITEURS. 1 vol. 1 fr. 50 c.
— du MEUNIER, par M. de MORNAY. 1 vol. 2 fr.
— du PROPRIÉTAIRE et de l'ÉLEVEUR D'ANIMAUX DOMESTIQUES, par M. de MORNAY. 1 vol. 2 fr. 50 c.
— du FABRICANT DE SUCRE et du RAFFINEUR, par M. de MORNAY. 1 vol. 2 fr. 50 c.
— du TAILLEUR, par M. Augustin CANEVA. 1 vol. 1 fr. 50 c.
— du TOISEUR-VÉRIFICATEUR, par M. DIGEON. 1 vol. 2 fr.
— du VIGNERON et du FABRICANT DE CIDRE, par M. de MORNAY. 1 vol. 2 fr.

Cette collection, publiée par les soins de M. Pagnerre, étant devenue la propriété de M. Roret, c'est à ce dernier que MM. les libraires dépositaires de ces ouvrages devront rendre compte des exemplaires envoyés en commission par M. Pagnerre.

# ENCYCLOPÉDIE-RORET.

## COLLECTION DES MANUELS-RORET

FORMANT UNE

## ENCYCLOPÉDIE DES SCIENCES ET DES ARTS,

FORMAT IN-18;

Par une réunion de Savans et de Praticiens;

**MESSIEURS**

Amoros, Arsenne, Biot, Biret, Biston, Boisduval, Boitard, Bosc, Boyard, Cahen, Chaussier, Choron, De Gayffier, De Lafage, P. Desormeaux, Dubois, Huot, Janvier, Julia-Fontenelle, Julien, Lacroix, Landrin, Launay, Leduchy, Sébastien Lenormand, Lesson, Loriol, Matter, Miné, Noel, Rang, Richard, Riffault, Scribe, Tarbé, Terquem, Thiébaut de Berneaud, Thillaye, Toussaint, Tremery, Vauquelin, Verdier, Vergnaud, etc., etc.

Tous les Traités se vendent séparément, 250 volumes environ sont en vente; pour recevoir franc de port chacun d'eux, il faut ajouter 50 centimes. Tous les ouvrages qui ne portent pas au bas du titre à *la Librairie Encyclopédique de Roret* n'appartiennent pas à la *Collection de Manuels-Roret* qui a eu des imitateurs et des contrefacteurs (M. Ferd. *Ardant*, gérant de la maison *Martial Ardant frères*, à Paris, et M. Renault ont été condamnés comme tels.)

Cette Collection étant une entreprise toute philantropique, les personnes qui auraient quelque chose à nous faire parvenir dans l'intérêt des sciences et des arts, sont priées de l'envoyer franc de port à l'adresse de M. le *Directeur de l'Encyclopédie-Roret, format in-18*, chez M. Roret, libraire, rue Hautefeuille, n. 10 bis, à Paris.

Nouveau cours complet d'agriculture du 19 siècle, par les membres de la section d'agriculture de l'Institut, 16 vol. in-8, ornés de figures (ensemble de plus de 8,800 pages). Prix, 56 fr.

6 fr. par an, Revue d'Agriculture, de Jardinage, d'Économie rurale et domestique, par MM. Noisette et Boitard.

www.ingramcontent.com/pod-product-compliance
Lightning Source LLC
Chambersburg PA
CBHW071602170426
43196CB00033B/1572